BAU KULTUR BERICHT

Gebaute Lebensräume
der Zukunft – Fokus Stadt

2014/15

Kurzfassung Baukulturbericht 2014/15
Die wichtigsten Argumente für Baukultur

Baukultur ist Lebensqualität

Je besser und nachhaltiger unsere gebaute Umwelt gestaltet ist, desto wohler fühlen wir uns in ihr. Je gemischter und vielfältiger das Angebot an Nutzungen und Einrichtungen ist, desto höher ist unsere Zufriedenheit mit dem Alltagsleben in der Stadt.

> 96% der Bevölkerung in Deutschland wünschen sich eine gute Erreichbarkeit von Infrastruktureinrichtungen und 92% der Bevölkerung ist es (sehr) wichtig, dass Gebäude, Straßen und Plätze gut instandgehalten und gepflegt werden.

Baukultur schafft Gemeinschaft

Die gestalterische Vielfalt und baukulturelle Qualität unserer gebauten Umwelt fördern das Verantwortungsbewusstsein und den Gemeinsinn in unserer Gesellschaft.

> 70% der Bevölkerung in Deutschland wünschen sich ein lebendiges Stadtviertel als Wohnumfeld und mehr als die Hälfte möchte in einer Wohngegend mit ganz unterschiedlichen Menschen wohnen.

Baukultur mit Beteiligung stärkt Identität und Identifikation

Je genauer wir über das Gebaute Bescheid wissen und je stärker wir selbst an seiner Gestaltung mitgewirkt haben, desto besser entspricht es unseren Bedürfnissen, desto stärker identifizieren wir uns damit, desto besser gehen wir damit um und desto länger und nachhaltiger besteht es.

> Knapp ein Viertel der Bevölkerung in Deutschland fühlt sich über das Baugeschehen vor Ort nicht ausreichend informiert. Knapp ein Drittel hat in den letzten zwölf Monaten Beteiligungsangebote wahrgenommen.

Baukultur fördert Verantwortlichkeit

Je sorgfältiger sowohl öffentliche Bauvorhaben als auch private Investitionen gestaltet, geplant und umgesetzt werden, desto mehr Qualität erreichen wir für unsere gebaute Umwelt. Das eigene Gebäude ist keine Privatangelegenheit, sondern in seiner Erscheinung und seinem allgemeinen Nutzen auch der Öffentlichkeit verpflichtet.

> Artikel 14 Grundgesetz, Absatz 2:
> „Eigentum verpflichtet. Sein Gebrauch soll zugleich dem Wohle der Allgemeinheit dienen."

Baukultur ist eine Investition in die Zukunft

Je mehr in den Anfang der Planung investiert wird, desto kostengünstiger wird es auf lange Sicht. Je besser auf zukünftige Bedürfnisse und Belange der flexiblen Nutzbarkeit hin geplant und gebaut wird, desto weniger muss umgeplant und umgebaut werden.

> Der überwiegende Teil des gesellschaftlichen Vermögens liegt in Immobilienwerten und sollte für zukünftige Generationen gesichert werden. Alle Bauleistungen zusammen bestimmen mit 56% mehr als die Hälfte aller Investitionen in Deutschland.
>
> Nach Einschätzung der befragten Branchenakteure entfallen 12% des gesamten Umsatzes der Baubranche auf Fehlerkosten. 69% der Bevölkerung sehen die Hauptverantwortung für Bauverzögerungen und damit verbundene Mehrkosten in öffentlichen Bauvorhaben bei der Politik.

Kurzfassung Baukulturbericht 2014/15

Die Fokusthemen des Baukulturberichts 2014/15

Zentrale Entwicklungen unserer Gesellschaft betreffen das Planen und Bauen: Fragen nach bezahlbarem und trotzdem hochwertigem Wohnraum in gemischten Quartieren, nach den Auswirkungen der Energiewende oder den anstehenden Sanierungen unserer Verkehrswege. Dazu kommen künftige Herausforderungen, denen wir schon heute planerisch und baulich begegnen müssen, wie die demografische Entwicklung oder der Klimawandel. Technische Innovationen und ein damit einhergehender Wahrnehmungs- und Wertewandel prägen unsere gebaute Umwelt. Daraus abgeleitete Kernthemen sind: Wohnen und die Mischung in Quartieren, die Qualität des öffentlichen Raums und der Infrastruktur sowie die Planungs- und Prozessqualität.

Baukultur als Schlüssel zum Erfolg: Baukultur ist wesentlich, um eine Umwelt zu schaffen, die als lebenswert empfunden wird. Sie hat neben sozialen, ökologischen und ökonomischen Bezügen auch eine emotionale und ästhetische Dimension. Ihre Herstellung, Aneignung und Nutzung ist ein gesellschaftlicher Prozess, der auf einer breiten Verständigung über qualitative Werte und Ziele beruht. Das Engagement für Baukultur ergibt aus Sicht vieler an diesem Prozess Beteiligter Sinn: Private Bauherren können für sich eine Basis für den langfristigen Werterhalt oder Wertzuwachs ihrer Investitionen schaffen. Die öffentliche Hand kann mit ihren Projekten zur Unverwechselbarkeit unserer Städte beitragen und damit Identität lokal und national stiften. Politikerinnen und Politiker können durch Initiativen Unzufriedenheitspotenzial aufnehmen und in produktive Bahnen lenken und auf diese Weise breite Zustimmung für Entwicklungen und Veränderungen erzielen. Für alle ist Baukultur ein Schlüssel, um gesellschaftlichen und ökonomischen Mehrwert zu schaffen – Baukultur ist eine Investition in die Lebensräume der Zukunft.

Wohnen und gemischte Quartiere

In den kommenden vier bis fünf Jahren werden in den wachsenden Städten Deutschlands vermutlich eine Million Wohnungen neu gebaut werden. Bis 2025 könnten es mehr als drei Millionen werden. Es ist bereits heute absehbar, dass es nicht egal ist, welche bauliche Qualität die Neubauwohnungen haben, wie sie aussehen und ob sie auch noch in zwanzig Jahren wirtschaftlich nachhaltig, also marktfähig sind. Die vielfältigen Anforderungen des Quartiers können dazu führen, diese mechanischen Sichtweisen zugunsten integrierter baukultureller Qualitätsmaßstäbe zu durchbrechen. Funktional und sozial gemischte Stadtquartiere zeichnen sich durch eine ressourcenschonende Siedlungsweise aus. Sie zu stärken, trägt zur Reduzierung der Zersiedlung und des Flächenverbrauchs bei. Gemischte Quartiere sind ein zentraler Anker bei Fragen der demografischen und sozialen Entwicklung der Stadtgesellschaft.

Öffentlicher Raum und Infrastruktur

Schon heute gilt das 21. Jahrhundert als das Jahrhundert der Städte. Damit ist es gleichzeitig das Jahrhundert des städtischen öffentlichen Raums und des urbanen Grüns. Angesichts der anstehenden Veränderungen unserer Gesellschaft liegen hier die wesentlichen Handlungsfelder für die Qualität städtischen Lebens. Die großen infrastrukturellen Herausforderungen der Instandhaltung und Erneuerung von Straßen, Brücken, Leitungssystemen, Grün- und Wasserflächen fordern Stadtplaner, Architekten, Ingenieure und Landschaftsarchitekten zur Zusammenarbeit heraus. Baukulturell bietet sich mit der kontinuierlichen Anpassung an aktuelle Bedarfe die Chance, Fehler der Vergangenheit zu beheben und beständig neue Qualitäten zu formulieren. Dabei sollte ein Grundprinzip gelten: Jede Investition muss zu einer Verbesserung der Lebensqualität in den Städten führen.

Planungskultur und Prozessqualität

Ein restriktiver und hinsichtlich der Kommunikation schwieriger Planungs-, Beteiligungs- und Bauprozess führt häufig zu unbefriedigenden gestalteten Räumen. Die Qualität eines kompetent geplanten, offen kommunizierten und professionell realisierten Bauvorhabens wird erkennbar an seiner angemessenen und bereichernden Gestalt im Stadtbild. Indem der vorkonzeptionellen Phase, der sogenannten „Phase Null", ausreichend Ressource eingeräumt wird, können Rahmenbedingungen, Ziele und Ausgangslagen genauer ausgearbeitet werden. Auch wenn der Zeitaufwand dadurch zunächst wächst, minimiert die anfängliche Sorgfalt spätere Restriktionen, Mehrkosten und Konflikte und führt schließlich zu Zeitersparnis. Mehr denn je sind zudem integrierte Betrachtungsweisen erforderlich, um die komplexen Zusammenhänge in bestehenden Strukturen sachgerecht zu ermitteln und aufeinander abzustimmen. Gute gebaute Lebensräume können nur als Ergebnis guter Prozesse entstehen.

Kurzfassung Baukulturbericht 2014/15

Handlungsempfehlungen der Bundesstiftung Baukultur

Allgemein

Neuer Umgang mit Planungs- und Baukultur

- → Verwaltungen und Projektstrukturen ressortübergreifend ausrichten
- → Etablierung einer „Phase Null" und Stärkung der Grundlagenermittlung im Planungsprozess
- → Gestaltungswettbewerbe bei der Ausschreibung von Planungs- und Bauleistungen regelmäßig durchführen
- → Reflexion von Planungsprozessen als „Phase Zehn" zur Qualitätssicherung einführen

Vorbildfunktion

- → Öffentliche und private Bauvorhaben gestalterisch und funktional zukunftsweisend ausrichten
- → Integrierte Planungen bei Verkehrsbauvorhaben unter stärkerer Berücksichtigung baukultureller und gestalterischer Belange betreiben
- → Hohe Gestaltungs- und Prozessanforderungen auch bei Bauten der technischen Infrastruktur entwickeln
- → Die großen räumlichen und baulichen Konsequenzen der Energiewende gestalterisch lösen

Förderung und Vermittlung von Baukultur

- → Bewahrung und Pflege des baukulturellen Erbes betonen
- → Stärkung von Standorten durch die Identifizierung, Förderung und Vermittlung der regionalen Identität
- → Bei Auftrags- und Grundstücksvergaben baukulturelle Kriterien einbeziehen
- → Vergabe von Preisen und Plaketten zur Motivation privater und öffentlicher Bauherren ausbauen

An einzelne Akteure der Baukultur

Die öffentliche Hand: Bund

→ Stärkere Beachtung von baukulturellen Kriterien bei Förderinstrumenten wie der Städtebauförderung
→ Experimentierklauseln als Bestandteil von Förderprogrammen, um Kommunen in baukulturellen Belangen zu unterstützen
→ Anerkennung der Gemeinnützigkeit von Baukultur

Die öffentliche Hand: Länder

→ Pflege des baukulturellen Erbes stärker thematisieren
→ Förderung und Verbesserung der baukulturellen Bildung
→ Förderung und Verbesserung der baukulturellen Aus- und Weiterbildung aller am Baugeschehen Beteiligten

Die öffentliche Hand: Kommunen

→ Stärkung der Kooperation mit Akteuren vor Ort
→ Angebote der Kommunikation und Partizipation projekt- und nutzerbezogen entwickeln und etablieren
→ Die quartiersbezogene Planungsebene und den Sozialraum stärken
→ Einrichtung von Gestaltungsbeiräten zur Qualitätssicherung

Private Bauherren, Wohnungs- und Immobilienwirtschaft

→ „Werterhalt durch Baukultur" mitdenken bei Sanierung, Um- und Neubau
→ Baukultur als Leitbild der Corporate Responsibility und Durchführung von Gestaltungswettbewerben bei Planungs- und Bauvorhaben

Kammern und Verbände

→ Baukulturelle Diskussion vor Ort anregen
→ Berater und Spezialisten ausbilden und anbieten
→ Leitlinien für eine gute Planungspraxis entwickeln
→ Kooperationsangebote zur baukulturellen Bildung und Vermittlung ausbauen

Bundesstiftung Baukultur und Baukulturinitiativen

→ Künftig regelmäßig Baukulturberichte vorlegen
→ Die Bundesstiftung Baukultur stärken
→ Das Netzwerk von Baukulturinitiativen ausbauen

Inhalt

Einführung   10

**Baukultur in Deutschland –
Die Ausgangslage für die Städte**

**Mehrwert durch Baukultur –
Warum soll man sich für Baukultur engagieren?**   18

- Die Bedeutung von Baukultur für Deutschland
- Wirtschaftsfaktor Planen und Bauen als Chance für Baukultur

**Akteure der Baukultur –
Wer trägt Sorge für die gebaute Umwelt?**   26

- Netzwerke, Initiativen und gesellschaftliches Engagement
- Bund, Länder und Kommunen
- Private Bauherren und Eigentümer
- Planungs- und Bauberufe
- Ausbildung und Vermittlung
- Wissenschaft und Forschung
- Medien und Gesellschaft
- Fazit – Baukultur im Spannungsfeld unterschiedlicher Interessen

Aktuelle Herausforderungen für die Baukultur   38

- Wertewandel und technische Innovationen – Wie werden wir in Zukunft leben?
- Demografischer Wandel – Wer werden wir in Zukunft sein?
- Klimawandel und Energiewende – Unter welchen Bedingungen werden wir in Zukunft leben?
- Die öffentliche Hand – Zu große Verantwortung bei knappen Kassen?
- Fazit – Was heißt das für die Zukunft unserer Städte?

Die aktuellen Fokusthemen der Bundesstiftung Baukultur

Wohnen und gemischte Quartiere 62

- Gute Argumente für Baukultur –
  Was gemischte Quartiere auszeichnet
- Status Quo und aktuelle Entwicklungen
- Spielräume und Potenziale
- Fazit und Ausblick

Öffentlicher Raum und Infrastruktur 76

- Gute Argumente für Baukultur –
  Was der öffentliche Raum leisten kann
- Status Quo und aktuelle Entwicklungen
- Spielräume und Potenziale
- Fazit und Ausblick

Planungskultur und Prozessqualität 92

- Gute Argumente für Baukultur –
  Was man mit guter Planung erreicht
- Status Quo und aktuelle Entwicklungen
- Spielräume und Potenziale
- Fazit und Ausblick

Handlungsempfehlungen der Bundesstiftung Baukultur 112

Anhang 119

Projektsteckbriefe, Quellen und Literatur,
Bildnachweis, Danksagung

Einführung

Auch wenn wir unsere Erde immer noch als etwas Natürliches ansehen, ist sie doch in zunehmendem Maße und inzwischen fast vollständig von Menschen eingerichtet und gestaltet. Der niederländische Meteorologe und Nobelpreisträger für Atmosphärenchemie Prof. Dr. Paul J. Crutzen nennt dies die „neue Welt des Anthropozäns, die vor uns liegt", bei der wir trotz aller Herausforderungen und Rückschläge immer noch die Chance haben, „eine dauerhaft lebensfähige, gestaltende und freiheitliche Zivilisation zu werden". Wir nehmen Europa und Deutschland weitgehend als Kulturlandschaft, mit Siedlungen und Städten baukultureller Identität wahr. Hierin liegt eine der wesentlichen Ursachen für den Bedeutungszuwachs, den das Thema Baukultur seit etwa zwei Jahrzehnten erfährt. Baukultur in Form der gebauten Umwelt ist überall. Sie prägt uns und wir formen sie durch unser alltägliches Handeln als Nutzer oder aktive Gestalter von Lebensräumen. Dennoch läuft in unserer gemeinsamen Wahrnehmung vieles schief bei der Baukultur. Jeder kann von Bausünden berichten und hat sich schon gefragt, wie „so etwas" passieren kann, wer das geplant oder genehmigt hat? Es wurde wahrscheinlich noch nie so viel geplant, über Baukultur geredet sowie publiziert – und häufig so banal gebaut. Sind wir im 21. Jahrhundert dennoch auf einem guten Weg, unser gewonnenes Wissen einzusetzen und unsere gebaute Umwelt weiter zu qualifizieren?

Die Bundesstiftung Baukultur

Schon im Jahr 2000 haben Kammern und Verbände, allen voran die Bundesarchitektenkammer, die Bundesingenieurkammer und der Bund Deutscher Architekten beim damaligen Bundesministerium für Verkehr, Bau- und Wohnungswesen (BMVBW) angeregt, eine Initiative Baukultur zu gründen. Dies geschah im Umfeld der EXPO 2000 in Hannover zum Thema Mensch-Natur-Technik und der Weltkonferenz zur Zukunft der Städte Urban 21 im Juni 2000 in Berlin, im Bewusstsein der Globalisierung und der ganzheitlichen Wirkungszusammenhänge baukultureller Einflussfaktoren auf die gebaute Umwelt. Das BMVBS griff die Anregung auf und startete – gemeinsam mit dem Beauftragten der Bundesregierung für Kultur und Medien (BKM) sowie den Kammern und bundesweit tätigen Verbänden aller planenden Berufe – die „Initiative Architektur und Baukultur". Es wurde eine Lenkungsgruppe gebildet, der auch Vertreter der Länder und Kommunen, der Bau-, Wohnungs- und Kreditwirtschaft, der Bildenden Künstler sowie weiterer Einrichtungen auf dem Gebiet der Architekturvermittlung und des Denkmalschutzes angehörten. Es ging von Anfang an nicht nur um Architektur und Baukunst im engeren Sinne, es ging ebenso um Ingenieurbau, um Städtebau und Landschaftsplanung, um Maßstäbe für gutes Planen und Bauen insgesamt, kurz: Es ging um Baukultur.

Folgerichtig ist zunächst eine Standortbestimmung der Baukultur erarbeitet worden, der noch heute maßgebliche Statusbericht „Baukultur in Deutschland – Ausgangslage und Empfehlungen" von Prof. Dr. Gert Kähler

2001 im Auftrag des BMVBS (siehe auch: http://dip21.bundestag.de/dip21/btd/14/089/1408966.pdf). Viele der dort getroffenen Aussagen sind nach wie vor gültig – liegengelassene Handlungsempfehlungen sollten wieder aufgenommen werden. Von hier aus erstreckt sich ein roter Faden über den zweiten „Bericht zur Baukultur in Deutschland" 2005 bis zur Gründung der Bundesstiftung 2006 durch Bundesgesetz. Im Aufgabenfokus der Stiftung stehen die Kommunikation und Vermittlung des Themas Baukultur sowohl gegenüber einer allgemeinen Öffentlichkeit als auch als Standortfaktor Deutschlands in einem internationalen Kontext. Einbringungsdrucksache, Gesetz und Satzung formulieren deutlich diesen Stiftungsauftrag und lassen gleichzeitig ein nach wie vor wirksames Dilemma des Auseinandergehens von Anspruch und den realistischen Möglichkeiten der kleinen Stiftung mit fünf Planstellen erkennen.

Die Stiftung mit Sitz in Potsdam konnte dennoch auf dieser Grundlage ab 2007 erfolgreich ihre Arbeit aufnehmen und ist seither zu einem wichtigen und kompetenten Partner im Bereich integrierter Planungs- und Bauprozesse geworden. Sie steht durch den Förderverein, der bereits ihre Gründung erfolgreich begleitet hat, auf einer über Berufsgruppen und Institutionen hinweg soliden und einzigartigen Basis. Im Sinne einer breiten Solidargemeinschaft wächst aktuell die Zahl der Fördervereinsmitglieder. Die Bundesstiftung hat in ihrer Aufbauphase zunächst das Themenfeld Baukultur aufbereitet und den Rahmen für ihre Aufgabenwahrnehmung abgesteckt. Es ist ein Bewusstsein

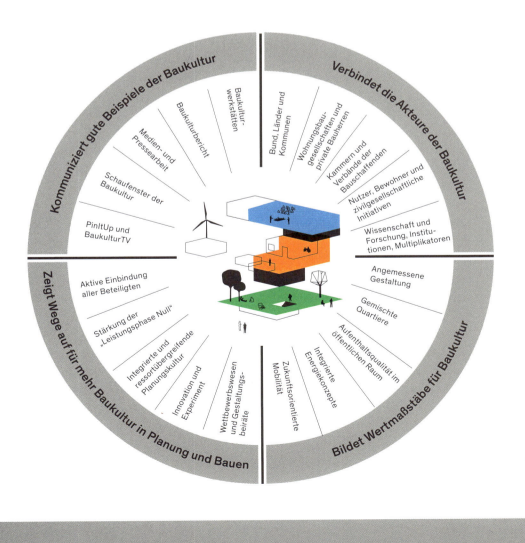

Engagement für Baukultur
Aufgabenfeld und Netzwerk der Bundesstiftung Baukultur

oder Selbstbewusstsein für die Institution Bundesstiftung Baukultur geschaffen und begründet worden: Die Bundesstiftung als eine unabhängige Einrichtung, die sich für die Belange der Baukultur einsetzt und die gebaute Umwelt zu einem Thema von öffentlichem Interesse machen will.

Baukultur beeinflusst maßgeblich die Lebensqualität aller – in den Städten wie auf dem Land. Die Stiftung ist somit Interessenvertreterin für gutes Planen und Bauen sowie eine Plattform, die das öffentliche Gespräch über Baukultur fördert. Zudem geht es jetzt um die Konsolidierung der ersten Erfolge und um die Strukturierung der künftigen Themenfelder und Projekte. Ausgangspunkt für diese inhaltliche Profilierung sind die übergeordneten gesellschaftlichen Trends, von der demografischen Einwohnerentwicklung über den Klimawandel bis zu sich wandelnden gesellschaftlichen Werten aufgrund von Finanz- und Wirtschaftskrisen. Diese Trends haben allesamt direkte und indirekte Auswirkungen auf das Vorhandensein und den Zustand der gebauten Lebensräume und sind somit große Herausforderungen für die Baukultur. Keine dieser Herausforderungen kann durch den privaten Markt allein gelöst werden, sondern sie sind Gegenstand öffentlicher Verantwortung: Baukultur ist zunächst eine öffentliche Aufgabe.

Die Bundesstiftung hat neben wenigen anderen Institutionen in Deutschland das Privileg, dem Bundeskabinett und -parlament regelmäßig einen Bericht zur Lage der Baukultur vorlegen zu können. Dieses Privileg nutzt die Stiftung jetzt im Sinne eines roten Fadens für die eigene Arbeit. Ergebnis ist dieser dritte Baukulturbericht – der erste durch die Bundesstiftung erarbeitete.

Die Fokusthemen der Bundesstiftung Baukultur

Um der Bandbreite und den komplexen Zusammenhängen des urbanen Lebensraums gerecht zu werden, fokussiert sich die Stiftung mit dem Baukulturbericht 2014/15 auf drei Themen: „Gemischte Quartiere", „Öffentlicher Raum und Infrastruktur" und „Planungskultur/Prozessqualität". Sie stehen im Zentrum der Debatte über die Zukunft der Stadt. 2016/17 wird sich die Stiftung mit ihrem Bericht auf den regionalen Raum beziehen.

Diese vor einem Jahr von der Stiftung aufgeworfenen Themen erhalten durch jüngste politische und gesellschaftliche Debatten und Ereignisse eine verstärkte Bedeutung. Man denke an die aktuellen wohnungspolitischen Maßnahmen und die Wohnungsbauförderung mit dem Ziel, in den nächsten vier bis fünf Jahren ca. eine Million Neubauwohnungen in Wachstumsräumen bereitzustellen. Es ist nicht egal, wie diese Wohnungen aussehen, wie nachhaltig sie sind und wie technologisch innovativ ihr Beitrag zum Klimawandel ist. Zudem werden Budgets in Milliardenhöhe in den nächsten Jahren in die öffentliche Infrastruktur zum Abbau von Unterhaltungsdefiziten fließen. Jeder Um- oder Ausbau einer Straße, Brücke oder Leitungsinfrastruktur kann eine qualitative und gestalterische Verbesserung bewirken! Nicht nur für sich, sondern auch für den umgebenden öffentlichen Raum. Hier wie überall braucht es zudem neben gründlichen Voruntersuchungen („Phase Null") auch Ex-Post-Betrachtungen gelungener Vorhaben und Projekte, um zu zeigen, welche Verfahren (inklusive der Einbindung der Öffentlichkeit) zu guten Ergebnissen führen. Baukultur ist auch Prozesskultur!

Die Baukulturwerkstätten

Die drei genannten Themenschwerpunkte waren daher auch Gegenstand von drei gut besuchten öffentlichen Baukulturwerkstätten, die im ersten Halbjahr 2014 in Kooperation mit der Akademie der Künste in Berlin stattfanden. Ihre Ergebnisse sind in den Baukulturbericht 2014/15 eingeflossen.

Die erste Werkstatt im Januar 2014 widmete sich dem Thema „Gemischte Quartiere", denn eine sowohl soziale als auch funktionale Mischung im Quartier aktiviert den urbanen Raum. Wohnbauten in der Stadt sollten daher Flexibilität und Veränderbarkeit auch für zukünftige Nutzungswünsche zulassen. Gemeinschaftlich genutzte Räume und Orte, die öffentlich zugänglich sind, sind für das Entstehen gemischter Quartiere ebenso notwendig wie die Einbeziehung ökologischer Aspekte bei Um- und Neubau. Wir brauchen Häuser, die sowohl maßgeschneidert als auch anpassungsfähig sind, um zukunftsfähiges Wohnen und Arbeiten zu ermöglichen. Der Aktivierung einer vitalen Erdgeschosszone und eines attraktiven Freiraums kommt dabei eine Schlüsselrolle zu. Ebenso ist ein quartiersbezogener Planungsansatz für die Erreichung dieser Ziele von zentraler Bedeutung.

Die zweite Werkstatt im März 2014 hatte das Thema „Öffentlicher Raum und Infrastruktur", denn das konstituierende Element eines funktionierenden Wohn- und Arbeitsumfeldes in der Stadt ist der öffentliche Raum. Nur wenn er eine Aufenthaltsqualität, offene Nutzungsmöglichkeiten und Zugang für jedermann bietet, begründet er Gemeinschaft. Ebenso ist eine funktionierende Infrastruktur essenziell für das Wohnen und Arbeiten in der Stadt. Neue Mobilitätskonzepte, digitale Kommunikationswege und intelligente Ver- und Entsorgungskreisläufe nehmen, bedingt durch den Mangel an fossilen Ressourcen und gefördert durch einen gesellschaftlichen Wertewandel, zu. Wie fördert man innovative Technologien und experimentelle Lösungen? Wie lässt sich dadurch ein Mehrwert für die Qualität des öffentlichen Raums schaffen?

Die dritte Werkstatt im Mai 2014 fand zu dem Thema „Planungskultur und Prozessqualität" statt, denn nur eine gute Planung kann einen langfristigen

Erfolg von Neu- und Umbau garantieren. Ein Vorhaben so zu organisieren, dass wirksame Einbindung der Bauherren und Nutzer auf vielen Ebenen möglich ist und gleichzeitig ein stimmiges Architekturkonzept entsteht, ist eine große Herausforderung und Verantwortung für die Planungsprofession. Die Rolle und das Berufsbild von Architekten, Landschaftsarchitekten, Ingenieuren und Planern wird in Zukunft neu definiert werden müssen. Das Bedürfnis nach Beteiligung ist in der Gesellschaft gewachsen, neue Formen der Dialogkultur sind gefordert. Durch eine professionelle Zusammenarbeit zwischen öffentlicher Hand und privaten Trägern können maßgeschneiderte Antworten sowie Strategien für den Umgang mit Transformationsräumen und Bestandsquartieren, aber auch eine kompetente Umsetzung von Großprojekten gefunden werden. Hierzu muss die wichtige Konzeptphase, die sogenannte „Phase Null" ebenso wie die Auswertung und Nachbetrachtung von Projekten („Phase Zehn") mehr Bedeutung in der Planung erlangen. Wie kann der Überforderung der Planungspraxis durch zunehmende Normierung und rechtliche Komplexität begegnet werden? Insgesamt müssen eine höhere Planungs- und Kostensicherheit und nicht zuletzt eine höhere Akzeptanz die Ziele sein.

Der Baukulturbericht

Der Baukulturbericht 2014/15 ist in Zusammenarbeit mit dem Deutschen Institut für Urbanistik (Difu) und der Technischen Universität Berlin entstanden. Er wurde vom Beirat der Stiftung sowie einem fachübergreifenden Begleitkreis beraten und vom Stiftungsrat zur Einbringung ins Kabinett beschlossen. Eine Besonderheit bei der Erarbeitung stellen zwei statistische Eigenerhebungen dar, eine Kommunalbefragung durch das Difu mit Unterstützung des Deutschen Städtetags und des Deutschen Städte- und Gemeindebunds sowie eine allgemeine Bevölkerungsbefragung durch das Meinungsforschungsinstitut Forsa. Zur Vorbereitung der Befragungen wurden insgesamt vier Fokusgruppengespräche mit ausgewiesenen Experten durchgeführt, die aus sehr unterschiedlichen Perspektiven auf die Städte und die Baukultur schauten. Auf die mit Hilfe der Auswertung dieser Fokusgruppen erarbeiteten Fragen haben 248 Städte und Gemeinden schriftlich sowie 1200 Einzelpersonen in repräsentativen Telefoninterviews geantwortet. Die Erkenntnisse sind teilweise neu und so ergiebig, dass die Bundesstiftung ergänzend zum Baukulturbericht 2014/15 einen Materialband mit den ausführlichen Ergebnissen veröffentlichen wird.

Nicht überraschend ist sicher, dass nur eine geringe Anzahl der Bundesbürger die Bundesstiftung überhaupt kennt oder mit dem Thema Baukultur etwas anfangen kann. Überraschender ist vielleicht, dass eine Reihe von Städten den Fragebogen zur Baukultur nicht bearbeiten konnten, da hierzu in ihrer Verwaltung keine Zuständigkeit bestand. Federführend war sonst meist die Stadtplanung. Andere Ressorts wie Bildung und Soziales waren in der Regel nicht beteiligt.

Der Stiftung war es wichtig, durch diesen komplexen Erstellungsprozess sicherzustellen, dass der Baukulturbericht unter Einbindung von Fachleuten und Experten entwickelt wird, denn Baukultur ist ein interdisziplinäres und fachübergreifendes Anliegen, dass nur im Zusammenspiel gewährleistet werden kann. Es gab dementsprechend nicht nur die systematische Rückkopplung des jeweiligen Bearbeitungsstandes des Baukulturberichts mit den drei Baukulturwerkstätten, dem Begleitkreis und dem Stiftungsbeirat. Zusätzlich hat neben vielen Einzelgesprächen ein zentrales Abstimmungsgespräch mit Verbänden, Kammern, Stiftungen und Initiativen im März 2014 stattgefunden.

Dennoch, oder gerade deshalb, wird der Baukulturbericht nicht alle an ihn gestellten Hoffnungen und Erwartungen erfüllen können. Das kann auch nicht seine Funktion sein. Er ist vielmehr als Grundlage für den Dialog über gute Wege für ein Mehr an Baukultur in Deutschland zu verstehen – nicht zuletzt im Konvent der Bundesstiftung Baukultur. Der Baukulturbericht 2014/15 ist als Auftakt einer künftig zweijährigen Dokumentenreihe zu verstehen, die die wesentlichen Bezüge zur Lage der Baukultur in Deutschland aufbereitet und sie für eine Diskussion in Politik und Gesellschaft handhabbar macht. Er mündet daher in Handlungsempfehlungen, die die Bundesstiftung für unterschiedliche Akteursgruppen zur Diskussion stellt. Letztlich nimmt er damit den Ball von Parlament und Regierung auf und bezieht sich auf den Koalitionsvertrag für die laufende Legislaturperiode. Dort heißt es auf Seite 131: „Wir wollen einen breiten gesellschaftlichen Dialog zu baukulturellen Fragen fördern – auch zu Bauvorhaben des Bundes. Die Bundesstiftung Baukultur als hierfür wichtigen Partner wollen wir stärken."

Baukultur in Deutschland:
Die Ausgangslage für die Städte

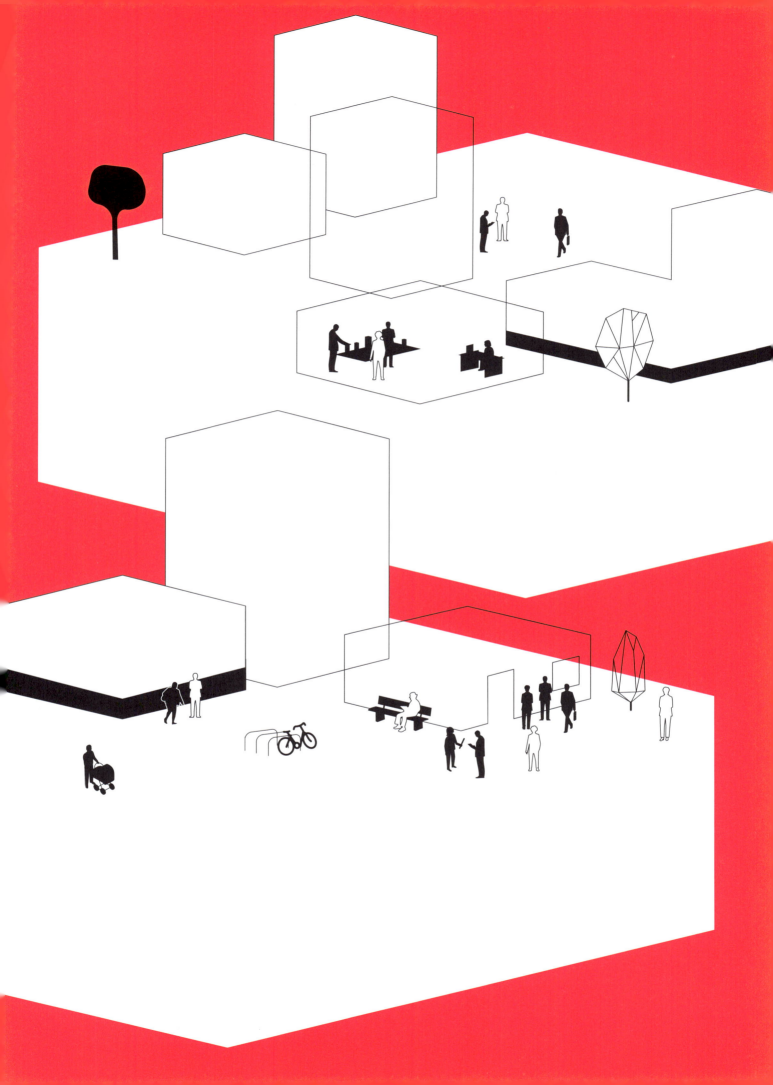

Mehrwert durch Baukultur
Warum soll man sich für Baukultur engagieren?

Baukultur ist wesentlich, um eine als lebenswert empfundene Umwelt zu schaffen. Sie hat neben sozialen, ökologischen und ökonomischen Bezügen auch eine emotionale und ästhetische Dimension. Ihre Herstellung, Aneignung und Nutzung ist ein gesellschaftlicher Prozess, der auf einer breiten Verständigung über qualitative Werte und Ziele beruht. Das Engagement für Baukultur ergibt aus Sicht vieler Teilnehmer an diesem Prozess Sinn: Private Bauherren können für sich die Basis für einen langfristigen Werterhalt oder Wertzuwachs ihrer Investitionen schaffen. Die öffentliche Hand kann mit ihren Projekten zur Unverwechselbarkeit unserer Städte beitragen und damit Identität lokal und national stiften und Politiker können durch Initiativen Unzufriedenheitspotenzial aufnehmen, in produktive Bahnen lenken und auf diese Weise breite Zustimmung für Entwicklungen und Veränderungen erzielen. Für alle ist Baukultur ein Schlüssel, gesellschaftlichen und ökonomischen Mehrwert zu schaffen – Baukultur ist eine Investition in die Zukunft.

Die Bedeutung von Baukultur für Deutschland

Baukultur ist wichtig für unsere Gesellschaft. Mit dieser Erkenntnis wird im Koalitionsvertrag der Regierungsparteien für die 18. Legislaturperiode die Bedeutung von Baukultur herausgestellt. Die wirtschaftlichen Ziele des Bauens sollen stärker mit den Anforderungen der Energiewende, der Baukultur und neuer Technologien verbunden werden. Gleichzeitig bekennen sich die Regierungsparteien als öffentlicher Bauherr bei Bundesbauten zu ihrer Vorbildfunktion, insbesondere auch im Bereich der Baukultur. Der Bund hat erkannt, welches gesellschaftliche, soziale und damit auch ökonomisch relevante Potenzial in baukultureller Qualität steckt. Je zufriedener Menschen mit ihrem Umfeld sind, in dem sie leben, mit den Häusern, Plätzen und Straßen, umso eher sind sie bereit, sich für den Erhalt, die Pflege und die Weiterentwicklung der Qualität auch für zukünftige Generationen zu engagieren. Sie leben mit der gebauten Umwelt nicht nur unter funktionalen Kriterien, sondern nehmen bewusst und unbewusst sehr viel mehr wahr, was Einfluss auf Gesundheit, Wohlbefinden und Gemeinsinn nimmt.

Es gibt in der Wissenschaft und Praxis zunehmend Studien, die sich in diesem Sinne der Frage eines nachweisbaren Mehrwerts durch Baukultur annähern – ähnlich zu Studien, die die Bedeutung von Grünflächen in Städten für die Wertsteigerung von Grundstücken und Immobilien untersuchen, so z. B. die Studie „Der Wert des Grüns" der Technischen Universität Dortmund

Baukultur ist vielfältig

aus Sicht von Bürgern

Wenn Sie den Begriff „Baukultur" hören: Woran denken Sie dann? Was ist Ihrer Meinung nach mit Baukultur gemeint?
(freie Nennungen befragter Bürger, Mehrfachnennungen möglich)

- Aussehen von Orten und Bauwerken allgemein **9%**
- Stil und Ästhetik der Gebäude **17%**
- alte und historische Gebäude allgemein **7%**
- Architektur der Gebäude **7%**
- Gebäude der Kultur **5%**
- außergewöhnliche und besondere Gebäude **2%**
- Anpassung von Bauten an Umgebung und örtliche Gegebenheiten **14%**
- nachhaltiges, ökologisches Bauen **4%**
- innovatives und modernes Bauen **5%**
- Städtebau, Stadtplanung und Gestaltung allgemein **18%**
- sozialverträgliches Bauen **10%**
- Vorgaben für Bauprojekte **2%**
- Instandhaltung, Sanierung und Schutz von alten und historischen Gebäuden **23%**
- Instandhaltung und Sanierung allgemein **2%**

aus Sicht von Experten

Wie wichtig sind aus ihrer Sicht die folgenden Kriterien für Baukultur?
(Antworten kommunaler Stadtplanungsämter mit Angaben „wichtig" bzw. „sehr wichtig", Mehrfachnennungen möglich)

- Ästhetik/Gestaltung — **94,7%**
- Lokale Identität — **93,0%**
- Sicherung und Pflege schützenswerten Gebäudebestands — **91,7%**
- Handwerkliche Sorgfalt — **84,7%**
- Zukunftsfähigkeit — **77,7%**
- Materialqualität — **76,0%**
- Funktionalität — **67,2%**
- Planungs- und Prozessqualität — **63,5%**
- Wirtschaftlichkeit — **59,4%**
- Konsens aller Akteure und Nutzergruppen — **56,9%**
- Ressourcenschonung/Nachhaltigkeit — **56,6%**
- Berücksichtigung sozialer Belange — **50,0%**
- Integrierte Lage — **47,3%**
- Flexibilität/Anpassungsfähigkeit — **44,8%**
- Technische Innovation — **28,2%**

Quelle: Kommunalbefragung zur Baukultur 2014
(Difu, im Auftrag der Bundesstiftung Baukultur),
Auszug der Antworten

Quelle: Bevölkerungsbefragung zur Baukultur 2014
(Forsa, im Auftrag der Bundesstiftung Baukultur)
Auszug der Antworten

oder der Global Green Space Report 2013. Wohnungsbaugesellschaften ziehen in die Berechnung von Lebenszykluskosten bei Bauwerken baukulturelle Aspekte mit ein (mehr bauliche Qualität = sorgsamerer Umgang der Nutzer = weniger Kosten für Instandhaltung). Oder es gibt Überlegungen zu einer Stadtrendite, die ein erhöhtes Engagement von privaten Bauherren für öffentliche Belange – zum Beispiel in Form von Aufwertungsmaßnahmen im näheren Umfeld – nicht als unnötige Zusatzkosten verzeichnen, sondern als sich volkswirtschaftlich rentierende Investition. Und in der Immobilienbranche wird über den Einbezug von Gestaltungsqualität in die Verkehrswertermittlung nachgedacht. Auch wenn der Mehrwert durch Baukultur letztendlich nicht genau mit Zahlen zu beziffern sein wird, die positive Auswirkung von Lebenszufriedenheit und Wertschätzung der gebauten Umwelt auf ihren Erhalt und damit den nachhaltigen Wert ist offensichtlich. Der Mehrwert durch Baukultur liegt auf der Hand.

Die überwiegende Mehrheit der Einwohner lebt gerne in ihren Städten, aber es gibt auch ein noch auszubauendes Potenzial: **Etwa ein Viertel der Bundesbürger ist nicht zufrieden mit der Gestaltung der Straßen, Plätze und Gebäude (23 %), der Regelung des Autoverkehrs und den Parkmöglichkeiten im Wohngebiet (26 %), mit der Instandhaltung und Pflege der Gebäude, Straßen und Plätze (27 %) sowie mit der Lebendigkeit des Stadtviertels bzw. des Ortskerns (29 %).**

Das Bewusstsein des Mehrwerts durch Baukultur ist in den Kommunen durchweg ausgeprägt. Über 70 % der befragten Städte geben laut Kommunalbefragung an, dass die Gewährleistung baukultureller Qualitäten im persönlichen Arbeitsalltag eine sehr wichtige oder wichtige Rolle spielt. Vor allem die Ästhetik, Gestaltung und lokale Identität sowie die Sicherung und Pflege des schützenswerten Gebäudebestands und die handwerkliche Sorgfalt werden von den Experten in der Stadtverwaltung als besonders relevant für baukulturelle Qualität angesehen.

Ebenso wichtig im Sinne von Baukultur ist aber auch die verantwortliche Gestaltung des Planungs- und Umsetzungsprozesses. Das erfordert umfassende Abstimmungen und ist oft zeit- und kostenintensiver, eröffnet aber neue Möglichkeiten, um im Ergebnis zu individuellen, ortsspezifischen und unverwechselbaren Bauten, Stadtstrukturen und Stadträumen zu gelangen. Überzeugt die Qualität von Gebäuden und Stadträumen, werden sie von der Bevölkerung akzeptiert und vom Nutzer besser behandelt.

Baukulturelle Qualität soll nicht nur in zentralen Lagen oder in einzelnen Leuchtturmprojekten, sondern in der Breite der Alltagsbauten zum Ausdruck kommen. Denn: Ein Mehr an Baukultur führt zu mehr Beständigkeit, Zufriedenheit und Sorgsamkeit im Umgang mit der gebauten Umwelt. Dort wo heute qualitätvoll im Sinne der Nachhaltigkeit gebaut, umgebaut und saniert wird, entstehen die Lebensräume der Zukunft. Und nicht zuletzt dort, wo Standorte baukulturell „in Wert gesetzt" werden, kommt Baukultur auch der Bodenrente zugute.

Bei der Planung und Gestaltung der gebauten Umwelt stehen Bund, Länder und Kommunen genauso in der Verantwortung, wie Akteure aus Landschaftsplanung, Stadtplanung, Architektur, Verkehrswissenschaft, Ingenieurwesen, öffentlicher und privater Bau- und Wohnungswirtschaft und dem Bauhandwerk sowie der Zivilgesellschaft. Aber auch der Handel, das produzierende Gewerbe, die Dienstleister und die Bewohner als Bauherren und Nutzer steuern ihren Beitrag zur baukulturellen Qualität bei. Die Einbindung der am Planungs-, Bau- und Aneignungsprozess beteiligten Interessengruppen ist ein wesentlicher Bestandteil guter Baupraxis. Baukultur als eine Gemeinschaftsaufgabe meint, den Dialog zwischen diesen Akteuren zu pflegen und innerhalb der Prozesse von Planung, Bau und Nutzung zwischen unterschiedlichen Interessen abzuwägen. Dazu ist es erforderlich, über die Komplexität baukultureller Belange und über die Bedeutung von qualitätvollem Bauen zu diskutieren, denn nicht alle Zielkonflikte zwischen den Interessengruppen lassen sich leicht auflösen. Meist ist die Kompromissfindung mit einem langen Kommunikations- und Aushandlungsprozess verbunden. Er zahlt sich aber aus, denn Mehrkosten durch spätere Fehlplanungen werden vermieden und die Akzeptanz und Motivation bei allen Beteiligten erhöht.

Hier positioniert sich die Bundesstiftung Baukultur als eine unabhängige Schnittstelle, die bestehende Netzwerke festigt und erweitert sowie breit angelegte Debatten über die Qualität von Planung und Bauen initiiert. Es gilt, einen Dialog auf Augenhöhe mit Bauschaffenden aller Disziplinen, den Bauherren und Nutzern anzuregen. Die Stiftung fungiert dabei als eine Plattform, die das öffentliche Gespräch über Baukultur fördert und mit ihren Veranstaltungen, Initiativen und Publikationen für die Qualität der gebauten Umwelt sensibilisiert. Dabei geht es ihr darum, auch dem Fachfremden die Bedeutung von Baukultur zu vermitteln und ein besseres Verständnis für Planungsprozesse und Bauvorhaben zu wecken.

Die aktuellen gesellschaftlichen Entwicklungen stellen uns vor komplexe Herausforderungen und Fragen, die sich vor allem in der Gestaltung unserer Umwelt manifestieren – soziale Entwicklungen, regional unterschiedlicher

Über Baukultur reden

Begriffe und ihre Häufigkeit in Diskussionsrunden über Baukultur zeigen die Tendenz zur Selbstreferenzialität

Quelle: Fokusgruppengespräche mit Experten zum Baukulturbericht 2014 / 15 im November und Dezember 2013

Wirtschaftsfaktor Planen und Bauen

Quelle: Destatis 2014a

Anteil der Bauleistungen am Bruttoinlandsprodukt in Deutschland 2012

10,0 %

Anteil von Bauten an den Bruttoanlageinvestitionen in Deutschland 2012

56,6 %

Anteil von Bauten am Bruttoanlagevermögen in Deutschland 2012

83,8 %

wirtschaftlicher Strukturwandel, Anforderungen der Energiewende, die Gestaltung des Klimawandels wie auch die Möglichkeiten neuer Technologien. Die Integration dieser Aspekte erfordert in der Praxis interdisziplinäre und offen gestaltete Planungs- und Umsetzungsprozesse bei allen Bauvorhaben – ob im Hochbau, im Städtebau, bei der Freiraumplanung oder bei Infrastrukturmaßnahmen. Dabei gilt es, sich nicht allein auf Einzelaspekte zu beschränken, sondern die gesamte Bandbreite an neuen Anforderungen, notwendigen Einschränkungen, Chancen und innovativen Ideen im Blick zu behalten. Die Qualität der realisierten Maßnahmen hat direkten Einfluss darauf, wie wir alle den gesellschaftlichen Wandel meistern werden. Baukultur ist dabei der Schlüssel für eine lebenswerte, soziale, ökologisch und ökonomisch verantwortliche und verträgliche Entwicklung unserer gebauten Umwelt.

Deutsche Städte sind national wie international bekannt – sowohl für ihre wertvollen historischen Stadtkerne als auch für qualitätvolle Plan- und Bauvorhaben im Rahmen aktueller Aufgaben. Wichtiges Element von Baukultur ist dabei der Erhalt des baukulturellen Erbes. Auch im geltenden Koalitionsvertrag werden der Erhalt von Denkmälern als gesamtstaatliche Aufgabe angesehen und die Fortsetzung der Denkmalschutz-Sonderprogramme des Bundes sowie das Programm „National wertvolle Kulturdenkmäler" angekündigt. Zudem ist beabsichtigt, ein „Europäisches Jahr für Denkmalschutz" zu initiieren, ähnlich dem „Europäischen Denkmalschutzjahr 1975". Neben dem Umgang mit dem historischen Bestand und der Entwicklung des ländlichen Raums besteht die große Herausforderung heute vor allem im planvollen und nachhaltigen Weiterbau des Bestands und der Erweiterung unserer Städte. Wie wird die Bevölkerung in den Städten der Zukunft leben? Welche Angebote muss der öffentliche Raum bereithalten? Wie können die Bedürfnisse der Gesellschaft bei konkreten Bauvorhaben ermittelt und integriert werden? Mit der ständigen Veränderung gesellschaftlicher Rahmenbedingungen unterliegt auch die Stadt einem permanenten Transformationsprozess. Die hohe Qualität gebauter Stadt- und Gebäudestrukturen lässt sich daran messen, wie sie diesen Transformationsprozess ermöglichen.

Die Qualität der Gebäude, des öffentlichen Raums und des Stadtbilds zeichnet sich in vielen Städten durch ein hohes Maß an gestalterischem Können, Pflege und handwerklicher Sorgfalt aus. Städtebauliche Planungen müssen sich auf diese räumliche Gestalt der Stadt beziehen und sie auch stadtbaukünstlerisch weiterentwickeln. Dort, wo heute im Sinne der Nachhaltigkeit gebaut wird, entstehen so die qualitätvollen Lebensräume der Zukunft. Dabei über Baukultur mit allen relevanten Akteursgruppen wie auch mit der Öffentlichkeit zu kommunizieren, Baukultur nicht nur als Prozess des Bauens, sondern auch als den der Aneignung und als kulturelle Praxis zu verstehen – all das beinhaltet die Chance, nicht nur ein besseres Verständnis für Planungsprozesse und Bauvorhaben zu erzielen, sondern auch Impulse zu setzen für ein unternehmerisches und zivilgesellschaftliches Engagement für die Qualität des Planens und Bauens. Mit einer umfassenden Diskussion und Sensibilisierung aller Akteure wie auch der Öffentlichkeit kann es gelingen, alle Beteiligten vom gesellschaftlichen Mehrwert durch Baukultur zu überzeugen.

Wirtschaftsfaktor Planen und Bauen als Chance für Baukultur

Der überwiegende Teil des deutschen Volksvermögens liegt in Immobilienwerten. Das Planen und Bauen haben zudem einen großen Anteil an der Wirtschaftsleistung Deutschlands. Gemessen an den Werten des Jahres 2012 machen alle Bauleistungen zusammen 10 % des Bruttoinlandsproduktes aus und bestimmen mit 56 % mehr als die Hälfte aller Investitionen in Deutschland. Im europäischen Vergleich spielt die deutsche Bauwirtschaft eine Ausnahmerolle: Während seit 2007 das Bauvolumen insgesamt in Europa durch die Wirtschafts- und Finanzkrise stark zurückging, zeigte Deutschland hier Zunahmen.

Den größten Anteil am gesamten Bauvolumen von 309 Milliarden Euro hat der Wohnungsbau. Gegenüber den anderen Bereichen wie dem gewerblichen und dem öffentlichen Hoch- und Tiefbau fließen hier mit 171,5 Milliarden Euro mehr als die Hälfte der Investitionen in Bestand und Neubau. Über 40 Millionen Wohnungen gibt es in Deutschland, und seit 2005 ist ihre Zahl jährlich durchschnittlich um 200.000 Wohnungen angewachsen. Damit ist der Wohnungsbau das Rückgrat der Bautätigkeit, auch wenn der Umfang seit Mitte der 1990er-Jahre zurückgegangen ist.

Interessant ist, dass der Großteil der Investitionen nicht im Neubau erfolgt, sondern zu drei Viertel in Bauleistungen an bestehenden Gebäuden – also Umbauten, Ausbauten, (energetische) Sanierungen, Renovierungen und Reparaturen. Wie wird mit dem Bestand umgegangen? Welche Wertschätzung

Wohnungsneubau als Rückgrat des Bauens

Fertiggestellte Wohnungen 1992–2012

Quelle: Destatis 2013a

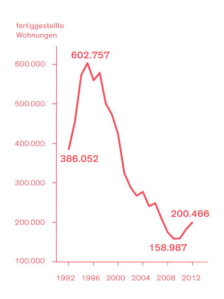

Wieviel wird in Deutschland gebaut?

Bauvolumen in Deutschland im Größenvergleich

Quelle: BMVBS 2012a; BMF 2014; BMWi 2012; DAT 2013

gesamte Staatsausgaben Deutschlands 2012

311,6 Mrd. €

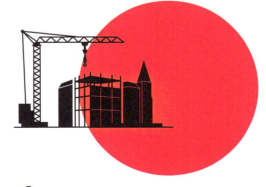

Bauvolumen in Deutschland 2012

309,4 Mrd. €

Umsatz der Tourismuswirtschaft in Deutschland 2010

97,0 Mrd. €

Neuwagenmarkt in Deutschland 2012

82,6 Mrd. €

Bestandsentwicklung ist zentral

Struktur des Wohnungsbaus nach Neubau und Sanierung in Deutschland 2012

Quelle: BMVBS 2012a

Neubauvolumen
26,0 %

Bauleistung an bestehenden Gebäuden
74,0 %

erfährt dabei die Nachkriegsmoderne, die einen überwiegenden Teil des Bestandes ausmacht? Welche Anpassungen an gewandelte Lebens- und Wohnbedürfnisse sind nötig? Die bauliche Beantwortung dieser und weiterer Fragen bestimmt maßgeblich die Qualität der städtischen Lebensumwelt und hat spürbare Auswirkungen für jeden. Mehr noch: Bestandspflege und -umbau sind eine gesamtgesellschaftliche Aufgabe, denn die Wohnungen gehören mit 75 % zum überwiegenden Teil Privatpersonen oder Eigentümergemeinschaften. Die restlichen 25 % sind in der Hand von Wohnungsbaugesellschaften, Genossenschaften oder anderen professionellen Akteuren.

Die privaten Hauseigentümer gestalten somit das Bild der Städte und Gemeinden mit und leisten damit bewusst oder unbewusst Beiträge zur deutschen Baukultur. Die zukunftsfähige Ausgestaltung dieser Bestände ist nicht nur für die Entwicklung unserer Städte wichtig, sondern auch für die Eigentümer selbst – Wohnimmobilien sind das bedeutendste Segment im Vermögensbestand privater Haushalte. Vielfach erfüllen sie die Funktion einer Alterssicherung und müssten bereits aus diesem Grund einen hohen Anspruch an Qualität und Zukunftsfähigkeit erfüllen. Alle privaten Bauherren können sich durch Baukultur Vorteile für den Verkauf oder die Vermietung ihrer Objekte verschaffen und damit langfristig damit deren Werterhalt oder Wertsteigerung beeinflussen. Demzufolge wird regelmäßig saniert – allein ein Drittel der Bestandsinvestitionen im Wohnungsbau entfällt inzwischen auf energetische Sanierungen. Wie diese Sanierungen umgesetzt werden, bestimmt wiederum maßgeblich das Erscheinungsbild von Siedlungen und Straßenzügen deutscher Städte.

Wohnungsbau dominiert

Nominales Bauvolumen 2012 in Deutschland nach Baubereichen

Quelle: BMVBS 2012a

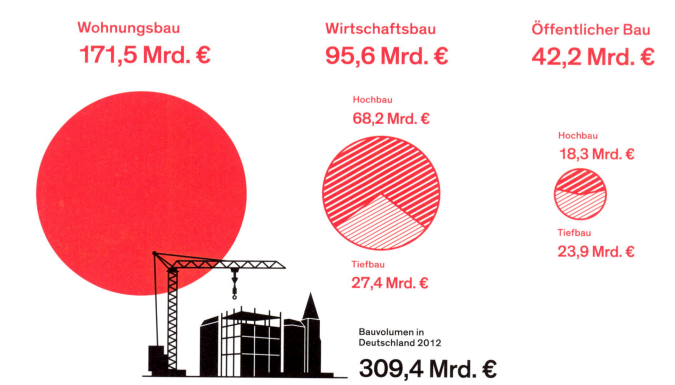

Wohnungsbau
171,5 Mrd. €

Wirtschaftsbau
95,6 Mrd. €

Hochbau
68,2 Mrd. €

Tiefbau
27,4 Mrd. €

Öffentlicher Bau
42,2 Mrd. €

Hochbau
18,3 Mrd. €

Tiefbau
23,9 Mrd. €

Bauvolumen in Deutschland 2012
309,4 Mrd. €

Neben dem Wohnungsbau nimmt der gewerbliche Bau – u. a. Büros, Verwaltungsgebäude, Hotels sowie Produktions- und Lagergebäude mit dazugehörigem Tiefbau – mit deutlichem Abstand den zweiten Platz in der Verteilung der Bauinvestitionen ein. Zwei Drittel aller Investitionen konzentrieren sich auch hier auf den Bestand.

Den finanziell kleinsten Teil nimmt als drittes Segment der öffentliche Bau ein. Der vergleichsweise geringe Anteil an öffentlichen Bauinvestitionen im Vergleich zum Wohnungs- und Wirtschaftsbau steht im Kontrast zur Art und Lage und damit zur gesellschaftlichen Bedeutung öffentlicher Bauten. Sie befinden sich oft in zentralen Lagen, im Stadtkern und in städtebaulich prägnanten Situationen oder definieren ein Ortszentrum durch ihre kulturelle oder zentrale Funktion. Auch zählen die Gebäude häufig zum baukulturell schützenswerten Erbe der Städte. Öffentliche Gebäude haben damit oftmals eine identitätsstiftende Wirkung. Den Bauten der öffentlichen Hand kommt daher eine zentrale Rolle zu, wenn es um die Prägung von lokaler, nationaler oder sogar international ausstrahlender Baukultur geht.

Im Gegensatz zu dieser Bedeutung verzeichnen öffentliche Bauinvestitionen jedoch bereits seit Mitte der 1990er-Jahre einen deutlichen Rückgang, der lediglich mit Hilfe der Investitionsmittel aus den Konjunkturpaketen – bauwirtschaftlich wirksam geworden in den Jahren 2010 und 2011 – unterbrochen wurde. Nach ihrem Auslaufen fielen die öffentlichen Bauinvestitionen auf den niedrigsten Wert seit der Wiedervereinigung. Als bedeutendste öffentliche Bauauftraggeber haben die Gemeinden und Gemeindeverbände einen entscheidenden Anteil an dieser Entwicklung. Denn trotz ihrer inzwischen leicht positiven Finanzierungssalden müssen sie meist hohe Kassenkredite bedienen, was Investitionen häufig verhindert.

Insgesamt sind regional starke Unterschiede auszumachen, das betrifft auch die Bautätigkeit der öffentlichen Hand. Fast ein Drittel des gesamten Bauvolumens wird im Süden Deutschlands, in Bayern sowie Baden-Württemberg realisiert. In den ostdeutschen Bundesländern spielt wiederum der öffentliche Bau eine größere Rolle als in Westdeutschland: Werden insgesamt knapp 14 % der Bauinvestitionen durch die öffentliche Hand getätigt, sind es in ostdeutschen Regionen zwischen 18 und 22 %. Den weitaus größten Anteil am Bauvolumen haben private Akteure. Gutes Planen und Bauen und der Erhalt der gebauten Werte sind somit eine gesamtgesellschaftliche Verantwortung, die nicht nur ökonomische Folgen hat, sondern die Zukunftsfähigkeit unserer gebauten Lebensräume bestimmt.

Schwerpunkt Nachkriegsmoderne (1949–1978)

Anteil der Gebäude mit Wohnraum nach Baujahr in Deutschland 2011

Quelle: Destatis 2013a

2009 und später **1,2%**
2001–2008 **7,3%**
Vor 1919 **14,0%**
1991–2000 **13,7%**
1919–1948 **12,2%**
1979–1990 **13,6%**
1949–1978 **38,0%**

Öffentliche Bauinvestitionen nehmen ab

Entwicklung des realen Bauvolumens im öffentlichen Bau (2005=100)

Quelle: BMVBS 2012a

Kettenindex real

113,98 — 100 — 106,05 — 96,53

Auslaufen des Konjunkturpaketes II

Akteure der Baukultur
Wer trägt Sorge für die gebaute Umwelt?

Die Möglichkeiten, im Sinne der Baukultur aktiv zu werden, sind vielfältig: Jeder, der plant, baut und gestaltet, der sein Lebensumfeld pflegt, sich in einer Bürgerinitiative für den eigenen Stadtteil engagiert oder an einer Diskussion über Bauprojekte teilnimmt, leistet einen Beitrag zur Baukultur in Deutschland. Neben öffentlichen und privaten Bauherren, der Politik oder den Architekten, Ingenieuren und Planern sind auch Wissenschaft, Forschung, Bildung und Ausbildung sowie die Medien maßgeblich an der Entwicklung baukultureller Themen und deren Wahrnehmung beteiligt. Sie alle nehmen Einfluss auf die Bürger als Rezipienten und Nutzer der gebauten und gestalteten Umwelt. Baukultur ist also ein Gemeinschaftswerk. Die Herausforderung, die unterschiedlichen Interessen und Motivationen zusammenzuführen, ist nicht konfliktfrei. Die zunehmende Regulierung, eine Vielzahl von neuen Gesetzen, Verordnungen und Normen hat diesen Prozess zusätzlich verkompliziert. Baukultur ist kein natürlicher Konsens, sondern das Ergebnis eines komplexen Aushandlungsprozesses ganz unterschiedlicher Akteure mit unterschiedlichen Interessenslagen, Bedürfnissen und Haltungen.

Netzwerke, Initiativen und gesellschaftliches Engagement

Auf Bundesebene wie auch in den Ländern und Kommunen existieren unterschiedlichste Netzwerke, Initiativen und Vereine, die ihre Aufgabe in der Vermittlung und Förderung von Baukultur sehen. Maßgeblichen Anteil daran hatte die „Initiative Architektur und Baukultur" des Bundes, die im Jahr 2000 gegründet wurde und 2012 in das Programm der „Nationalen Stadtentwicklungspolitik" einging, nachdem 2006 die Bundesstiftung Baukultur gegründet worden war.

Neben deutschlandweit agierenden Netzwerken sind insbesondere auf eine Region oder ein Bundesland bezogene Initiativen von Bedeutung, wie beispielsweise die Landesinitiative StadtBauKultur NRW, das Zentrum Baukultur Rheinland-Pfalz, das bremer zentrum für baukultur oder das Netzwerk Baukultur in Niedersachsen. Sie alle ergänzen die lokalen Vereine und Zusammenschlüsse und thematisieren regionale Baukultur als identifikationsstiftendes Moment. Mit ihren Aktivitäten fördern sie den Austausch und die kritische Auseinandersetzung zu Themen der Baukultur in ihrem jeweiligen Bezugsrahmen. Einen guten Überblick über die Landschaft von über 200 Initiativen, Stiftungen und Vereinen gibt das „Handbuch der Baukultur" der Bundesstiftung Baukultur, deren Ziel es ist, dieses Engagement zu unterstützen und die Initiativenlandschaft als ausbaufähiges Potenzial zu stärken.

Im Zusammenhang mit der Auseinandersetzung um gutes Planen und Bauen engagieren sich zivilgesellschaftliche Initiativen auf lokaler Ebene meist aus einem aktuellen Anlass, beispielsweise im Widerstand gegen den

Abriss historischer Bausubstanz. In diesem Zusammenhang werden auch verschiedenenorts sehr emotionale Debatten um Fragen der Rekonstruktion verloren gegangener Stadtbausteine, wie beispielsweise Stadtschlösser, geführt. Diese Debatten zeigen, dass die Sichtweisen oder Interessenslagen in der Bevölkerung durchaus unterschiedlich sind und Baukultur zwingend eines Aushandlungsprozesses bedarf. Vergleichbar emotional wird es in Situationen, in denen Anwohner von Veränderungen betroffen sind und um die Qualität ihres Lebensumfelds fürchten. Schlagworte wie „Nachverdichtung" und „Gentrifizierung" sind längst in den allgemeinen Sprachgebrauch übergegangen und provozieren oft Abwehrhaltungen der lokalen Bewohnerschaft gegenüber Zuzügen und Nachverdichtungen. Neben den Vereinen, Initiativen und Gremien, die sich explizit mit baukulturellen Fragen auseinandersetzen, gibt es viele weitere lokale Initiativen, die mit ihren Tätigkeiten die gebaute Umwelt prägen und gestalten und mit ihrem Engagement zu ihrer Qualität beitragen. Denn Bauen und Planen ist notwendiger Teil ihrer Maßnahmen, sei es, weil sie als Elterninitiative einen Spielplatz gestalten, als Heimatverein ein Museum ins Leben rufen oder als Händlergemeinschaft ein Geschäftsstraßenmanagement einrichten. Baukulturelle Werte werden hier unweigerlich mit thematisiert, auch wenn das primäre Anliegen des jeweiligen Vorhabens nicht allein gestalterische Aspekte beinhaltet. Die Aufgabe, dabei ein Verständnis für Baukultur zu schaffen und für gute Gestaltung zu werben, obliegt auch der öffentlichen Hand – auf Bundes-, auf Länder- und auf Kommunalebene.

Bund, Länder und Kommunen

Bund, Länder und Kommunen nehmen eine zentrale Rolle für die Förderung der Qualität des Planens und Bauens in Deutschland ein. Sie prägen die Baukultur durch ihre rahmensetzende und legislative Funktion, durch Förderungen und Anreize für private Bauherren und durch ihre Vorbildfunktion als öffentlicher Bauherr. Diese Vorbildfunktion betrifft nicht nur die Planung von Neubauten, sondern auch den Umgang mit dem Bestand. Das gilt auch und insbesondere für die technischen Bauwerke des Bundes, der Länder und Kommunen, die Bauten der Verkehrsinfrastruktur und die Gestaltung des öffentlichen Raums in den Städten, da hier die öffentliche Hand in der Regel der alleinige Bauherr ist. Wenn die öffentliche Hand „kaputt spart", „kaputt saniert" oder Infrastrukturen und Gebäude verwahrlosen lässt, ist das für private Bauherren und Eigentümer kaum motivierend, eigene Investitionen zu tätigen. Vorbild sein bedeutet vielmehr: Vorreiter zu sein, Innovation und Experiment im Sinne der Suche nach Lösungen für aktuelle und zukünftige Problemstellungen zu fördern und über das übliche Maß hinaus Qualitäten zu schaffen – im Produkt wie im Prozess, im Bestand wie im Neubau. In gleicher Weise gilt dies für öffentliche Unternehmen und Eigenbetriebe.

Bund, Länder und Kommunen definieren zudem die rechtlichen Rahmenbedingungen für das Planen und Bauen in Deutschland, wobei ein gutes Zusammenspiel der drei Verwaltungsebenen von großer Bedeutung ist. Die „Spielregeln" legt der Bund insbesondere durch das Baugesetzbuch und die Baunutzungsverordnung fest, die Länder durch die Landesbauordnungen und die Kommunen über die Bauleitplanung und weitere Satzungen, z. B. Gestaltungs- oder Erhaltungssatzungen. Verantwortung übernimmt die öffentliche

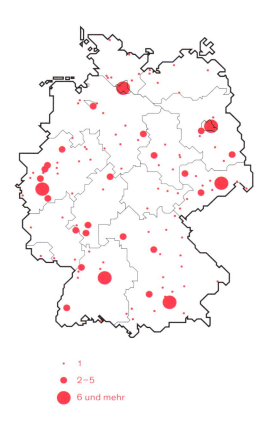

Baukultur wird breit getragen
Verteilung der Initiativen und Vereine der Baukultur in Deutschland 2013
Quelle: Bundesstiftung Baukultur 2013

· 1
• 2–5
● 6 und mehr

Sie haben sich nicht wiedergefunden in der Karte?
Schreiben Sie uns: mail@bundesstiftung-baukultur.de

Gestaltungsbeiräte als Instrument großer Städte

Existenz von Gestaltungsbeiräten in Deutschland nach Stadtgröße

Quelle: Kommunalbefragung zur Baukultur 2014 (Difu, im Auftrag der Bundesstiftung Baukultur)

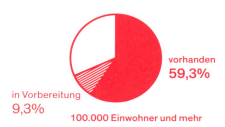

vorhanden **59,3%**
in Vorbereitung **9,3%**
100.000 Einwohner und mehr

vorhanden **29,3%**
in Vorbereitung **15,5%**
50.000 bis unter 100.000 Einwohner

vorhanden **12,8%**
in Vorbereitung **5,1%**
20.000 bis unter 50.000 Einwohner

vorhanden **3,8%**
in Vorbereitung **2,5%**
5.000 bis unter 20.000 Einwohner

Hand auch für den Denkmalschutz und hat ihn in den 16 Denkmalschutzgesetzen der Länder verankert. Die konkreten Entscheidungen über Planungen und Bauvorhaben finden jedoch auf der Ebene der Kommunen statt. Sie besitzen kommunale Planungshoheit nach Art. 28 II 1 GG und damit das Recht, „alle Angelegenheiten der örtlichen Gemeinschaft im Rahmen der Gesetze in eigener Verantwortung zu regeln". Damit setzen sie auch den Rahmen für die Bautätigkeit privater Bauherren und stehen so in einer großen Verantwortung für die Baukultur vor Ort. **Laut Kommunalbefragung sind es innerhalb der kommunalen Verwaltung insbesondere die Stadtplanungsämter, die sich mit Blick auf die Baukultur in der Verantwortung sehen: Neun von zehn Stadtplanungsämtern übernehmen eine federführende Rolle bei baukulturellen Aufgaben.**

Neben den „harten" rechtlichen Elementen nutzen viele Kommunen in Deutschland auch „weiche" Instrumente, um Baukultur zu fördern. Informelle Planungen und Entwicklungsgrundlagen wie Rahmenpläne, Gestaltungspläne oder Integrierte Stadt(teil)entwicklungskonzepte ermöglichen eine sorgsame Stadt- und Quartiersplanung. **Zudem bieten immerhin noch zwei Drittel aller Städte Bauinteressierten eine Beratung an, bevor ein Bauantrag im Baugenehmigungsverfahren geprüft wird.** Zwar bindet dies zunächst personelle Ressourcen und es muss ausreichend fachliche Kompetenz in der Verwaltung vorhanden sein, aber eine gezielte Beratung bringt Einspareffekte, da Prozesse beschleunigt und die Nachhaltigkeit der Bauqualität erhöht werden können. Vorgaben bei der Auslobung von Realisierungswettbewerben, die Vergabe von Preisen und Auszeichnungen, konzeptgebundene Vergabeverfahren sowie Auflagen in städtebaulichen Verträgen oder Kaufverträgen gewähren darüber hinaus Einflussmöglichkeiten.

Zu einer besonderen Form innerhalb der weichen bzw. informellen Instrumente auf lokaler Ebene zählen Gestaltungsbeiräte. Die meist interdisziplinär zusammengesetzten Gruppen aus nicht lokal ansässigen Experten beraten die Kommune zu konkreten, stadtbedeutsamen Projekten privater Bauherren, insbesondere unter architektonischen und stadtgestalterischen Gesichtspunkten. Sie geben Empfehlungen und Anregungen, um die baukulturelle Qualität von privaten Bauvorhaben zu erhöhen. Gestaltungsbeiräte sind zurzeit dennoch eine Ausnahmeerscheinung. **Rund 68% der Kommunen in Deutschland haben kein solches Gremium und planen auch nicht dessen Einrichtung. Dabei ist allerdings nach Stadtgrößen zu unterscheiden: Während fast 60% der Großstädte Gestaltungsbeiräte besitzen, sinkt der Wert deutlich mit abnehmender Einwohnerzahl. Kleineren Städten fällt es schwerer, den organisatorischen und finanziellen Rahmen für solche Instrumente sicherzustellen.** Gemeindeübergreifende oder mobile Gestaltungsbeiräte, wie derzeit in Mecklenburg-Vorpommern in der Erprobung, können eine Lösung sein.

Ebenfalls zu den weichen Instrumenten mit Einfluss auf die Baukultur zählen die inhaltliche Auseinandersetzung und Diskussion um baukulturelle Werte – auf Bundesebene u. a. im Rahmen der Nationalen Stadtentwicklungspolitik, die in diesem Zuge auch Projekte fördert. Finanzielle Anreize für die Umsetzung von baukulturellen Qualitäten bieten zudem Förderprogramme wie die Programme der Städtebauförderung, mit deren Hilfe private Investitionen in den Stadtquartieren angeregt werden können. In der Regel als „Drittelfinanzierung" gemeinsam durch Bund, Länder und Kommunen organisiert, zielt die Städtebauförderung darauf ab, städtebauliche, funktionale und soziale Missstände im Rahmen von städtebaulichen Gesamtmaßnahmen zu beheben. **Aus Sicht der Kommunen sind die Bund-Länder-Programme der Städtebauförderung von immenser Bedeutung: Rund neun von zehn Städten sehen die Städtebauförderung als (sehr) wichtiges Instrument für die Umsetzung baukultureller Qualitäten an.**

Auch durch die Finanzierung und inhaltliche Ausgestaltung von Bildung und Ausbildung sowie der Wissenschaftsförderung besteht ein indirekter Einfluss der öffentlichen Hand auf die Qualität der gebauten Umwelt. Der Gestaltung und Pflege von Bildungsbauten kommt zusätzlich eine zentrale Rolle zu: Es hat nicht nur eine positive Wirkung auf das Lernklima, besonders Schulen können ein wichtiger Motor bei der Quartiersentwicklung sein.

Bund, Länder und Gemeinden tragen also in hohem Maße Verantwortung für Baukultur. Doch sind auch sie dabei abhängig von begrenzenden – unter anderem finanziellen – Rahmenbedingungen, gesellschaftlichen Einflussfaktoren sowie den Interessenslagen anderer Akteure und Entscheider.

Private Bauherren und Eigentümer

Neben den öffentlichen sind private Bauherren und Eigentümer Auftraggeber von Baumaßnahmen. Aufgrund des hohen Bestands- und Neubauvolumens in privater Hand kommt ihnen in baukultureller Hinsicht eine wichtige Rolle zu. Ihre gesellschaftliche Verantwortung als Eigentümer ist schon im Grundgesetz benannt (§ 14, Abs. 2): „Eigentum verpflichtet. Sein Gebrauch soll zugleich dem Wohle der Allgemeinheit dienen." Der gewerbliche Neubau wird vollständig durch privatwirtschaftliche Akteure realisiert und auch auf dem Wohnungsmarkt halten sie die deutliche Mehrheit des Bestands von insgesamt 40 Millionen Wohnungen in Deutschland und tragen damit wesentlich zur Baukultur in deutschen Städten bei. Doch kann aufgrund der vielen unterschiedlichen Eigentümergruppen kaum ein einheitliches Verständnis für bauliche, gestalterische und andere fachliche Aspekte vorausgesetzt werden.

Im Jahr 2006 wurden ca. 40 % des Wohnungsbestandes selbst genutzt – der Bewohner ist hier zugleich Eigentümer und entscheidet selbst über

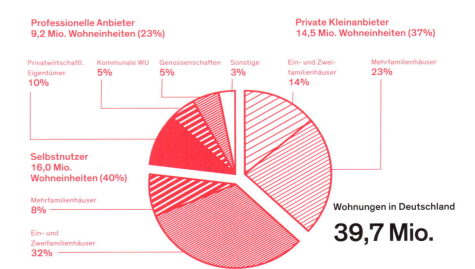

Wohnungen in privater Hand
Anbieterstrukturen auf dem deutschen Wohnungsmarkt
Quelle: BBSR 2011a (Daten von 2006)

Professionelle Anbieter 9,2 Mio. Wohneinheiten (23 %)
Privatwirtschaftl. Eigentümer 10 %
Kommunale WU 5 %
Genossenschaften 5 %
Sonstige 3 %

Private Kleinanbieter 14,5 Mio. Wohneinheiten (37 %)
Ein- und Zweifamilienhäuser 14 %
Mehrfamilienhäuser 23 %

Selbstnutzer 16,0 Mio. Wohneinheiten (40 %)
Mehrfamilienhäuser 8 %
Ein- und Zweifamilienhäuser 32 %

Wohnungen in Deutschland
39,7 Mio.

bauliche Maßnahmen an seinem Gebäude oder seiner Wohnung. Dabei ist regional zu differenzieren – besonders der Osten Deutschlands sowie die größeren Städte sind durch niedrige Eigentumsquoten gekennzeichnet. Generell ist diese Quote in den letzten Jahrzehnten jedoch gestiegen und erreicht nach den Daten des Zensus 2011 inzwischen 45,8 %. Im europäischen Vergleich ist die Wohneigentumsquote im „Mieterland Deutschland" allerdings gering, verglichen beispielsweise mit Süd- und Osteuropa, wo sie Werte von 80 % übersteigt. Die Motivationen für selbstgenutztes Eigentum sind unterschiedlich und reichen von ererbtem Wohneigentum über den Wunsch, etwas Eigenes zu schaffen und zu besitzen, bis hin zur Planung der Alterssicherung. Bewusste baukulturelle Aspekte im Umgang mit dem eigenen Bestand spielen dabei in sehr unterschiedlicher Intensität eine Rolle. Persönliche Vorlieben und finanzielle Spielräume bestimmen maßgeblich die jeweiligen Ausprägungen und Investitionen.

Die restlichen knapp 24 Millionen Wohnungen in Deutschland sind Mietwohnungen. Ihre Mehrzahl – 14,8 Millionen – wird durch private Kleinanbieter gehalten, nur ca. 9,2 Millionen Wohnungen sind im Eigentum größerer privatwirtschaftlicher Unternehmen. Diese Unternehmen prägen dennoch stärker als Selbstnutzer und Kleinanbieter den städtischen Raum: Mit ihren Entscheidungen beeinflussen sie eine deutlich größere Zahl an Objekten gleichzeitig, die durch ihre Lage, Konzentration oder allein durch ihre Masse häufig stadtbildprägend wirken. Ihre Bestände umfassen oft halböffentliche Außenbereiche, die auch von Anwohnern aus dem Umfeld genutzt werden und insofern eine Bedeutung für den öffentlichen Raum haben. Unter den professionellen Akteuren lassen sich die kommunalen und sonstigen öffentlichen Wohnungsunternehmen, Genossenschaften und privatwirtschaftliche Wohnungsanbieter unterscheiden – auch sie sind also keine homogene Gruppe mit gleichgerichteten Interessen. Ihnen gemein ist jedoch ihr grundsätzlich renditeorientiertes Handeln. Dies gilt, spätestens seit dem Wegfall der Gemeinnützigkeit 1990, in gewisser Weise auch für die kommunalen Wohnungsanbieter. Dennoch ist bei ihnen der Gemeinnutzen nach wie vor

Wohnungsbestände immer stärker privatisiert und internationalisiert

Anteil der Käufergruppen an den großen Wohnungstransaktionen (über 800 Wohneinheiten) in den Jahren 1999 bis Mitte 2012

Quelle: BBSR 2012a

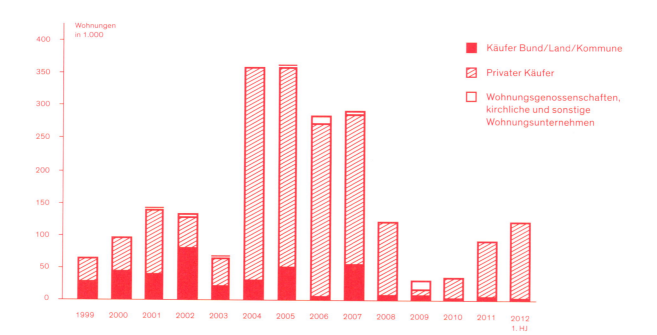

Buchheimer Weg, Köln
Das zweite Leben einer Siedlung aus den 1950er-Jahren

Die Siedlung Buchheimer Weg in Köln entsprach mit den Zeilenbauten und offenen Freiräumen dem typischen Siedlungsbau der 1950er-Jahre. Durch den schlechten baulichen Zustand war eine energetische Sanierung selbst mit Fördermitteln nicht rentabel. Die Neuinterpretation des städtebaulichen Konzepts hatte das Ziel, Miethöhe und Bewohnerschaft zu halten. Um dies zu erreichen, wurde weder das Planungsrecht geändert (zusätzliche Kosten!) noch die Infrastruktur neu angelegt. Die farbigen abgeknickten Gebäudekörper behalten das Prinzip und die gute Belichtung, Belüftung und Orientierung der bisherigen Siedlungsstruktur bei und schaffen zusätzlich grüne Hofstrukturen mit Angeboten für jedes Alter. Die 435 Wohnungen unterliegen einer Preisbindung, sind barrierefrei und bieten unterschiedliche Wohnungsgrößen, um die Mischung der Bewohnerschaft zu fördern. Soziale Einrichtungen wie ein Mietercafé, ein Kindergarten sowie eine Wohngruppe für Demenzkranke unterstützen diese Strategie. Die Eigentümerin und Bauherrin ist die GAG Immobilien AG. Ihre Hauptaktionärin, die Stadt Köln, hatte somit Einfluss auf die sozialpolitischen Schwerpunkte beim Neubau. Mit der kritischen Weiterentwicklung zeigt das Beispiel neue Perspektiven für Siedlungen der 1950er- und 1960er-Jahre, die ähnliche Problemlagen aufweisen. Die Zielvorgaben setzen Maßstäbe angesichts der angespannten Mietwohnungsmärkte vieler Städte.

Bauherr: GAG Immobilien AG, Köln
Städtebau und Architektur: ASTOC Architects and Planners, Köln
Landschaftsarchitektur: Büro für urbane Gestalt, Johannes Böttger Landschaftsarchitekten, Köln
Tragwerksplanung: AWD Ingenieure, Köln
Planung/Bauzeit: Wettbewerb 2005 (1. Preis) / Planung 2005–2010 / Fertigstellung BA1 2009, BA2 2011, BA3 2012

stärker als bei anderen professionellen Unternehmen präsent. Durch ihre enge Bindung an die kommunale Politik setzen sie häufig neben wohnungspolitischen auch stadtentwicklungs- und sozialpolitische und somit in einem umfassenderen Sinne baukulturelle Ziele der Kommune um.

Die Privatisierungswelle von öffentlichen Wohnungsbeständen, die medial stark begleitet wurde und prinzipiell zu einem Verlust an sozialen und baukulturellen Steuerungsmöglichkeiten führt, ist in den letzten Jahren abgeebbt. Ihre Hochphase lag mit insgesamt knapp 1,3 Millionen verkauften Wohnungen aus kommunalen Beständen zwischen 2004 und 2007. Nach 2007 ist das Transaktionsvolumen auch aufgrund der Finanzmarktkrise stark gesunken, in den Jahren 2011 und 2012 jedoch wieder angestiegen. Durch die Transaktionen hat sich die Struktur der privatwirtschaftlichen Wohnungsanbieter verändert – sie ist internationaler geworden und weniger lokal verankert. Damit verbunden ist eine Bedeutungsverschiebung der Wohnungsbestände hin zu einer stärker kurz- und mittelfristigen Renditeerwartung. Baukulturelle Ziele treten dem gegenüber häufig zurück und die internationalisierten Wohnungsanbieter sind nur schwer für lokale Ziele der Stadt- und Quartiersentwicklung erreichbar.

Den typischen privaten Bauherrn oder Eigentümer gibt es also nicht: Die Bedeutung von Baukultur für private Bauherren und Eigentümer ist verschieden und in diesem Sinne nehmen sie ihre gesetzlich geforderte gesellschaftliche Verantwortung für die geplante und gebaute Umwelt auch in höchst unterschiedlichem Umfang wahr. Es gibt unter den privaten Bauherren starke Partner der öffentlichen Hand und wesentliche Unterstützer für die Gestaltungsqualität von Hochbauten oder des öffentlichen Raums. Gerade auch technische Innovationen und gestalterische Experimente wären ohne finanzstarke private Bauherren oftmals kaum möglich, wie das Beispiel des Mercedes-Benz-Museums der DaimlerChrysler Immobilien (DCI) in Stuttgart belegt. Manche sind allerdings nur schwer für Belange der Baukultur zu aktivieren – sei es durch die anonyme Bauherrnstruktur, wie bei internationalen Fonds, durch die Kleinteiligkeit ihres Eigentums oder aufgrund eines mangelnden Bewusstseins für gestalterische Qualitätsmerkmale. Alle privaten Bauherren können aber durch durch Baukultur für ihre Gebäude und deren Umfeld positive Grundlagen schaffen und damit langfristig deren Werterhalt oder Wertentwicklung fördern.

Planungs- und Bauberufe

Architekten und Ingenieure sind als „Urheber" eines Bauwerks die dritte wichtige Akteursgruppe für die gebaute Umwelt. Auch in der gesellschaftlichen Diskussion stehen sie daher häufig im Mittelpunkt der Betrachtung. Ihre Aufgabe ist die gestaltende, technische, wirtschaftliche und ökologische Planung von Bauwerken, Räumen und Landschaften sowie die Orts-, Stadt- und Regionalplanung. Die Titel „Architekt" bzw. „Innenarchitekt", „Landschaftsarchitekt", „Stadtplaner" und „Beratender Ingenieur" sind dabei gesetzlich geschützt und dürfen nur von Mitgliedern einer entsprechenden deutschen Kammer geführt werden. Die Architektenkammergesetze aller Länder fordern in ähnlicher Weise von ihren Mitgliedern die gewissenhafte Ausübung ihres Berufs. Dies beinhaltet insbesondere die baukünstlerische, technische, wirtschaftliche, umweltgerechte und soziale Planung und

Gestaltung, wie es beispielsweise das Architekten- und Ingenieurgesetz des Landes Mecklenburg-Vorpommern vorschreibt. Die Berufsvereinigung der Stadtplaner – die Vereinigung für Stadt-, Regional- und Landesplanung e. V. (SRL e. V.) – definiert in ihrem Selbstverständnis, dass ihre Mitglieder „in der Gestaltung ihrer Umwelt durch verantwortliche Umsetzung räumlicher Planungen einen Beitrag zur Zukunftssicherung und eine Voraussetzung für ein ‚gutes Leben' kommender Generationen" leisten. Die Musterberufs- ordnung der Bundesingenieurkammer erklärt den Ingenieurberuf als einen, „der ihnen eine hohe fachliche und ethische Verantwortung gegenüber ihren Mitmenschen und deren natürlichen Existenzgrundlagen – ihrer Umwelt – auferlegt". Somit bekennen sich Planer, Architekten und Ingenieure zu der Bedeutung qualitätvollen Planens und Bauens und ihrer Verantwortung im Rahmen der Baukultur.

Das Berufsbild der Planer hat sich in den letzten Jahren gewandelt. In klassischen Bereichen wie Ausführungsplanung und Bauleitung stehen sie in Konkurrenz zu Projektsteuerern und Bauunternehmen. Zudem tritt immer mehr die moderierende und vermittelnde Kommunikation zwischen den Beteiligten des Baugeschehens in den Vordergrund. Neben Fragen des partizipativen Planens und Bauens gibt es auch eine Aufweitung des Berufs- bildes in Richtung Sozialplanung bzw. soziale Stadtentwicklung, womit weitere Berufsfelder, wie das des Quartiersmanagers, hinzukommen. Gutes

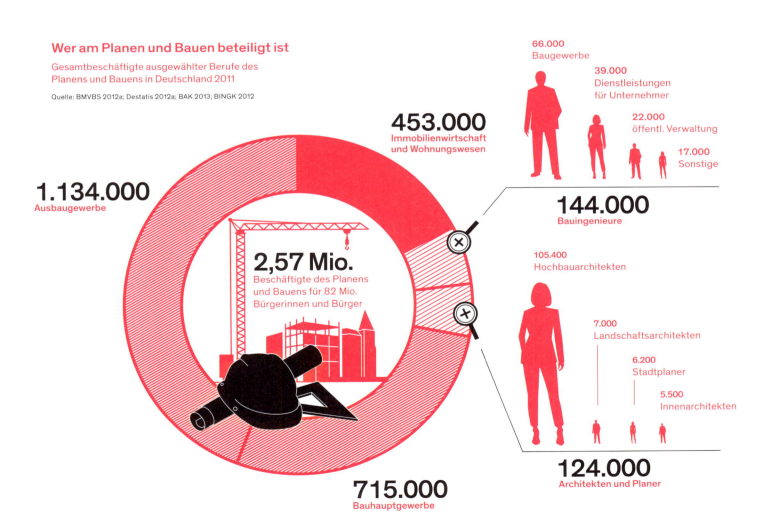

Wer am Planen und Bauen beteiligt ist
Gesamtbeschäftigte ausgewählter Berufe des Planens und Bauens in Deutschland 2011
Quelle: BMVBS 2012a; Destatis 2012a; BAK 2013; BINGK 2012

2,57 Mio. Beschäftigte des Planens und Bauens für 82 Mio. Bürgerinnen und Bürger

1.134.000 Ausbaugewerbe
453.000 Immobilienwirtschaft und Wohnungswesen
715.000 Bauhauptgewerbe
144.000 Bauingenieure
 • 66.000 Baugewerbe
 • 39.000 Dienstleistungen für Unternehmer
 • 22.000 öffentl. Verwaltung
 • 17.000 Sonstige
124.000 Architekten und Planer
 • 105.400 Hochbauarchitekten
 • 7.000 Landschaftsarchitekten
 • 6.200 Stadtplaner
 • 5.500 Innenarchitekten

Projektmanagement wird für Bau- und Planungsberufe damit stärker eine Frage des Prozesses und der begleitenden Moderation zwischen beteiligten Akteuren. All das stellt neue Anforderungen an die Gestaltung der Ausbildung.

Die personell bedeutendere Gruppe beim Bau ist jedoch das Baugewerbe: Jeder 17. Erwerbstätige und Arbeitnehmer in Deutschland arbeitet in diesem Wirtschaftsbereich. Insgesamt sind im deutschen Baugewerbe nach Berechnungen des Deutschen Instituts für Wirtschaftsforschung e. V. (DIW Berlin) im Auftrag des BMVBS 1,85 Millionen Personen vor allem in kleinen Betrieben mit weniger als zehn Mitarbeitern beschäftigt. Mit über 60 % der Beschäftigten dominiert hierbei das Ausbaugewerbe, also der Teil des Baugewerbes, der sich hauptsächlich mit der Erbringung von Instandhaltungs-, Renovierungs- und Sanierungsmaßnahmen beschäftigt. Die Bedeutung des Bestandes gegenüber dem Neubau wird auch hier erneut sichtbar.

Ausbildung und Vermittlung

Architektur, Stadt, Planungsprozesse und ihre Gestaltung sind mittlerweile Themen verschiedenster Bildungsformate. 128 Universitäten/Hochschulen bilden gegenwärtig deutschlandweit in den baukulturell relevanten Professionen wie Architektur, Stadtplanung, Fachingenieurwesen, Bauwirtschaft und Kunst aus. Die akademische Ausbildung wird durch 70 Institute und Akademien ergänzt. Die Nachfrage nach Studienplätzen in der Architektur, dem Bauingenieurwesen oder der Raumplanung steigt seit 2008 stark an. Die Hochschulen müssen immer mehr Studierende aufnehmen – und das bei gleichbleibendem oder auch reduziertem Lehrpersonal. Ebenso werden die Studiengänge zunehmend auf ein interdisziplinäres, fachlich-integratives Denken ausgerichtet, das in der praktischen Tätigkeit hoch bedeutsam ist, um die komplexen Zusammenhänge baukultureller Fragen angemessen behandeln zu können. Mit beispielhaften Ansätzen wie dem Projekt „InterFlex" der Fachhochschule Potsdam wird die interdisziplinäre Auseinandersetzung mit den Fachdisziplinen Sozialwesen, Architektur und Städtebau, Restaurierung und Kulturarbeit sowie Design strukturell verankert.

Baukulturelle Bildung in der Breite gewinnt angesichts der zunehmend gewünschten und eingeforderten Einbindung der Bevölkerung bei Bauvorhaben auch jenseits der Ausbildung zu Bau- und Planungsprofessionen an Bedeutung. Die Mitwirkung von Bürgern bei der Planung ihrer Umwelt setzt jedoch ein Verständnis für Planungs- und Bauprozesse voraus, das eine Sensibilisierung sowohl für gestalterische Aspekte als auch für rahmensetzende Einflussfaktoren umfasst. Öffentlichkeitsarbeit und Architekturvermittlung kann in diesem Zusammenhang viel bewirken. **Eine Affinität zum Planen und Bauen ist in der Bevölkerung durchaus vorhanden: Knapp jeder Fünfte hat während der Zeit der Ausbildung einmal den Wunsch gehegt, einen Beruf im Bereich des Planens und Bauens zu ergreifen.** Vor diesem Hintergrund spielt die baukulturelle Bildung in der Schule eine zunehmend wichtige Rolle. Positiv wirken entsprechende Projekte – wie beispielsweise die Initiative „Architektur macht Schule" von zwölf Architektenkammern der Länder sowie der Bundesarchitektenkammer – durch das Engagement interessierter Pädagogen, der Verbände sowie fachnaher Vereine. Sie werden meist im Rahmen von Nachmittags-AGs oder Projekttagen organisiert. Unter anderem hierdurch gewinnt die architektonische Bildungslandschaft seit kurzem an Fahrt: Neben den Kammern entwickeln auch Stiftungen wie beispielsweise Wüstenrot, Siemens, Mercator, Montag oder die Deutsche Kinder- und Jugendstiftung übertragbare Mentorenmodelle sowie Lehrmaterialien und verknüpfen Schulbauplanung mit baukulturellen Bildungsfragen. Beispiele aus anderen europäischen Ländern verdeutlichen aber auch, dass eine viel weitergehende Verankerung des „Schulstoffs Baukultur" möglich ist: In Finnland ist baukulturelle Bildung beispielsweise in die Kernlehrpläne integriert, und das österreichische Unterrichtsministerium unterstützt herausragende Vermittlungsprojekte. Hier zeigt sich, wie eine Integration baukultureller Themen in der allgemeinen Bildung auf einem breiten Fundament erfolgen kann. Sie ist wesentliche Grundlage für eine Sensibilisierung und aktive Teilnahme an der Gestaltung unserer gebauten Umwelt und sollte daher auch in Deutschland noch stärker gefördert werden.

Wissenschaft und Forschung

Die wissenschaftliche Auseinandersetzung mit dem Fokus Baukultur erfolgt in Deutschland in besonderem Maße durch das Bundesinstitut für Bau-, Stadt- und Raumforschung (BBSR) im Bundesamt für Bauwesen und Raumordnung (BBR). Über die Begleitforschung zur Städtebauförderung, die Forschungsaktivitäten im Rahmen des experimentellen Wohnungs- und Städtebaus (ExWoSt) sowie in der allgemeinen Ressortforschung des Bundes werden hier Modellvorhaben und praxisrelevante Studien mit direktem Bezug zur Baukultur durchgeführt und ausgewertet. Ziel ist es, mit der Forschung Wissen für die Praxis zu generieren und die Verantwortlichen in Bund, Ländern und Kommunen in ihrer Arbeit für Baukultur vor Ort zu unterstützen. Wissenschaftliche Grundlagenforschung, wie sie beispielsweise über die Deutsche Forschungsgemeinschaft (DFG) gefördert wird, bleibt im Themenbereich der Baukultur dagegen eher die Ausnahme. Unter dem konkreten Begriff „Baukultur" weist die Förderdatenbank der DFG seit 2000 lediglich fünf Projekte auf.

Tatsächlich ist die Forschungslandschaft zur Baukultur jedoch deutlich breiter. Auch ohne den Begriff selbst in den Vordergrund zu stellen, arbeiten die Forschungsinstitutionen, Hochschulen und weitere Institutionen in Deutschland an vielfältigen Themen mit baukulturellem Bezug. Das sind beispielsweise das Leibniz-Institut für Regionalentwicklung und Strukturplanung (IRS) mit Untersuchungen zur räumlichen Gestaltung der Energiewende, die Akademie für Raumforschung und Landesplanung (ARL) mit Forschung im Bereich der räumlichen Auswirkungen der sozialen Entwicklung oder Untersuchungen des Instituts für Landes- und Stadtentwicklungsforschung (ILS) zur Bestandsentwicklung und Symbolik der gebauten Umwelt. Weitere Institutionen wie die Wüstenrot-Stiftung und der Deutsche Verband für Wohnungswesen, Städtebau und Raumordnung e. V. sind ebenfalls in baukulturell relevanten Themenbereichen forschend tätig. Angewandte Bauforschung wird zudem durch die „Forschungsinitiative Zukunft Bau" des Bundesministeriums für Umwelt, Naturschutz, Bau und Reaktorsicherheit (BMUB) gefördert. Forschungsschwerpunkte für Antrags- und Auftragsforschung sind u. a. energieeffizientes und klimagerechtes Bauen, neue Materialien und Techniken sowie nachhaltiges Bauen. Projektbezogene Förderung erfolgt auch durch das Bundesministerium für Forschung und Bildung, beispielsweise im Rahmen der „Leitlinien für leistungsfähige Schulbauten in Deutschland", die von den Montag Stiftungen, dem Bund Deutscher Architekten BDA und dem Verband Bildung und Erziehung (VBE) erarbeitet wurden. Hieran wird deutlich, dass nicht nur die Bau- und Planungsdisziplinen einen wissenschaftlichen Beitrag zur Baukulturforschung leisten, sondern auch angrenzende Fachrichtungen wie Kulturwissenschaften und Soziologie.

In der konkreten Diskussion um das Thema Baukultur haben die in den letzten Jahren erschienenen wissenschaftlichen Publikationen, wie Werner Durths und Paul Sigels „Baukultur – Spiegel gesellschaftlichen Wandels" aus dem Jahre 2009, sowie die von der Bundesstiftung Baukultur 2011 herausgegebenen Bände zur Baukultur öffentlicher Bauten, des Verkehrs und des Freiraums die Debatte vorangebracht – wenn auch vornehmlich in dem Kreis der interessierten Fachöffentlichkeit. Gerade der Begriff der Baukultur, seine Inhalte und seine Geschichte lassen sich durch die stattgefundene wissenschaftliche Auseinandersetzung aber besser fassen als noch vor zehn Jahren. Zu anderen Themen, wie beispielsweise der Wirkung baukultureller Bildung oder der Frage nach einem ökonomisch messbaren Mehrwert durch Baukultur, liegen jedoch bislang erst wenige Erkenntnisse vor. Hier besteht weiterhin – vor allem praxisrelevanter – Forschungsbedarf.

Medien und Gesellschaft

Die Medien haben eine zentrale Funktion für die Vermittlung baukultureller Werte. Hier entwickelt sich neben den regelmäßig erscheinenden gedruckten Fachpublikationen aus den Bereichen Architektur, Ingenieurwesen, Landschafts- und Stadtplanung immer stärker ein ergänzendes oder zusätzliches Online-Angebot. In den überregionalen Tages- und Wochenzeitungen ist Architektur und Stadtgestaltung dagegen nur ein Thema, wenn es einen aktuellen Aufhänger gibt. Architekturbezogene Berichterstattung erreicht – einer Studie des Architekturpsychologen Riklef Rambow zufolge – den Laien nur dann, wenn sie einen Bezug zum unmittelbaren räumlichen Umfeld aufweist. Dies verweist auf die dominante Rolle der lokalen Berichterstattung im Gegensatz zur überregionalen Presse. **Laut Bevölkerungsbefragung ist die lokale Tageszeitung nach wie vor die bedeutendste Informationsquelle über Baumaßnahmen am Wohnort, noch vor den persönlichen Gesprächen mit Nachbarn, Freunden, Bekannten oder Arbeitskollegen. Die Informationsvermittlung durch Stadt oder Gemeinde ist in der Bevölkerungswahrnehmung deutlich nachgeordnet und liegt noch hinter der Bedeutung lokaler Anzeigenblätter.** Einer 2009 durchgeführten Untersuchung des Bundesministeriums für Verkehr, Bau und Stadtentwicklung (BMVBS) zur Beteiligung im Stadtumbau zufolge sind sich Städte der Bedeutung der örtlichen Presse bewusst. 90 % der Kommunen gaben an, dass die Lokalpresse ihr wichtigstes Medium darstellt, um die Bürger über Entscheidungsfindungen sowie den Umsetzungsstand von Stadtumbau-Projekten zu informieren.

Darüber hinaus erreicht die mediale Berichterstattung zu Themen des Planens und Bauens den Laien dann, wenn die Inhalte zu einem Hauptthema der allgemeinen Berichterstattung avancieren – sie also den Sprung auf die „Seite eins" schaffen. Dabei konzentriert sich die Debatte in den Medien häufig auf tatsächliche oder angebliche Fehler bei Bauvorhaben, meist bei prominenten Großprojekten im Sinne von „only bad news are good news". Dem „Skandal", vor allem dem finanziellen – von Stuttgart 21 über die Elbphilharmonie in Hamburg bis zum Flughafen BER – kommt in der Medienlogik eine besondere Rolle zu. Eine angebrachte Form der Auseinandersetzung mit Baukultur geht dabei verloren. Sie wird vor allem der Bedeutung von Baukultur für die Breite des Planens und Bauens und dem Alltag jedes Einzelnen nicht gerecht.

Fazit – Baukultur im Spannungsfeld unterschiedlicher Interessen

Das Gemeinschaftswerk Baukultur vereint alle Akteure, die die Art und Weise, wie Umwelt gestaltet, geprägt und genutzt wird, mitbestimmen. Der erste Statusbericht zur Baukultur in Deutschland aus dem Jahr 2001 enthielt den prägnanten Satz: „Baukultur geht alle an, weil die gebaute Umwelt jeden einzelnen Bürger beeinflusst und verändert." Dieser Satz ist nach wie vor aktuell und wird mit Blick auf die vielen unterschiedlichen Akteurskreise erweitert: Baukultur geht nicht nur alle an, sondern alle machen Baukultur und beeinflussen und verändern die gebaute Umwelt, auch wenn sich Motivation und Bewusstsein für die Umsetzung von Baukultur in den einzelnen Akteursgruppen unterscheiden. So breit wie das skizzierte Akteursfeld, so breit ist auch das Feld unterschiedlicher Interessenslagen, in dem sich Baukultur entwickelt. Umso wichtiger ist daher die Kommunikationskultur als wesentlicher Teil der Baukultur. Nur durch das Benennen von Zielkonflikten und Verhandeln sowie Integrieren der verschiedenen Interessen, Perspektiven und Motive kann baukulturelle Qualität nachhaltig entstehen.

Gute Gründe für Baukultur
Motivationen für baukulturelles Engagement
Quelle: Bundesstiftung Baukultur 2014

Aktuelle Herausforderungen für die Baukultur

Globalisierung, demografischer Wandel, Energiewende, technische und soziale Innovationen – das Bauwesen wird durch die aktuellen gesellschaftlichen Veränderungen vor immense Herausforderungen gestellt. Insbesondere die Städte und Gemeinden müssen auf den strukturellen Wandel in vielerlei Hinsicht mit einer Anpassung ihrer Infrastrukturen reagieren – mit Rückbau aufgrund von Schrumpfungsprozessen, durch Umbau und Anpassung des vorhandenen Bestandes an die Bedürfnisse einer älter werdenden Bevölkerung oder durch neue technische Standards. Doch wird der anstehende Umbau städtischer Infrastrukturen auch tatsächlich genutzt, um unsere Städte besser zu gestalten? Gibt es neue und gute Antworten auf die Anforderungen unserer Zeit und die Probleme vor Ort? Es ist ein Ausdruck von Baukultur, wenn auf neue Anforderungen nicht nur reagiert wird, sondern sie als Chance begriffen werden, das Kapitel „Zukunft" aufzuschlagen und dabei die Qualität der gebauten Umwelt gezielt zu verbessern.

Wertewandel und technische Innovationen – Wie werden wir in Zukunft leben?

Arbeiten, Wohnen, Einkaufen, Freizeit und Verkehr – Stellenwert wie Ausgestaltung dieser zentralen städtischen Lebensbereiche unterliegen ständigen Veränderungen, die eng mit dem Wandel der Gesellschaft und den individuellen Bedürfnissen zusammenhängen. Deutschland ist auf dem Weg zur postindustrialisierten Wissens- und Informationsgesellschaft. Die Milieuforschung weist zudem auf einen anhaltenden Trend der Individualisierung und der Ausdifferenzierung von Lebensstilen und Wertehaltungen hin. Neben den eher „modernen" Milieus wie etwa die der spaß- und erlebnisorientierten „Hedonisten", der leistungsorientierten „Performer" oder der konsumkritischen „sozialökologisch Ausgerichteten" gibt es andere Zielgruppen, die eher dem Bewahren des Vorhandenen eine größere Bedeutung beimessen.

Für das Planen und Bauen ist die Heterogenität der Lebensmodelle eine Herausforderung. Denn ein gemeinsamer Nenner zu der Frage, wann ein Gebäude, eine Stadtstruktur oder ein Verfahren von guter Qualität ist, lässt sich vor dem Hintergrund der unterschiedlichen Werthaltungen nur schwer finden. Zudem wird die Ausdifferenzierung von Lebensstilen durch neue technologische Entwicklungen überlagert und unterstützt. **Es sehen zwar nur rund 28 % der Kommunen in technischen Innovationen einen sehr wichtigen oder wichtigen Aspekt der Baukultur, doch wirken sich technologische Neuerungen baulich und räumlich spürbar aus und müssen bei Überlegungen zur Qualität der gebauten Umwelt unbedingt mit bedacht werden.** Direkte Auswirkungen auf das Erscheinungsbild der gebauten Umwelt haben technische Innovationen im Ingenieurwesen, beispielsweise im Bereich der

Konstruktion oder der Materialbeschaffenheit. Indirekt führen aber auch das Internet und seine zunehmend mobile Anwendbarkeit zu Veränderungen in allen Lebensbereichen.

Wohnen und Arbeiten In der Arbeitswelt und Wirtschaft haben technologische Entwicklungen und die Globalisierung zu einem massiven Strukturwandel geführt. Viele Menschen wohnen und arbeiten multilokal, d. h. sie verfügen nicht über einen räumlich fest verorteten Arbeitsplatz, sind vom Auseinanderfallen des Wohn- und Arbeitsortes betroffen oder von der Notwendigkeit, an ständig neuen Orten tätig zu werden. Zum anderen gibt es den Trend zur Abkehr vom Normalarbeitsverhältnis zugunsten neuer Erwerbsformen, der auch unsichere bis prekäre Beschäftigungsformen mit Teilzeit- oder Werkvertragsarbeit hervorruft. Laut Bundesministerium für Familie, Senioren, Frauen und Jugend (BMFSFJ) waren 2013 27 % aller Beschäftigten und davon überwiegend Frauen in Teilzeit erwerbstätig, nach Erkenntnissen der Hans-Böckler-Stiftung waren schon im Jahr 2010 mehr als ein Drittel aller Arbeitnehmer in Leiharbeit, Mini- und Midijobs beschäftigt. Dies entspricht einer Zunahme um etwa 20 % seit 1991. Bei einer Befragung im Rahmen des Mikrozensus gaben jedoch nur 5 % an, sich bewusst für ein befristetes Beschäftigungsverhältnis entschieden zu haben, so die Stiftung. Durch die zum Teil unsicheren Arbeitsverhältnisse genießt der sichere Arbeitsplatz aktuell einen Stellenwert, für den viele auch räumliche und somit baukulturell wirksame Begleiterscheinungen in Kauf genommen werden. Ein erhöhtes Pendleraufkommen, Zweitwohnsitze oder temporäre Wohnformen sowie eine verstärkte Nachfrage nach kleineren Wohnungen begleiten diese Entwicklung. So prognostiziert die Investitionsbank Berlin beispielsweise für die Bundeshauptstadt den künftig größten Bedarf im Mietwohnungssegment und dabei schwerpunktmäßig für Wohnungen bis 45 bzw. 70 qm, maximal bis 100 qm.

Durch den demografischen Wandel und den sich abzeichnenden, regional unterschiedlich ausgeprägten Fachkräftemangel könnten sich in diesem Zusammenhang neue Chancen eröffnen, denn Unternehmen wie auch die öffentliche Hand werden vor neue Herausforderungen gestellt: Im Wettbewerb um Fachkräfte müssen nicht nur architektonisch attraktive Arbeitsorte, flexible Beschäftigungszeiten, Heimarbeitsplätze und weiterer Service angeboten werden. Ebenso spielen die Wohn- und Lebensbedingungen mit gut erschlossenen, gestalterisch ansprechenden Wohnungs- und Freizeitangeboten beim Werben um den Zuzug qualifizierter Arbeitskräfte eine immer größere Rolle.

Einkaufen Auch der Einzelhandel und mit ihm das Konsumverhalten verändern sich unter dem Einfluss technischer Neuerungen. Als Teil eines ohnehin massiven Strukturwandels nimmt der Anteil des Online-Handels am Gesamtumsatz der Branche konstant zu, das Einkaufsverhalten weiter Teile der Bevölkerung hat sich dadurch gravierend verändert. Das Kompetenzzentrum eWeb Research Center der Hochschule Niederrhein gibt an, dass sich bereits heute bis zu 50 % der Kunden vor einem Offline-Kauf im Online-Kanal informieren. Bis 2020 wird der Online-Anteil im Non-Food-Bereich von gegenwärtig 9 % auf voraussichtlich über 20 % ansteigen.

Die städtebaulichen Auswirkungen sind erheblich. Die Stadt- und Ortsteilzentren mit ihren Fußgängerzonen weisen vielerorts schon heute durch die Aufgabe alter Warenkaufhäuser wie Horten oder Hertie Leerstände auf,

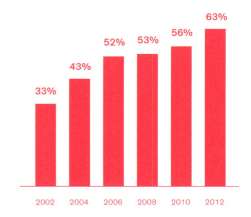

Verändertes Einkaufsverhalten

Anteil der Internetnutzer, die im ersten Quartal des Befragungsjahres Onlineeinkäufe tätigten

Quelle: Destatis 2013b

- 2002: 33 %
- 2004: 43 %
- 2006: 52 %
- 2008: 53 %
- 2010: 56 %
- 2012: 63 %

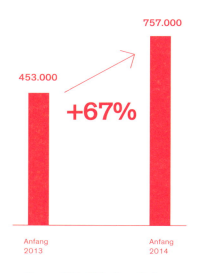

Teilen statt besitzen?
Entwicklung der Teilnehmerzahlen und Potenzial des Angebots von Carsharing
Quelle: Bundesverband CarSharing e. V. (bcs)

Angemeldete Teilnehmer bei deutschen Carsharing-Anbietern

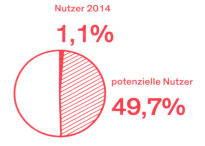

Anteil an der Bevölkerung ab 18 Jahren, die Carsharing nutzen bzw. nutzen könnten

was oftmals eine Abwärtsspirale für vitale Zentren auslöst. Auch durch die anhaltend wachsende Zahl der Einkaufszentren und Shopping Malls werden, insbesondere wenn sie in peripheren Lagen sind, Funktionsverluste in den Innenstädten verstärkt. Laut HSH Nordbank AG liegt der Anteil der Gesamteinzelhandelsflächen im innerstädtischen Bereich und an integrierten Standorten derzeit nur noch bei 63 %. Städte und Gemeinden stehen demnach vor einer großen Aufgabe, wenn sie die Funktionalität und Wettbewerbsfähigkeit der zentralen Versorgungsbereiche auch im Interesse einer verbrauchernahen Versorgung erhalten wollen. Zum anderen sind sie aber auch aufgerufen, Transformationsprozesse aktiv zu gestalten. Vor allem die städtebauliche wie gestalterische Einbindung von häufig maßstabsprengenden großflächigen Malls und Einkaufszentren sachgerecht zu steuern, zählt für Politik und Verwaltung zu den großen Herausforderungen. In der Konsequenz ergeben sich direkt baukulturelle Effekte für Städte und Stadtbild.

Freizeit Die zunehmende Internetnutzung verändert auch das Freizeitverhalten der Bevölkerung, mit zum Teil erheblichen Auswirkungen auf den gebauten Raum. Von einer 25-Stunden-Gesellschaft ist in der Trendforschung die Rede, in der nicht nur die Intensität der Arbeit, sondern auch unzählige und allzeit verfügbare (Online-)Angebote für Fortbildung, Einkauf und Freizeit, die den Menschen rund um die Uhr in Anspruch nehmen. Das Internet hat einen parallelen, eigenständigen virtuellen Raum erschaffen, der es Menschen ermöglicht, miteinander zu kommunizieren, Foren und Gemeinschaften zu bilden – Funktionen, die zuvor der öffentliche Raum übernommen hat. Das Internet ersetzt bis heute jedoch nicht den Bedarf, sich im realen, physischen Raum zu begegnen. Vielmehr hat es zu verbesserten Möglichkeiten geführt, Mitstreiter für ein besonderes Interesse oder eine spezielle Nutzung zu finden und darauf aufmerksam machen zu können. Der Erfolg großstädtischer Trends wie das Urban Gardening, temporäre „pop-up Stores" oder gemeinsame „weiße Tafeln" sind stark abhängig von ihrem Bekanntwerden über das Internet. Rückzugsorte und Ruhezonen, Grünflächen und Parks bekommen in diesem Zusammenhang eine ganz neue Relevanz. All das wirft die Frage auf, wie der öffentliche Raum vielen Nutzergruppen zugänglich gemacht werden kann und welche Aneignungsprozesse baukulturell wirksam sind.

Verkehr Ebenso hat sich das Mobilitätsverhalten durch neue technische Möglichkeiten verändert. Bahn, Auto und Fahrrad sind Bausteine eines zunehmenden inter- oder multimodalen Verkehrsverhaltens. Das Kombinieren von Verkehrsmitteln pro Weg (intermodal) oder im Wochenverlauf (multimodal) dient der Bewältigung immer komplexer werdender Tages- bzw. Wochenabläufe und Freizeitaktivitäten. In der Stadt bildet insbesondere der öffentliche Nahverkehr im Verbund mit der Nahmobilität (Fußverkehr und Rad) die Voraussetzung für eine multimodale Mobilität. Der Trend „Teilen statt Besitzen" unterstützt diese Entwicklungen und wird ebenfalls zunehmend zu einem zentralen Baustein der Multimodalität. Dies belegt die steigende Nachfrage von standortgebundenen und standortunabhängigen „shared services" – technikbasierten Ausleihsystemen für Autos und Fahrräder. Allein im Bereich Carsharing stieg laut Bundesverband Carsharing (bcs) die Anzahl der Nutzerzahlen innerhalb eines Jahres von 453.000 (Anfang 2013) auf 757.000 Personen (Anfang 2014), also um 67 %, an.

Intelligente Netze Die Zukunftsfähigkeit von urbanen Räumen wird immer mehr von der intelligenten Verknüpfung mit verschiedenen digitalen Systemen abhängen. Im Sinne einer intelligenten, vernetzten Urbanität überdenken viele Großstädte wie Köln und Karlsruhe unter dem Motto „Smart/er Cities" die Aufgabenbereiche der kommunalen Daseinsvorsorge mit dem Ziel einer verbesserten Effizienz von Abläufen. Stark im Fokus stehen dabei häufig die Bereiche Mobilität, öffentliche Verwaltung (e-Government) sowie die Ver- und Entsorgungsinfrastruktur (Wasser, Abwasser, Energie). Mit sogenannten „Smart Grids" werden intelligente dezentrale Stromnetze für die Energieversorgung und -verteilung geschaffen, die bedarfsorientiert Strom produzieren und abgeben. Dabei kann nahezu jedes Objekt im öffentlichen Raum als Stromspeicher oder Ladesäule in das System integriert werden. „Smart Technologies" und „Smart Material Houses" können sich mit Hilfe digitaler Sensoren und aufgrund ihrer Materialbeschaffenheit an sich verändernde Umweltbedingungen anpassen. Laut Diskussionspapier „Smart Cities – Grüne ITK zur Zukunftssicherung moderner Städte" des Bundesverbands Informationswirtschaft (u. a.) können in Deutschland bis 2020 allein ca. 21% der Einsparziele der Bundesregierung durch eine intelligente Nutzung von Gebäuden und klugen Transportsystemen für Personen und Güter erreicht werden.

Baukulturell bieten diese Entwicklungen vielfältige Chancen, Räume und Gebäude neu und ressourceneffizienter zu erschließen. Von daher ist es dringend erforderlich, dass Kommunen die Gestaltungsaspekte der neuen Technologien mit in den Blick nehmen. Auch in Bestandsquartieren gibt es sowohl die Möglichkeit der nutzerspezifischen Energiespeicherung und -verteilung als auch neue Möglichkeiten durch energieerzeugende Neubauten. Zugleich aber wächst die Komplexität der Infrastruktursysteme und damit auch ihrer Benutzung und nicht zuletzt ihrer Verletzbarkeit. Die Baukultur spielt in der Gestaltung nutzerfreundlicher Oberflächen und damit auch für die Qualität der öffentlichen Räume in diesem Zusammenhang eine wichtige Rolle.

Die technischen Veränderungen haben nicht nur Einfluss auf die Gestaltung der gebauten Umwelt, sondern auch auf die Organisation und die Akzeptanz von baukulturell bedeutenden Vorhaben. So sind das Web 2.0 und die darin stattfindenden sozialen Netzwerke Basis für eine neue Qualität der Diskussion um öffentliche Planungs- und Bauvorhaben geworden. Neben einer höheren Transparenz bieten sie auch die Chance, spontan und nahezu mühelos Meinungsbildungsprozesse in interessierten Kreisen der Öffentlichkeit zu initiieren und zu nutzen. **Laut Bevölkerungsumfrage informieren sich bereits 42% der befragten Bevölkerung, also fast die Hälfte, über Baumaßnahmen im Wohnort mit Hilfe des Internets.** Öffentlichkeitsbeteiligung bekommt in den Kommunen damit nicht nur eine neue, baukulturelle Bedeutung, sondern zusätzlich entsteht die Notwendigkeit, den Planungs- und Kommunikationsprozess von Vorhaben neu zu denken.

Vielfalt Gerade weil die Individualisierung unserer Gesellschaftsformen und die vielfältigen Lebensmodelle keine umfassenden Trends oder Typisierungen zulassen, gibt es zeitgleich zu der rasanten technischen Entwicklung auch gegenläufige Trends. Sie bilden zwar teilweise nur Nischen ab, können aber dennoch relevante Auswirkungen haben. Bewegungen wie die 1999 in Italien gegründete „Cittaslow", bei denen sich die Städte zu Werten der Entschleunigung und Regionalität bekennen, sowie ein neues Interesse an urbaner

Klimaschutzkonzept Erneuerbares Wilhelmsburg, Hamburg
Technische Innovationen für die Energiewende auf Quartiersebene

Der Umbau von Energiesystemen bis hin zur lokalen Energieversorgung auf regenerativer Basis ist eine Herausforderung. Mit dem Klimaschutzkonzept Erneuerbares Wilhelmsburg zeigt die IBA Hamburg, wie ein Wechsel funktionieren kann. Das räumlich-energetische Leitbild legt den Grundstein für ein energie- sowie CO_2-neutrales Wilhelmsburg. Der Energiebunker, der Energieberg, der Energieverbund Wilhelmsburg Mitte und die sanierten Altbaubestände des Weltquartiers sind exemplarische Projekte, die dieses Vorhaben umsetzen. Es wurden bereits viele technische Innovationen im Bereich der Energieerzeugung und der Energiespeicherung realisiert. Durch die Etablierung eines 2.000 m³ großen Wärmespeichers, der zum Teil durch die Abwärme der benachbarten Industrie und zum Teil durch ein Biomasse Blockheizkraftwerk sowie Solarthermie gespeist wird, kann der Energiebunker bis zu 3.000 Haushalte mit thermischer Energie versorgen. Auf der stillgelegten Deponie Georgswerder werden Windkraft, Sonnenenergie, Deponiegas und Geothermie genutzt – so entstehen neue Lösungsansätze für problematische Stadtelemente. Die Anlage der innovativen Energieversorgungssysteme wird mit neuen Freiraum- und Freizeitqualitäten verbunden: So dient der denkmalgeschützte Flakbunker nicht nur der Energiegewinnung und -speicherung, sondern bietet auch eine Ausstellung und ein Café mit Aussichtsterrasse in 30 Metern Höhe. Das Klimaschutzkonzept ist ein beispielhaftes Modell für einen Transformationsprozess, der das Image des gesamten Stadtteils nachhaltig verändert hat.

Bauherren: IBA Hamburg GmbH & Behörde für Stadtentwicklung und Umwelt Amt für Umweltschutz – Bodenschutz/Altlasten & HAMBURG ENERGIE
Klimaschutzkonzept: Simona Weisleder und Karsten Wessel (Projektkoordination), Julia Brockmann, Caroline König, Jan Gerbitz, Katharina Jacob (Mitarbeit)
Kooperation: IBA-Fachbeirat Klima und Energie und weitere Expertinnen und Experten.
Basis: Studie „Energetische Optimierung des Modellraumes IBA-Hamburg" (von EKP Energie-Klima-Plan GmbH, FH Nordhausen und Ingenieurbüro Henning-Jacob).
Planung/Bauzeit: Planung ab 2007/ Veröffentlichung ENERGIEATLAS 2010 / Fertigstellung der IBA Bau- und Energieprojekte 2013

Landwirtschaft und Bioprodukten sind Reaktionen auf die zunehmende Technisierung und hohe Komplexität unseres Alltags. In Fachkreisen werden zudem immer mehr Themenfelder wie Suffizienz, Reduktion und Sparsamkeit diskutiert. Diese Entwicklungen sich wandelnder Wertvorstellungen zählen zu wichtigen Beiträgen für eine lebendige und vielfältige Bau- und Stadtkultur.

Aus den gesellschaftlichen Trends ergeben sich neue Spielräume für innovative und unkonventionelle Antworten auf Fragen der Stadtentwicklung und Architektur. In der konkreten Umsetzung von Bauvorhaben ist es jedoch ungleich schwieriger, neue, innovative Wege zu gehen. Hier schaffen Gesetze, Normen, Regelwerke und Verfahren eine so große Anzahl an Vorgaben, die komplex, teilweise widersprüchlich, aber dennoch verpflichtend sind. Der Mut zur Innovation oder das bauliche Experiment werden dadurch erschwert oder gar verhindert.

Demografischer Wandel – Wer werden wir in Zukunft sein?

Demografie Alle Bevölkerungsprognosen zeigen: Es wird kontinuierlich weniger in Deutschland lebende Menschen geben. Bereits im Jahr 2012 war die Anzahl der Neugeborenen mit 673.544 gegenüber 869.582 Sterbefällen viel zu gering, um diese Entwicklung aufzuhalten und auch optimistische Prognosen für eine internationale Zuwanderung können diesen Saldo nur in Teilen kompensieren. Zusätzlich steigt die durchschnittliche Lebenserwartung. Die Zahl der Hochbetagten wird also genauso wachsen wie der Anteil der Älteren in der Gesellschaft insgesamt. So geht das Bundesinstitut für Bau-, Stadt- und Raumforschung (BBSR) davon aus, dass bereits bis 2030 der Anteil der über 80jährigen um 60 % steigt. Schon heute sind in Deutschland rund 20 % aller Einwohner älter als 65, während nur gut 13 % jünger als 14 Jahre sind. Zugleich nimmt die Versingelung, also der Anteil der Alleinlebenden, Alleinerziehenden und dazu der kinderlosen Partnerschaftsformen, weiter zu – eine Entwicklung, die insbesondere Auswirkungen auf den Wohnungsmarkt hat und haben wird. Im Neubau sind mehr denn je flexible Wohnungsgrundrisse gefordert, die dieser Entwicklung gerecht werden.

Der demografische Wandel stellt eine enorme Herausforderung für die Gesellschaft dar, die sich in vielen Bereichen baulich und räumlich auswirkt und weiter auswirken wird. So wird mit mehr Senioren in der Gesellschaft der barrierefreie Aus- und Umbau des Bestands immer drängender. Denn nur 1 % des deutschen Wohnungsbestands ist derzeit barrierefrei. Und auch im öffentlichen Raum besteht akuter Handlungsbedarf. Im Rahmen der Städtebauförderung haben sich Bund und Länder grundsätzlich der barrierefreien Gestaltung von Gebäuden verpflichtet und fördern unter bestimmten Bedingungen die barrierefreie Anpassung öffentlicher Gebäude und Räume, ebenso stellt die KfW-Bankengruppe für den alters- und familiengerechten Umbau der kommunalen Infrastruktur Mittel zur Verfügung. Auch bei kommunalen Wettbewerbsverfahren, größeren Neubautätigkeiten oder Umbaumaßnahmen von kommunalen Wohnungsbaubeständen können Kommunen auf Barrierefreiheit hinwirken.

Familie Viele Kommunen haben zudem erkannt, dass es wichtig ist, die (Innen-)Städte nicht nur attraktiver für die ältere Bevölkerungsgruppe zu gestalten, sondern auch für Familien. Eltern zählen zu den meist berufstätigen, häufig bürgerschaftlich engagierten Bevölkerungsgruppen und wirken mit einer hohen Standortpersistenz sozial stabilisierend: Familien wollen sehr oft in ihrem Quartier bleiben, wenn sie nach einer neuen Wohnung suchen. Die Chance der Altersdurchmischung im Quartier können Kommunen mit einer aktiven und familienfreundlichen Angebotspolitik nutzen, auch um eine Abwanderung der Familien in die Einfamilienhausgebiete an den Stadträndern zu verhindern. Eine alten- und zugleich familiengerechte Entwicklung der Stadtquartiere muss dabei kein Widerspruch sein. Beide Nutzergruppen sind auf ausreichende Infrastrukturangebote, die sie auf kurzem Wege möglichst fußläufig erreichen können, angewiesen – ebenso wie auf eine hohe Aufenthaltsqualität und viele Nutzungsmöglichkeiten im öffentlichen Raum. Das zunehmende Interesse an Mehrgenerationenhäusern bei genossenschaftlichen Wohnprojekten eröffnet neue Möglichkeiten für eine gezielte Altersdurchmischung sowohl in Gebäuden als auch in städtischen Quartieren. So hat das BBSR in einer quantitativen Bestandserhebung festgestellt, dass von 106 gemeinschaftlichen Wohnprojekten, die zwischen 2000 und 2012 in der Rechtsform der Genossenschaft realisiert wurden, 57 Mehrgenerationen-Wohnprojekte waren.

Armut Im Zuge der demografischen Entwicklung zeichnet sich jedoch nicht nur eine Verschiebung der anteiligen Altersgruppen in der Bevölkerung ab, auch eine soziale Spaltung ist zu beobachten. Nach einer aktuellen Studie der Wohlfahrtsverbände geht die Schere zwischen Arm und Reich in der deutschen Gesellschaft immer weiter auseinander. Nach Zahlen des Statistischen Bundesamtes gelten mittlerweile 19,6 % der deutschen Bevölkerung als armutsgefährdet. Dies ist vor allem in den Städten der Fall, hier ist der Anteil der Transferhilfeempfänger besonders hoch. Diese Entwicklung ist nicht nur eine Herausforderung für den gesellschaftlichen Zusammenhalt, sondern hat auch baukulturelle Auswirkungen, die Handlungsbedarf auslösen. Bezahlbarer Wohnraum und finanzierbare Bauvorhaben erfordern zunehmend kommunale Strategien und auch der öffentliche Raum einschließlich der Infrastruktur- und Mobilitätsangebote muss für sozial schwächere Bevölkerungsschichten Angebote bereithalten. Das Monitoring der Sozialräume wird in den Städten zur wichtigen Grundlage, um sozialpolitische und städtebauliche Handlungserfordernisse zu erkennen. Das Bund-Länder-Programm „Soziale Stadt" im Rahmen der Städtebauförderung knüpft hier unmittelbar an. Integrierte Entwicklungskonzepte sowie ein Quartiersmanagement zur Wohnumfeldverbesserung sind zwei der vielen möglichen baukulturellen Antworten auf diese Entwicklungen. **Die meisten Kommunen sind sich ihrer sozialen Verantwortung bewusst: Jede zweite Kommune sieht in der sozialen Gerechtigkeit und Ausgewogenheit einen (sehr) wichtigen Aspekt der Baukultur.**

Migration Gleichzeitig ist die demografische Entwicklung in den Städten durch einen wachsenden Anteil von Menschen mit Migrationshintergrund geprägt. Haben zwischen 1991 und 2006 die Zuwanderungsraten kontinuierlich abgenommen, nehmen sie seitdem wieder zu. Im Jahr 2012 konnten

Deutschland wird …

… weniger

vorausberechneter Bevölkerungsstand Deutschlands

Quelle: Destatis 2009, BMI 2012

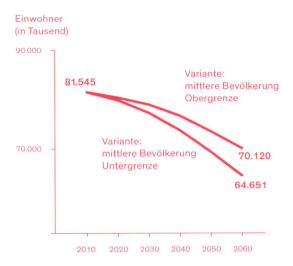

… bunter

Anteil der ausländischen Bevölkerung an der Gesamtbevölkerung

Quelle: Destatis 2009, BMI 2012

… älter

Anteil der Personen ab 60 Jahre und älter an der Gesamtbevölkerung

Quelle: Destatis 2009, BMUB 2014

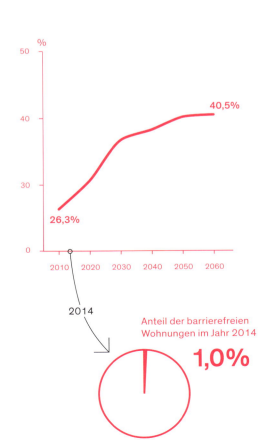

Anteil der barrierefreien Wohnungen im Jahr 2014: **1,0 %**

… kleiner in den Haushalten

vorausberechnete Privathaushalte Deutschlands

Quelle: Destatis 2009, BMI 2012

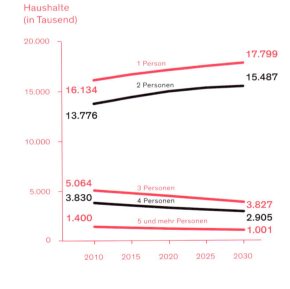

über eine Million Zuzüge festgestellt werden, die meisten Herkunftsstaaten lagen in Mittel- und Osteuropa. Integration und Inklusion dieser Menschen und ein produktives Miteinander sind eine zentrale gesellschaftspolitische Aufgabe. Die baukulturellen Potenziale sind allerdings bislang kaum diskutiert. Denn dabei geht es um weit mehr als um den Bau von Moscheen, an denen sich viele nachbarschaftliche Konflikte symbolisch festmachen. Menschen mit Migrationshintergrund bringen sehr vielfältige, kulturelle Erfahrungen und Prägungen mit, was positive Auswirkungen auf eine lebendige Baukultur in Deutschland hat. Wenn beispielsweise auch Grundrisse und Wohnungsgrößen den unterschiedlichen Erfahrungswelten Rechnung tragen, kann ein Gefühl von Identifikation und Heimat besser vermittelt werden. Und das ist dringend erforderlich, denn als Bewohner und immer mehr auch als Eigentümer von Immobilien übernehmen Menschen mit Migrationshintergrund Aufgaben bei Pflege und Erhalt der Bausubstanz. Kulturelle Unterschiede sind aber vor allem in der unterschiedlichen Nutzung des öffentlichen Raums sichtbar, was in der Planung berücksichtigt werden muss. Das Bild der Städte hat sich hierdurch bereits spürbar verändert und ist kulturell vielfältiger und lebendiger geworden.

Klimawandel und Energiewende – Unter welchen Bedingungen werden wir in Zukunft leben?

Energiewende Die sich aus dem Klimawandel abzeichnenden Herausforderungen für die räumliche Entwicklung in Stadt und Land haben durch die Reaktorkatastrophe von Fukushima im Jahr 2011 und die daraufhin neu formulierte Klimaschutz- und Energiepolitik der Bundesregierung einen herausragenden Stellenwert gewonnen. In vielfältiger Weise sind baulich-räumliche Aspekte hiervon berührt. So haben bundes- und landesrechtliche Vorschriften zur Energieeinsparung und zur Nutzung erneuerbarer Energien zu erweiterten Anforderungen an die technische Ausführung nicht nur im Neubaubereich, sondern auch bei der Bestandssanierung geführt. Zu denken ist dabei insbesondere an das Erneuerbare Energien- und Wärmegesetz (EEWärmeG) und die Einergieeinsparverordnung (EnEV). Im Bestand wirken jedoch nicht nur die rechtlichen Bindungen der EnEV, sondern als Anreiz auch die verschiedenen Förderprogramme – angefangen von der „Kommunalrichtlinie" des Umweltministeriums bis hin zu den Förderprogrammen der Kreditanstalt für Wiederaufbau (KfW).

In Bezug auf die gebäudebezogene Energieeinsparung ist die nächste Stufe der Weiterentwicklung bereits durch die Gebäuderichtlinie der EU vorgezeichnet – das Null-Energie-Haus oder das Energie-Plus-Haus sind nicht mehr nur ambitionierte Vorzeigeprojekte, sondern sollen künftig Standard werden. Wohn- oder Geschäftshäuser, Fabrikhallen und Schwimmhallen werden neben ihrer primären Funktion auch als Energieerzeugungsanlagen genutzt. Solardächer sind insbesondere in Ein- und Zweifamilienhausgebieten zu einem prägenden Gestaltungselement der Dachlandschaften geworden. Nach Angaben des Bundesverbands Solarwirtschaft e. V. wurden allein im Jahr 2012 insgesamt 16,5 Millionen Quadratmeter Solarkollektorfläche installiert – eine deutliche Steigerung gegenüber den Jahren zuvor. Im Jahr 2009 waren es „nur" ca. 12,85 Millionen Quadratmeter.

Schottenhöfe, Erfurt
Quartiersvitalisierung und grundstücksübergreifendes Energiekonzept

Nach der Wende wurde das Grundstück an der Schottenkirche mit Baulücken und sanierungsbedürftigen Bestandsbauten aus dem 18. und 19. Jahrhundert zum städtebaulichen Problemfall im Herzen der Stadt. Für die Entwicklung durch einen privaten Investor wurde ein maßstäbliches Konzept für Wohnungsbau gesucht. Es sollte die Bestandsbauten – teilweise Denkmalbestand – angemessen berücksichtigen und die Baulücken sensibel schließen. Die Planer schlugen in ihrem Entwurfskonzept der Schottenhöfe neue „Stadtbausteine" vor, die durch ihre Architektursprache zwischen Alt und Neu vermitteln. Durch die gestalterisch schlüssige Füllung der Baulücken konnte die klare Kontur der alten Blockstruktur wieder hergestellt werden. Vielfältige Wohnungsgrundrisse und ein kleinteiliger grüner Wohnhof entstanden. Durch die gemeinsam genutzten Treppenhäuser konnte ein hausübergreifendes Energiekonzept realisiert werden. Die neuen Gebäude übertreffen die aktuellen Energiestandards, wodurch bei den Bestandsgebäuden die Werte der Wärmedämmung zugunsten des Erhalts der stadtbildprägenden Fassaden niedriger ausfallen konnten. Die Altbauten profitieren von den technologischen Möglichkeiten im Neubau. Das Beispiel der Schottenhöfe zeigt, dass grundstücksübergreifende Konzepte beim Schließen von Baulücken wertvolle nachhaltige Beiträge zu einer stadtbildverträglichen energetischen Sanierung und architektonischen Gestaltung leisten können.

Bauherr: CULT Bauen & Wohnen GmbH, Erfurt
Architektur: Osterwold°Schmidt EXP!ANDER Architekten BDA, Weimar
Landschaftsarchitektur plandrei Landschaftsarchitektur, Erfurt
Tragwerksplanung: Hennicke + Dr. Kusch, Weimar
Planung/Bauzeit: Gutachterverfahren 2009 / Erschließungsplan + Bebauungsplan 2009 / Bauzeit 2010–2012 / Fertigstellung 2012

Baukulturelle Belange in diesem dynamisch verlaufenden Transformationsprozess nicht außer Acht zu lassen, stellt aktuell eine der großen Herausforderungen dar. Augenfällig wird dies vor allem im Siedlungsbestand, insbesondere in den historischen Stadtteilen von baukulturellem Wert. Den Gebäudebestand energetisch fit zu machen, zählt derzeit wohl mit zu den schwierigsten Aufgaben, denn die potenzielle Gefährdung des Erscheinungsbildes und der baukulturellen Werte liegt angesichts der klima- und energiepolitischen Zielvorgaben auf der Hand. **Bereits mehr als jede fünfte Kommune sieht in den Folgen der energetischen Sanierung ein Konfliktthema für den Bereich Wohnen und gemischte Quartiere.** Erforderlich sind „Augenmaß" und „Fingerspitzengefühl", die Suche nach baukulturell verträglichen technischen Lösungen sowie der Mut, sich im Einzelfall in der Abwägung für den Erhalt baukulturell wertvoller Substanz und gegen die Umsetzung energetischer Maßnahmen insbesondere an den Fassaden der Gebäude zu entscheiden. Mit gutem Beispiel geht hier die Hamburgische Architektenkammer voran. Eine sechstägige Weiterbildung zum „Berater für Backsteinfassaden" qualifiziert Experten. Diese können von Bauherren angesprochen werden, um die stadtbildprägende Wirkung der hamburgischen Backsteinfassaden auch im Rahmen notwendiger energetischer Sanierung zu erhalten.

Wie sollen wir mit dem Bestand umgehen?

Energieverbrauch und die Rolle „grauer Energie"

Quelle: AGEB 2013; Destatis 2014c; DIW 2011; Fuhrhop 2013

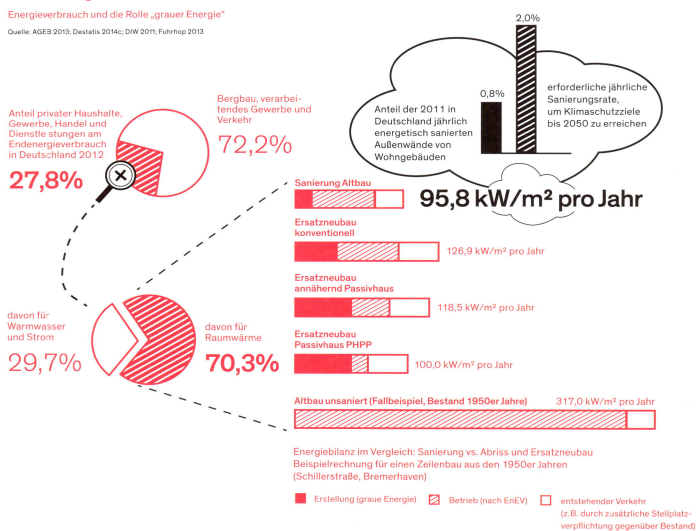

Anteil privater Haushalte, Gewerbe, Handel und Dienstleistungen am Endenergieverbrauch in Deutschland 2012
27,8 %

Bergbau, verarbeitendes Gewerbe und Verkehr
72,2 %

Anteil der 2011 in Deutschland jährlich energetisch sanierten Außenwände von Wohngebäuden
0,8 %

erforderliche jährliche Sanierungsrate, um Klimaschutzziele bis 2050 zu erreichen
2,0 %

davon für Warmwasser und Strom
29,7 %

davon für Raumwärme
70,3 %

Sanierung Altbau — 95,8 kW/m² pro Jahr
Ersatzneubau konventionell — 126,9 kW/m² pro Jahr
Ersatzneubau annähernd Passivhaus — 118,5 kW/m² pro Jahr
Ersatzneubau Passivhaus PHPP — 100,0 kW/m² pro Jahr
Altbau unsaniert (Fallbeispiel, Bestand 1950er Jahre) — 317,0 kW/m² pro Jahr

Energiebilanz im Vergleich: Sanierung vs. Abriss und Ersatzneubau
Beispielrechnung für einen Zeilenbau aus den 1950er Jahren
(Schillerstraße, Bremerhaven)

■ Erstellung (graue Energie)   ▨ Betrieb (nach EnEV)   □ entstehender Verkehr (z. B. durch zusätzliche Stellplatzverpflichtung gegenüber Bestand)

Grundsätzlich sind auch die Vorteile der sogenannten grauen Energie mit in die Überlegungen für eine energetische Sanierung aufzunehmen: Bei Sanierungsmaßnahmen kommt im Vergleich zum Neubau nur ein geringer Anteil an neuen Baustoffen zum Einsatz, so dass der Energieverbrauch und CO_2-Ausstoß für die Baustoffproduktion weitaus geringer ausfällt. Bund und Länder haben in den vergangen Jahren mit Modellprojekten, Arbeitshilfen und ähnlichen Maßnahmen viel dazu beigetragen, dass bei der energetischen Gebäudesanierung baukulturelle Belange berücksichtigt werden. Für eine abschließende Bewertung ihrer Auswirkungen auf die Baukultur ist es jedoch noch zu früh, denn die jährliche energetische Sanierungsrate beträgt zum jetzigen Zeitpunkt nur 0,8 % des Gebäudebestands. Die Sorge um den baukulturell wertvollen Bestand bleibt angesichts der bevorstehenden Entwicklung künftiger Sanierungstätigkeiten also berechtigt.

Die durch die Energiewende bewirkte Transformation und Umgestaltung birgt aber auch Chancen für die Baukultur. Die Ziele des Klimaschutzes geben Impulse für die Verbesserung von Bauprodukten und des Bauhandwerks insgesamt. Noch viel ungenutztes Potenzial liegt zudem in grundstücksübergreifenden Energiekonzepten und quartiersbezogenen Maßnahmen. **Immerhin gut zwei Drittel, genauer 68 %, der befragten Kommunen sehen in grundstücksübergreifenden Konzepten und knapp 30 % in quartiersbezogenen Energiekonzepten eine Möglichkeit, um beispielsweise gemischte Quartiere zu qualifizieren.** Auch können energieerzeugende Neubauten bei Baulückenschluss den Sanierungsdruck von Altbaubeständen abschwächen.

Klimaanpassung Während Kommunen vielerorts klimaschutzrelevante Maßnahmen aktiv aufgreifen, werden Maßnahmen zur Klimaanpassung noch vergleichsweise verhalten und meist erst in Reaktion auf Naturkatastrophen in Angriff genommen. Auch hier versucht der Bund, über die „Kommunalrichtlinie" und das „Förderprogramm für Maßnahmen zur Anpassung an den Klimawandel" finanzielle Anreize für eine thematische Beschäftigung zu setzen, denn die Folgeschäden von Starkniederschlägen, Orkanen und zunehmenden Hitzeperioden kommen absehbar auf alle Kommunen im Bundesgebiet zu.

Nach den großen Hochwasserkatastrophen der letzten Jahre haben Bund, Länder und Kommunen daher erhebliche Anstrengungen zum Hochwasserschutz unternommen. So wurden beispielsweise den vom Hochwasser 2013 betroffenen Kommunen in Sachsen-Anhalt kurzfristig finanzielle Mittel aus dem Aufbauhilfefonds der Bundesrepublik Deutschland und des Freistaats Sachsen zur Verfügung gestellt. Die Länder Niedersachsen und Bremen fördern unter Beteiligung des Bundes und der EU zudem Maßnahmen zum Hochwasserschutz im Binnenland. Darüber hinaus hat die Bundesregierung eine Hochwasserschutzfibel vorgelegt, in der u. a. Empfehlungen für Kommunen, Bauherren, Hausbesitzer, Mieter, Architekten und Ingenieure gegeben werden, wie auch im Rahmen der Gebäudeplanung Hochwasserschutz Berücksichtigung finden kann. Ein konzeptionelles Herangehen auf regionaler, gesamtstädtischer oder quartiersbezogener Ebene mit stadtstrukturellen wie auch gebäudetypologischen Ansätzen kann übliche Hochwasserschutzmaßnahmen an Flüssen, die Schaffung von Überflutungsräumen und die Renaturierung von Gewässern sinnvoll ergänzen. Vor allem aber geht es darum, in hochwassergefährdeten Bereichen keine neuen Baugebiete zu realisieren.

Wegen der zunehmend zu erwartenden Hitzeperioden haben insbesondere die Altstädte und historischen Quartiere Anpassungsbedarf. Die eng bebauten und kompakten Stadtkörper verfügen meist kaum über klimaausgleichende Frei- und Grünräume. Auch Gewerbegebiete sind in der Regel durch einen hohen Versiegelungsgrad gekennzeichnet. Und der Versiegelungsgrad der deutschen Städte nimmt weiter zu. Zwischen 1992 und 2011 ist die Siedlungs- und Verkehrsfläche in Deutschland um 19 % angewachsen. Der Flächenverbrauch geht dabei zwar zurück – von täglich durchschnittlich 129 Hektar zwischen 1997 und 2000 auf 81 Hektar zwischen 2008 und 2011 – er bleibt jedoch maßgeblich konjunkturgebunden, so dass ein Wiederanstieg möglich erscheint. 81 Hektar bedeuten zudem noch immer eine Umwandlung von 110 Fußballfeldern meist landwirtschaftlicher Fläche zu Siedlungsflächen – pro Tag.

Die Deutsche Nachhaltigkeitsstrategie sieht vor, bis zum Jahre 2020 den Verbrauch für Siedlungs- und Verkehrsflächen auf 30 Hektar pro Tag zu reduzieren. Wichtige Stellschraube dabei ist die innerstädtische Nachverdichtung. Vor dem Hintergrund des Klimawandels werden sich hierfür insbesondere Brach- und Konversionsflächen eignen, während bestehende Grünflächen für ein ausgewogenes Verhältnis von bebautem und unbebautem Raum vielerorts unverzichtbar sind. **Laut Kommunalbefragung wertet fast jede zweite Kommune die Nachverdichtung und damit den Verlust von Freiflächen als Konfliktthema in Bestandsquartieren.**

Es ist in diesem Zusammenhang eine zentrale Aufgabe der Baukultur, angemessene Antworten auf die Erfordernisse und Rahmenbedingungen der Umwelt zu finden: Die Besinnung auf grundlegende Elemente des Städtebaus wie das ausgewogene Verhältnis zwischen bebauter Siedlungsfläche und Freiraum und der Einsatz natürlicher Gestaltungselemente wie Wasser,

Extreme Umweltereignisse nehmen zu

Naturkatastrophen in Deutschland 1970–2012, Anzahl der Ereignisse mit Trend

Quelle: Munich Re 2013

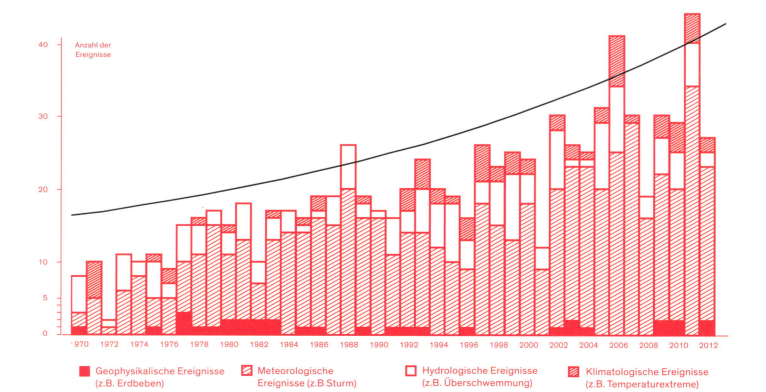

■ Geophysikalische Ereignisse (z.B. Erdbeben) ▨ Meteorologische Ereignisse (z.B Sturm) ☐ Hydrologische Ereignisse (z.B. Überschwemmung) ▨ Klimatologische Ereignisse (z.B. Temperaturextreme)

straßenbegleitendes Grün oder sonstige Anpflanzungen leisten an besonders betroffenen Standorten auch kurzfristig einen Beitrag zur Verbesserung des Mikroklimas. **In der kommunalen Praxis hat die Grünplanung als Aufwertung einen sehr hohen Stellenwert: 85 % der befragten Kommunen sehen in der Begrünung eine (sehr) wichtige Bedeutung für die Qualifizierung des öffentlichen Raums, die Gestaltung mit Wasseranlagen erscheint 34 % (sehr) wichtig.** Energieeffiziente Klimatechnik, neue wie auch bewährte Bautechniken und Bauprodukte, die Vermeidung wärmespeichernder Fassaden und Dacheindeckungen sowie Dach- und Fassadenbegrünungen von Neubauten ergänzen das gestalterische Repertoire für eine Anpassung des Siedlungsbestandes an den Klimawandel.

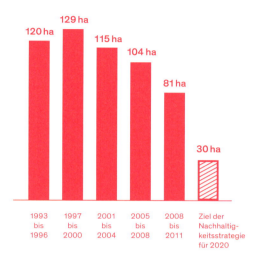

110 Fußballfelder pro Tag

Tägliche Neuinanspruchnahme durch Siedlungs- und Verkehrsflächen in Deutschland

Quelle: Destatis 2014b

Die öffentliche Hand – Zu große Verantwortung bei knappen Kassen?

Krankenhäuser, Hochschulen und Schulen, Kinder- und Senioreneinrichtungen, Verwaltungsgebäude: Die öffentliche Hand ist Bauherr von zahlreichen, häufig im Fokus der Öffentlichkeit stehenden Gebäuden. Gleiches gilt für Infrastrukturvorhaben: Ob es um Straßen, Brücken, Bahnhöfe oder Flughäfen geht, die Verwaltung steht unter besonders kritischer Beobachtung. Und sie hat die Aufgabe, mit dem zugrunde liegenden Gemeinwohlauftrag verantwortungsbewusst umzugehen. Immer wieder zeigt sich jedoch, dass der gesetzte Kostenrahmen insbesondere bei exponierten Großprojekten deutlich überschritten wird.

Planungskompetenz Vor diesem Hintergrund hat die Bundesregierung im Jahr 2013 eine „Reformkommission Bau von Großprojekten" eingesetzt, um sowohl Kostenwahrheit, Kostentransparenz und Termintreue für künftige Großprojekte im Hochbau und im Verkehrsbereich zu stärken als auch die angestrebte Qualität und Funktionalität im gesetzten Zeit- und Kostenrahmen zu erreichen. Denn nicht zuletzt das Scheitern oder Verzögern von Großprojekten hat vielerorts zu einem Vertrauensverlust in Politik und Verwaltung geführt. **In der Bevölkerung machen knapp 70 % an erster Stelle die Politik für Verzögerungen bei öffentlichen Bauvorhaben verantwortlich, auf Platz zwei folgen die ausführenden Bauunternehmen, die 63 % der Befragten als hauptverantwortlich sehen.** Großprojekte sind vielerorts Auslöser für Zynismus. So suggerierte eine Satirewebsite, dass ein bekannter dänischer Spielzeughersteller im vergangenen Jahr ein Bau-Set des Großflughafens BER, des Projekts Stuttgart 21 und der Hamburger Elbphilharmonie auf den Markt gebracht habe. Undurchführbare Bauanleitungen, nachträgliche Zahlungsaufforderungen und fehlende Bauteile, so ließ die Satire glauben, mache die Fertigstellung der Bauwerke unmöglich. Dass darin ein Kern an Wahrheit über die verloren gegangene Leitungskompetenz bei Großvorhaben liegt, ist unbestritten und kann im vorliegenden Enquete-Kommissionsbericht der Hamburger Bürgerschaft zur Elbphilharmonie auf 724 Seiten nachgelesen werden.

Investitionsrückstand wächst
Erforderliche Ersatz-, Erneuerungs- und Erweiterungsinvestitionen in deutschen Kommunen
Quelle: KfW 2013

Entwicklung des Investitionsrückstandes in deutschen Kommunen

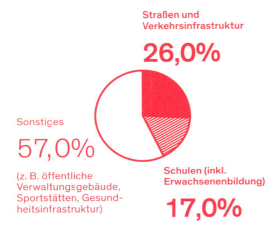

Investitionsrückstand 2012 in den Kommunen (Gemeinden und Landkreise) aufgeschlüsselt nach Bereichen

Sanierungsstau Neben der Planung von Großprojekten oder sonstigen Neubauvorhaben ist die öffentliche Hand verantwortlich für die Modernisierung und Instandhaltung von öffentlichen Gebäuden und Infrastrukturen. Dabei steht weniger die Einhaltung des Kostenrahmens, sondern vielmehr die Unterhaltung und Pflege im Fokus. So werden für das deutsche Schienennetz pro Einwohner jährliche Ausgaben in Höhe von 56 Euro getätigt, für das deutsche Straßennetz entstehen im Jahr Kosten von 142 Euro pro Einwohner. Dennoch können die Verwaltungen den notwendigen Maßnahmen aufgrund von Sparzwängen auf allen Ebenen der öffentlichen Haushalte nicht in ausreichendem Maße nachkommen.

Der daraus bundesweit resultierende Investitionsstau liegt nach Einschätzung der Kreditanstalt für Wiederaufbau in den Städten und Gemeinden aktuell bei 128 Milliarden Euro. Auf kommunaler Ebene besonders betroffen sind die soziale und technische Infrastruktur. Laut KfW-Kommunalpanel mangelt es allein im Bereich der Straßen- und Verkehrsinfrastruktur an Investitionen in Höhe von 33 Milliarden Euro. Rund 10.000 Brücken (15%) müssten in den Kommunen nach einer aktuellen Difu-Studie vollständig ausgetauscht werden, auf absehbare Zeit finanzierbar ist dies jedoch nur für die Hälfte der Städte.

Auch Schulen, Universitäten und Sporthallen weisen vielfach nicht nur schlechte Sanitäranlagen auf, sondern verfallen auch äußerlich und haben damit Auswirkungen auf Identität und Charakter, auf soziale Entwicklungen im Quartier und das Erscheinungsbild der Städte. **Für die Kommunen gestaltet sich die Vernachlässigung von Bauten zunehmend als Problemfeld. Mehr als jede zweite sieht beispielsweise im Unterhaltungsdefizit ein Konfliktthema. 92% der Bevölkerung geben an, dass instandgehaltene und gepflegte Gebäude, Straßen und Plätze (sehr) wichtig für das eigene Wohnumfeld sind. Somit kommt der Pflege des Bestands eine besondere Bedeutung zu.**

Finanzierung Mit Blick auf die anstehenden Investitionen ergeben sich zahlreiche Chancen, im Sinne der Baukultur nicht nur zu reparieren und zu sanieren, sondern im Zuge dessen auch eine bessere Qualität der gebauten Umwelt zu erreichen. Die Kommunen werden dabei finanziell von Bund und Ländern unterstützt. Bereits im Dezember 2012 bezifferte der Abschlussbericht der von der Verkehrsministerkonferenz der Länder eingesetzten Kommission „Zukunft der Verkehrsinfrastrukturfinanzierung" jedoch die Unterfinanzierung vor allem für Leistungen des Erhalts und Betriebs auf 7,2 Milliarden Euro pro Jahr, wobei der Nachholbedarf bei den Brücken darin noch nicht vollständig erfasst ist. Nicht zuletzt in diesem Zusammenhang bedarf es dringend – bis spätestens 2015 – einer Nachfolgeregelung für die 2019 auslaufenden Entflechtungsmittel sowie für das Gemeindeverkehrsfinanzierungsgesetz.

In der Vergangenheit waren Sonderprogramme wie das Konjunkturpaket II wichtig für den Erhalt der kommunalen Infrastruktur. Um die Folgen der weltweiten Finanzkrise für die Wirtschaft abzumildern und Investitionen u. a. in den Ausbau und die Sanierung von Bildungseinrichtungen und Straßen zu ermöglichen, wurden im Jahr 2009 Mittel in Höhe von 17 bis 18 Milliarden Euro bereitgestellt. Ebenfalls kam in den Jahren 2008 und 2009 der Investitionspakt zur energetischen Sanierung der sozialen Infrastruktur der Kommunen zum Einsatz, um diese bei besonders schwieriger Haushaltslage zu unterstützen. Allerdings wurden bei der Umsetzung des Konjunkturpakets baukulturelle

Kriterien vielerorts außer Acht gelassen, da die Investitionen unter einem hohen Zeitdruck stattfanden. Auch ermöglichte die zusätzliche Förderung nur temporär eine stärkere Investitionstätigkeit. Insbesondere für technische Innovationen oder Experimente bleibt unter diesen Rahmenbedingungen wenig Spielraum.

Kooperation Von daher spielen zivilgesellschaftliches Engagement und Kooperationsmodelle mit unterschiedlichen Akteuren für die Verwaltung eine zunehmend wichtige Rolle, um bei Stadtentwicklungsprojekten entlastet zu werden. Eine klare politische Haltung zu Qualitätsmaßstäben und gestalterischen Vorgaben von Seiten der Politik und Verwaltung erleichtern dabei die Zusammenarbeit zwischen den Akteursgruppen und die Qualitätssicherung von Bauvorhaben. In der kommunalen Praxis scheint jedoch eine fehlende politische Rückendeckung zu Fragen der Baukultur oft der Auslöser für schwierige Aushandlungsprozesse zu sein. Denn 90% der Städte und Gemeinden geben in diesem Zusammenhang an, dass eine Stärkung und Sensibilisierung der Politik (sehr) wichtig ist, wenn eine Verbesserung der Baukultur in der Kommune erreicht werden soll. Gleichermaßen wird in der kommunalen Praxis eine fehlende Sensibilität für baukulturelle Fragen bei privaten Investoren konstatiert. Ebenfalls meinen 90% der Kommunen, dass eine stärkere Bereitschaft bzw. ein größeres Interesse bei privaten Investoren sehr wichtig bzw. wichtig ist, wenn eine Verbesserung der Baukultur in der Kommune erreicht werden soll. Die Zahlen lassen vermuten, dass die Kommunen häufig baukulturelle Kompromisse eingehen müssen, wenn private Investitionen beratend begleitet bzw. genehmigt werden.

Um eine qualifizierte und zielführende Beratung von privaten Investoren zu gewährleisten, sind zunächst ausreichend personelle und fachliche Ressourcen in der Verwaltung unerlässlich. Nur mit eigenem Personal kann eine ertragreiche Zusammenarbeit gelingen, wie sie beispielsweise im Programm „Aktive Stadt- und Ortsteilzentren" gefördert wird. Außerhalb von Förderprogrammen scheint die Zusammenarbeit mit verschiedenen privaten Akteurskreisen noch nicht fest in der kommunalen Praxis verankert zu sein. Hier ist noch viel ungenutztes Potenzial vorhanden.

Synergien Vergegenwärtigt man sich den Mehrwert, der durch eine attraktive Stadtgestaltung entstehen kann, sollten Fragen der Baukultur in zahlreichen Akteurskreisen Anlass für Investitionen oder Kooperationsmodelle mit der Verwaltung sein. Schließlich halten knapp 76% der befragten Städte und Gemeinden Baukultur für (sehr) wichtig mit Blick auf den Tourismus, 64% für den Standortwettbewerb. Immerhin jede zweite Kommune stuft die ökonomische Bedeutung von Baukultur als (sehr) wichtig für den Einzelhandel ein. Diese Synergieeffekte im Zuge einer Prioritätensetzung von Sanierungs- und Instandsetzungsinvestitionen für die kommunale Infrastruktur im Blick zu halten, ist dringend notwendig. Nur so können die umfangreichen Finanzmittel, die in den kommenden Jahren in die öffentliche Infrastruktur investiert werden müssen, tatsächlich zu einer nachhaltig verbesserten Qualität der gebauten Umwelt führen.

Finanzhilfen für Kommunen sind wichtig

Kommunale Einnahmen im Finanzhaushalt 2012 aufgeschlüsselt nach Bereichen

Quelle: DST 2012

Sonstige Einnahmen, Steuern und Gebühren **35,0%**

Zahlungen von Bund und Land **33,0%**

Einkommensteueranteil **14,0%**

Gewerbesteuer (netto) **18,0%**

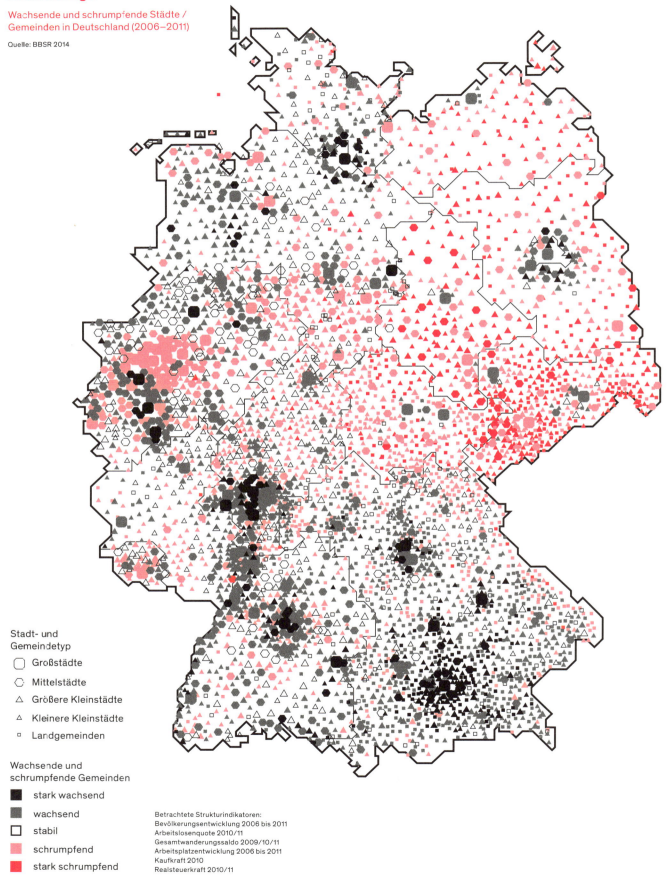

Fazit – Was heißt das für die Zukunft unserer Städte?

Wachsen und Schrumpfen Legt man den Fokus auf die Städte, ist Baukultur nicht nur die Gestaltung einzelner Bauten, sondern eine zentrale Aufgabe der Stadtentwicklung. Verschiedene Lebensstile und Werthaltungen, die zunehmende Bedeutung des Internets und die damit einhergehenden technischen Innovationen, die vielfältigen Facetten des demografischen Wandels, die sich aus dem Klimawandel ergebenden Erfordernisse, knappe Kassen bei großen Erwartungen der Öffentlichkeit – die hier angesprochenen Trends, Phänomene und Rahmenbedingungen machen deutlich, mit welch komplexen und schwierigen Herausforderungen die Städte konfrontiert sind. Zudem weisen die demografischen, ökologischen, ökonomischen und sozialen Eckdaten von Stadt zu Stadt erhebliche Unterschiede auf. Während vielerorts der Rückbau von Infrastruktur bereits betrieben wird und in peripheren ländlichen Räumen das Entstehen von Wüstungen, also aufgegebenen Siedlungsflächen oder Industriebrachen, ein realistisches Szenario darstellt, konzentrieren sich nationale und internationale Zuzüge in der Regel auf wirtschaftlich starke Standorte und größere Städte. In der räumlichen Verteilung zeigt sich, dass überwiegende Bereiche des Ruhrgebiets, die neuen Länder und die ländlichen Räume von Schrumpfung betroffen sind, während viele Städte und Großstädte stabile oder wachsende Dynamiken aufweisen.

Großstädte profitieren insbesondere von einer „Renaissance der Innenstädte", nachdem die Stadtrandwanderung und das Einfamilienhaus „im Grünen" lange Zeit das dominierende Leitbild breiter Bevölkerungsschichten war. Laut eines Berichts des Deutschen Instituts für Wirtschaftsforschung e. V. (DIW Berlin) aus dem Jahr 2010 gewinnen die großen Städte Deutschlands bereits seit mehreren Jahren sowohl als Wohnorte als auch als Unternehmensstandorte an Attraktivität. Zwischen 1999 und 2008 sind hier die Einwohnerzahlen insgesamt durchschnittlich um fast 3 % gestiegen, während die Bevölkerung Deutschlands seit 2003 schrumpft. Und es wurde festgestellt, dass seit 2004 auch die Bevölkerungszahlen im Umland von Städten abnehmen, während die Städte selbst einen Bevölkerungszuwachs verbuchen. Innerstädtische Wohnstandorte mit dem Vorteil der guten Erreichbarkeit von Nutzungsangeboten und Erholungsräumen bieten aus Sicht eines zunehmenden Anteils der Bevölkerung die besten Voraussetzungen für Lebensqualität.

Nachfragedruck Wachstumsregionen sind entsprechend von einer großen Nachfrage nach Wohnungsbau- und Gewerbeflächen gekennzeichnet. Sie weisen ein tendenziell hohes Bodenpreisniveau mit einer üblicherweise sehr hohen Bodenrendite auf. Doch sind dies gute Rahmenbedingungen für die Baukultur? Zwar bietet die Dynamik Chancen für Investitionen. Auch setzt der Wandel kreative Kräfte frei, die sich oft in Unternehmensgründungen und einer erhöhten Bereitschaft für zivilgesellschaftliches Engagement zeigen. Doch birgt der Entwicklungsdruck auch Gefahren in sich. Planungs- und Bauprozesse stehen in diesen Kommunen oftmals unter einem hohen Investoren- und Zeitdruck. Dies kann insbesondere zu unbedachten, austauschbaren oder banalen städtebaulichen Lösungen und Architekturentwürfen führen. Ebenso führt die schnelle Bereitstellung von flächenintensiven Wohnbaugebieten am Rande der Stadt selten zu baukulturellen Qualitäten, sondern vielmehr zu einer Zersiedlung der Landschaft. **Die baukulturellen Gefahren, die ein erhöhter Zeitdruck mit sich führt, zeigen die Zahlen der Kommunalbefragung. Nur 25 % aller befragten Kommunen beurteilen die Qualität im aktuellen Einfamilienhausbau und Reihenhausbau als (sehr) gut. Im mehrgeschossigen Mietwohnungsbau schätzen 29 % der Kommunen die Qualität als (sehr) gut ein, im mehrgeschossigen Wohnungsbau mit Eigentumswohnungen meinen dies 38 %.** Vor allem das Angebot an preiswertem Wohnraum reicht angesichts der großen Nachfrage in den prosperierenden Städten und Stadtregionen nicht aus. Bei Neuvermietungen wird zum Teil – wie etwa in München, Berlin, Frankfurt oder Dresden – eine sprunghafte Entwicklung des Mietniveaus beobachtet. Zahlreiche Kommunen reagieren bereits mit einer Intensivierung der Neubautätigkeit, Auflagen für den Bau von Sozialwohnungen und Mietpreisbindungen, um bezahlbare Mieten, soziale Gerechtigkeit und vor allem soziale Mischung zu erhalten.

Leerstand Prosperierende Städte weisen aber gleichzeitig auch Schrumpfungsprozesse auf: In unattraktiven Lagen, Großwohnsiedlungen und monofunktionalen Gebieten bedarf es durchaus auch gezielter Strategien und Investitionen, um Abwanderungstendenzen und Leerstand aufzufangen. Bis zu einem gewissen Maß zählen Gebäudeleerstände und ungenutzte Flächen zu den Voraussetzungen für eine gesunde Stadtentwicklung. Sie bilden den Puffer, damit Um- und Zuzüge von Bewohnern oder Betrieben vom Stadtkörper aufgefangen werden können. In schrumpfenden Quartieren, Städten oder Regionen wird dieser Fluktuationsleerstand von bis zu 2,5 % dagegen deutlich überschritten. Soziale und technische Infrastrukturen sind nicht ausgelastet. Ihre Wirtschaftlichkeit und zum Teil auch ihre technische Funktionsfähigkeit stehen in Frage. Umfangreiche Leerstände im Gebäudebestand oder auch das Brachfallen großer vormals industrieller und militärischer Areale führen zu städtebaulichen Missständen. Der folgende Verfall der Immobilienpreise wirkt sich als massive Investitionsbremse mit erheblichen Folgen für das baukulturelle Erscheinungsbild der Stadt aus. Gebäudeverfall, sogenannte Schrottimmobilien, und Downtrading der Geschäftslagen sind häufig die Folgen.

Dennoch ergeben sich auch unter den Vorzeichen der Schrumpfung erhebliche Chancen für die Baukultur. Es entstehen zum einen Flächenreserven für eine behutsame Nachverdichtung der Innenstädte. Auch Rückbauoptionen haben Potenziale für Aufwertungsmaßnahmen, für die Neuordnung von Stadträumen und für eine Stadtreparatur im Sinne einer bewussten Auseinandersetzung mit Baukultur. Dies kann zu einer Attraktivitätssteigerung eines Quartiers oder der ganzen Stadt weit über den eigentlich zu entwickelnden Bereich hinaus beitragen.

Experimentierräume Dazu bieten Brachflächen und Leerstand die Möglichkeit, Experimentierräume für Zwischennutzungen, neue Bauformen oder wiedergewonnene Freiräume entstehen zu lassen. Insbesondere innovationsaffine und kreative Milieus zeigen in wachsenden Städten ein großes Interesse an alternativen, unfertigen Standorten, denn Kreativität entsteht vor allem dort, wo Möglichkeitsräume vorhanden sind. Der wirtschaftliche Strukturwandel mit dem Brachfallen ehemals industriell, für öffentliche Zwecke (Bahn, Post etc.) oder militärisch genutzter Areale und Infrastrukturen

Stadtregal, Ulm
Neue Mischnutzung auf altem Industriegelände

Auf einer etwa fünf Hektar großen altindustriellen Brachfläche (Konversionsfläche) steht die ehemalige historische Ulmer Feuerwehrrequisitenfabrik. Der 250 Meter lange Stahlbetonskelettbau ist durch eine Mischung von Wohnen, Gewerbe und Kultur neu in Wert gesetzt worden und umfasst 115 Einheiten mit einer Gesamtnutzfläche von ca. 20.000 m². Der Name Stadtregal verweist auf die Art der Konstruktion und steht für die Nutzungsoffenheit der Flächen, die eine hohe Flexibilität und individuelle Gestaltung der Grundrisse ermöglicht. Die jeweiligen Nutzungskonzepte und Grundrisse wurden mit den Käufern und Nutzern entwickelt, wobei einzig die Lage der Versorgungs- und Erschließungskerne sowie die Außengestaltung feste Spielregeln vorgaben. Zur besseren Abstimmung zwischen Nutzern und Planern wurde seitens des Bauherrn eine zusätzliche Person eingestellt, die den Ausbau koordinierte. So entstand eine kleinteilige Nutzungsmischung aus Wohnlofts verschiedener Größen, einer Kunstschule, einer Musikschule und einer Galerie. Bei dem Umbau wurde der angrenzende Flusslauf als Grünzug aufgewertet und für die Öffentlichkeit zugänglich gemacht. Durch einen „Placemaking-Prozess" konnte der fehlenden Bekanntheit des Gebiets bei der Ulmer Bevölkerung entgegengesteuert werden. Das Stadtregal prägt heute maßgeblich den Charakter des lebendigen und gemischten Quartiers auf dem ehemaligen Industrieareal.

Bauherr: Projektentwicklungsgesellschaft Ulm mbH
Architektur: Rapp Architekten, Ulm (BA 1–5)
In Arbeitsgemeinschaft mit Braunger Wörtz Architekten, Ulm (BA 1–2)
Landschaftsarchitektur: Manfred Rauh, Schmid-Rauh Landschaftsarchitekten, Neu Ulm
Bauleitung: Alwin Grünfelder, Ulm Consult, Ulm
Planungs- und Bauzeit: Konzeptplanungen ab 2005/ Fertigstellung BA1 2007, BA5 2013

sowie die Perforierung der vom demografischen Wandel bereits massiv betroffenen Städte haben Spielräume geschaffen. Die öffentliche Hand als Grundstückseigentümerin – von der Bundesanstalt für Immobilienaufgaben (BImA) bis zu den Kommunen – sollte sich diese Spielräume bewusst machen, denn die Nutzung durch alternative und kreative Gruppen kann zu wichtigen Impulsgebern für imagebildende Transformationsprozesse in Stadtteilen werden, die das kulturelle Selbstverständnis der Kommunen mit beeinflussen. Durch (Zwischen-)Erwerb von Brachflächen können vor allem auch Kommunen gezielt Impulse setzen und Entwicklungen planen bzw. steuern. Das Abwarten und gezielte Zulassen von Zwischennutzungen und Aneignungsprozessen sind von daher ein baukulturell sinnvolles und zu förderndes Thema, das durch seinen experimentellen Charakter viel Gestaltungspotenzial in sich trägt. Neue Nutzungen und Nutzergruppen können aber auch zu einer Verdrängung der ursprünglichen Bewohnerschaft (Gentrifizierung) führen. In schrumpfenden Städten und Regionen bieten brachgefallene Standorte vor allem die Chance, neue Freiraumqualitäten für die Einwohner zu schaffen.

Stadtentwicklung Allen Kommunen stellt sich mit Blick auf die aktuellen Herausforderungen gleichermaßen die Frage, welche Standorte und Quartiere zukunftsfähig im Sinne einer nachhaltigen Stadtentwicklung sind. Die dabei berührten Disziplinen, Synergien und Schnittstellen sind so weit verzweigt, dass baukulturelle Qualitäten nicht allein einzelne Fachressorts, sondern vielmehr alle städtischen Lebens- und Aufgabenbereiche berühren. Entsprechend erfolgt eine zunehmende Auseinandersetzung mit den vielfältigen Fragestellungen der Zukunftsorientierung im Rahmen integrierter Entwicklungs- und Gestaltungsansätze, wie sie etwa in den Integrierten Stadtentwicklungskonzepten (ISEK, bzw. INSEK) Ausdruck finden.

Herausforderungen für die Städte der Zukunft

Einflüsse und Handlungsfelder der Baukultur

Quelle: Bundesstiftung Baukultur 2014

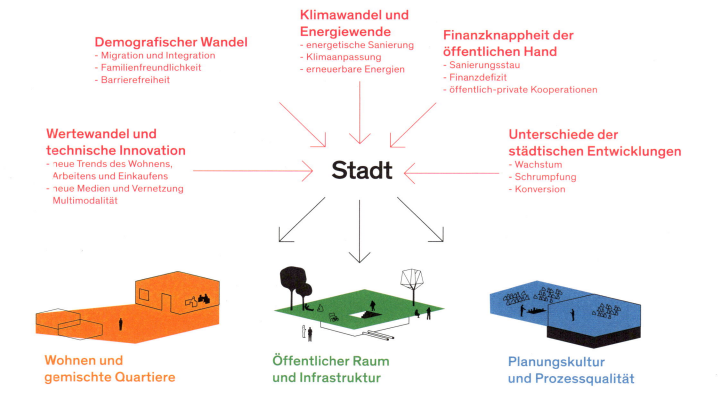

Integrierte städtebauliche Entwicklungskonzepte zählen in den Bund-Länder-Programmen der Städtebauförderung mittlerweile zu den allgemeinen Fördervoraussetzungen. Mit den Programmen „Stadtumbau", „Städtebaulicher Denkmalschutz", „Aktive Stadt- und Ortsteilzentren", „Soziale Stadt" und „Kleinere Städte und Gemeinden" werden gezielt Mittel für Bestandserhalt und -pflege, die Sanierung und Aufwertung, die Anpassung der kommunalen Infrastruktur an den demografischen Wandel, die Kooperation mit privaten Akteuren und Initiativen sowie die Netzwerkbildung zur Verfügung gestellt. Intensive Abstimmungsgespräche mit allen beteiligten Akteuren befördern dabei die Qualitätssicherung im Rahmen der Programmumsetzung. Die aktuelle Vereinbarung im Koalitionsvertrag der Bundesregierung, die Mittel der Städtebauförderung von 455 auf 700 Millionen Euro zu erhöhen, ist in diesem Zusammenhang ein deutliches Signal und eine Anerkennung der immensen Herausforderungen, denen sich die Kommunen nicht zuletzt im baukulturellen Sinne stellen müssen.

Die Qualität der gebauten Umwelt konzentriert sich jedoch nicht allein in Programmgebieten. Es geht vielmehr um einen allumfassenden Umgang mit dem Bestand, der Pflege und Weiterentwicklung urbaner Räume und Gebäude. Das Wohnen in gemischten Quartieren, der öffentliche Raum und die technischen Infrastrukturen haben sich dabei als die zentralen Stellschrauben herauskristallisiert, die ein Befördern von stadträumlichen Qualitäten ermöglichen. Um vorhandene Potenziale und mit ihnen zahlreiche Synergien generieren zu können, ist es von Beginn an entscheidend, auch für die Qualität des Planungsprozesses Sorge zu tragen. Dabei ist nicht unbedingt ein Mehr an Beteiligung gefragt, vielmehr gilt es, die richtige Art von Akteursbeteiligung und Einbindung der Bevölkerung vorzusehen. Übertragbare Erfolgskriterien und Strategieansätze für die Themenkomplexe „Wohnen und gemischte Quartiere", „Öffentlicher Raum und Infrastruktur" sowie für den Bereich „Planungskultur und Prozessqualität" sind entsprechend Gegenstand der folgenden Fokusbetrachtungen.

Die aktuellen Fokusthemen der Bundesstiftung Baukultur

Wohnen und gemischte Quartiere

Die Versorgung mit Wohnraum ist in den letzten Jahren zu einem zentralen öffentlichen Thema geworden. Denn trotz der generell abnehmenden Einwohnerzahl in Deutschland wachsen vor allem die großen Städte weiter. Verbunden mit veränderten Haushaltsstrukturen und einem angestiegenen Wohnflächenverbrauch pro Kopf führt das zu Engpässen auf dem Wohnungsmarkt. Während anderswo Leerstand und Rückbau auf der Agenda stehen, stellt sich in den prosperierenden Städten die Frage nach dem Wohnungsbau neu. Auch im Bestand sind die Effekte der Wohnraumknappheit zu spüren: Die Nachfrage zahlungskräftiger Neubewohner führt zu Verdrängung und Gentrifizierung. All das löst bei den Kommunen Handlungserfordernisse aus. Dabei besteht die baukulturelle Herausforderung darin, attraktive, lebendige und sozial stabile Wohnquartiere zu schaffen und zu erhalten. Mischung – soziale wie funktionale – ist der Schlüsselfaktor, das gemischte Quartier ist das Leitbild.

Gute Argumente für Baukultur – Was gemischte Quartiere auszeichnet

Die historische „europäische Stadt" mit ihrer kleinteiligen Grundstücksstruktur und Nutzungsvielfalt dient als Vorbild eines wiederentdeckten und breit akzeptierten Verständnisses von Urbanität. Dabei darf nicht übersehen werden, dass die Kritik an den schlechten, ungesunden Lebensverhältnissen insbesondere der historischen gründerzeitlichen Stadt, wie sie etwa der Gartenstadtbewegung und der Charta von Athen zugrunde lagen, berechtigt war. Es geht also um die richtige Mischung, die soziale Stabilität befördert, ungesunde Wohn- und Lebensverhältnisse durch Lärm, Luftschadstoffe oder andere Immissionen und Gefährdungen vermeidet und zugleich die Potenziale und Qualitäten des Nebeneinanders von Wohnen, Arbeiten, Versorgung und Freizeit nutzt.

Quartier Das Modell der kompakten, sozial wie funktional gemischten Stadt steht für Urbanität und Dichte, Dauerhaftigkeit oder Robustheit, kulturelle Vielfalt, lokale Identität und Identifizierungsmöglichkeiten für die Bewohner, Raum für öffentliche Begegnung und ein lebendiges soziales Miteinander. Das Quartier ist dabei der lebensräumliche Bezugsrahmen. Sozial und funktional gemischte Quartiere haben eine starke, gemeinsam empfundene lokale Identität und zeichnen sich durch ein lebendiges soziales Miteinander aus. Mittlerweile kann es als handlungsfeldübergreifender Konsens in der Fachdiskussion gelten, dass die Ebene des Quartiers die zentrale Bezugsebene für Stadtentwicklung und baukulturelle Qualität ist. Beispielsweise hat das Land

Nordrhein-Westfalen seine Stadtentwicklungspolitik mit dem Programm „Heimat im Quartier" darauf fokussiert. **Diese Einschätzung wird auch von der Mehrheit der befragten Kommunen bestätigt: 87% halten das Quartier für die wichtigste räumliche Planungsebene mit Blick auf die Baukultur.**

Soziale Mischung Gemischte (Bestands-)Quartiere zeichnen sich oftmals durch ein diversifiziertes Angebot und die Mischung unterschiedlicher Wohnformen aus – ein Nebeneinander unterschiedlicher Eigentumsverhältnisse und Träger (kommunale Wohnungsbaugesellschaften, Genossenschaften, Privateigentümer, Wohnungseigentümergemeinschaften), von Mietwohnungen und selbstgenutztem Eigentum, geförderten und freifinanzierten Beständen. Diese Vielfalt gilt es auch zukünftig zu gewährleisten und die Entfaltungsmöglichkeit unterschiedlicher Lebensstile durch Wohnangebote für demografisch, sozial, ethnisch und ökonomisch unterschiedliche Bevölkerungsgruppen zu ermöglichen. **Der Wohnungsneubau in gemischten Quartieren – und damit die Ergänzung des Bestands – wird von rund 70% der Kommunen als (sehr) wichtig benannt.** Im Hinblick auf das übergeordnete Ziel der sozialen Mischung ist es von Bedeutung, dass trotz baulicher, energetischer und baukultureller Qualifizierung eines Standorts die Bestandsbevölkerung im Quartier gehalten und nicht verdrängt wird.

Gestalterische und funktionale Vielfalt Für die Lebendigkeit von Quartieren ist die gestalterische Vielfalt der gebauten Umwelt von zentraler Bedeutung. Insbesondere im Wohnungsbau muss eine gute Gestaltung genereller Anspruch sein, um die Lebensqualität zu steigern. Bei der Qualifizierung von Bestandsquartieren spielt zudem – neben der Aufwertung der existierenden Gebäude durch gestalterische oder andere Eingriffe – die Ergänzung der bestehenden Bebauung und vorhandenen Nutzungen eine wesentliche Rolle. Dabei geht es – unabhängig von der Bauepoche, aus der der Bestand stammt – um eine Kombination von Alt und Neu, einem Nebeneinander von historisch schützenswerter oder baukulturell wertzuschätzender Bausubstanz und neuer Architektur sowie um qualitätvolle Verdichtungen durch neue Gebäudetypen. **Aus Sicht von über 90% der Kommunen sind Ästhetik und Gestaltung, lokale Identität sowie die Sicherung schützenswerten Gebäudebestands (sehr) wichtige Kriterien für Baukultur. Gleichzeitig wird aber die baukulturelle Qualität aktueller Bauvorhaben insgesamt als durchwachsen und neben dem Wohnungsbau vor allem beim Gewerbe- und Einzelhandelsbau als eher niedrig eingeschätzt.** Laut der GdW-Untersuchung zu Wohntrends 2030 ist hingegen eine optisch ansprechende Gestaltung der Gebäude für die Bewohner sehr wichtig – immerhin drei Viertel der Befragten setzen dies als Standard voraus. Zu berücksichtigen ist auch der teils erhebliche Einfluss von energetischen Sanierungs- und Modernisierungsmaßnahmen auf die Gestaltung, beispielsweise durch Wärmedämmverbundsysteme. Die Umsetzung solcher Maßnahmen darf nicht zur Uniformität der Gebäude und gestalterischen Verödung führen. Ein ebenso wichtiges Kriterium für die Qualität gemischter Quartiere und ihre Lebendigkeit ist die funktionale Vielfalt. Dazu gehören unter anderem die Einbindung von Versorgungsstrukturen in das Quartier sowie generell die Belebung der Erdgeschosszonen der Gebäude.

Weltquartier, Hamburg
Sanierung in einem multikulturell geprägten Quartier

Das Weltquartier ist ein ehemaliges Hafenarbeiterquartier aus den 1920er- und 1930er-Jahren in Hamburg Wilhelmsburg mit mehr als 800 Wohnungen und etwa 1.700 Bewohnern aus über 30 Herkunftsländern. Aufgrund des schlechten baulichen Zustands der Gebäude mit unzeitgemäßen Grundrissen und geringen Freiraumqualitäten bestand deutlicher Sanierungsbedarf. Im Rahmen der IBA Hamburg wurde mit dem Umbau des Weltquartiers begonnen, wobei bereits 2007 das Ziel formuliert wurde, die Mietpreise und die Bewohnerstruktur zu erhalten und die Bedürfnisse der Bewohnerschaft zu berücksichtigen. Mit Hilfe mehrsprachiger „Heimatforscher" wurden aktivierende Befragungen durchgeführt und eine „interkulturelle Planungswerkstatt" veranstaltet. Die Ergebnisse sind im Empfehlungskatalog für den städtebaulichen Wettbewerb enthalten. Insgesamt wurden in sieben Jahren 750 Wohneinheiten neu- oder umgebaut sowie 35 Gewerbeeinheiten in einem Gewerbehof geschaffen. Etwa 40 % der ehemals 1.700 Bewohner und Bewohnerinnen des Weltquartiers wohnen heute noch (oder wieder) direkt im Weltquartier, weitere 45 % sind im Stadtteil Wilhelmsburg geblieben. Dachdämmung, Vorhangfassaden und ein Wärmedämmverbundsystem verbessern die energetischen Kennwerte der Siedlung. „Garteninseln" bieten Möglichkeiten zur eigenen oder gemeinschaftlichen Gartenbewirtschaftung. Das Weltquartier Hamburg bietet übertragbare Ansätze einer bewohnerorientierten Sanierung für immer stärker multikulturell geprägte Quartiere.

Bauherren: SAGA Siedlungs-Aktiengesellschaft, Hamburg / GMH Gebäudemanagement Hamburg GmbH
Architektur kfs Krause feyerabend Sippel Architekten, Lübeck (1. Preis) Knerer+Lang Architekten, Dresden/München (2. Preis)
Landschaftsplanung: Andresen Landschaftsarchitektur, Lübeck
Projektkoordination: René Reckschwardt, IBA Hamburg GmbH
Planung/Bauzeit: Interkulturelle Planungswerkstatt 2007 / städtebaulicher Wettbewerb 2008 / zehn Bauabschnitte 2009–2015

Körnigkeit Generell gilt: Je feinkörniger und vielfältiger die funktionale Mischung (vertikal wie horizontal) ist und je kleinteiliger die Baustrukturen sind, desto höher ist in der Regel die Lebensqualität des Standorts – dies gilt analog auch für den Grad der sozialen Mischung unterschiedlicher Bevölkerungsgruppen. Auch vor dem Hintergrund, dass große Entwicklungsflächen durch Konversion oder Funktionsverlagerungen zukünftig in innerstädtischen Lagen seltener zur Verfügung stehen werden, ist eine kleinteilige Parzellierung den Großstrukturen vorzuziehen, wenn im Quartier Lebendigkeit durch Nutzungsvielfalt und eine verträgliche Nutzungsdichte erreicht werden sollen. Bei der Kleinteiligkeit geht es nicht in erster Linie um Einzelgebäude, sondern immer auch um die Betrachtung der Block- oder Quartiersebene, beispielsweise durch grundstücksübergreifende Konzepte oder integrierte Rahmenpläne. Grundstücksübergreifende Konzepte werden von mehr als zwei Drittel der Kommunen als (sehr) wichtig für die Qualifizierung gemischter Quartiere angesehen.

Urbane Dichte Viele innerstädtische Quartiere zeichnen sich durch ein hohes Maß an Urbanität aus. Urbanität entsteht unter anderem auch durch Dichte. Sie kann daher ein Kriterium baukultureller Qualität sein. Erste Ergebnisse eines aktuellen Forschungsvorhabens der ETH Zürich lassen den Schluss zu, dass Urbanität – und die Voraussetzung für eine funktionierende Durchmischung und Fußläufigkeit von Quartieren – erst ab einer Geschossflächenzahl (GFZ = Verhältnis der gesamten Geschossflächen zur Grundstücksfläche) von etwa 1,5 gegeben ist. Bauliche Dichte in innerstädtischen Quartieren ist aber nicht per se ein Garant für die Entstehung oder den Erhalt von Mischung. Daher ist eine genaue Betrachtung der Bedürfnisse im jeweiligen Quartier sowie der vorgefundenen städtebaulichen Situation von besonderer Bedeutung, wenn es um die Ergänzung des Bestands geht.

Erdgeschosszone Das Erdgeschoss ist die wichtige Kontaktzone des Gebäudes zum öffentlichen Raum. Die Nachverdichtung bietet erhebliches Potenzial, die funktionale Mischung im Quartier zu verbessern, zu stärken oder zu stabilisieren. So kann eine Bevölkerungszunahme zur Erhöhung der Kaufkraft und damit zur erforderlichen „kritischen Masse" im Einzelhandelsbereich beitragen. Nicht nur im Neubau spielt in diesem Zusammenhang die Belebung der Erdgeschosszone durch soziale, kulturelle oder gewerbliche Nutzung eine wichtige Rolle. Aus Sicht der Kommunen ist eine solche Belebung der Erdgeschossbereiche das Kriterium mit der annähernd größten Bedeutung für die Stärkung der Quartiere: 73 % halten eine belebte Erdgeschosszone für (sehr) wichtig.

Raumstruktur/öffentlicher Raum Zu den Qualitäten gemischter Quartiere zählt auch der oftmals fließende Übergang von privaten, halböffentlichen und öffentlichen Bereichen, mit der Gelegenheit für öffentliche Begegnung und gemeinschaftlich genutzte Räume. Ein wesentliches Merkmal baukultureller Qualität in gemischten Quartieren ist daher auch die Aufenthaltsqualität im öffentlichen Raum, die zur Lebendigkeit und Identitätsstiftung beiträgt. Bauliche Dichte und (Nutzungs-)Offenheit von Räumen müssen also bei der Qualifizierung gemischter Quartiere gleichermaßen berücksichtigt werden.

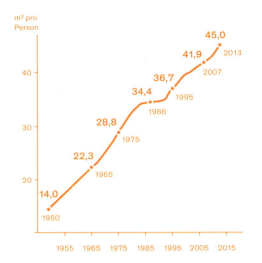

Wohnen auf mehr Raum
Entwicklung der Wohnfläche pro Person
Quelle: INSM 2009, Destatis 2012b

Behutsamkeit Die Ergänzung des vorgefundenen Bestandes durch Nachverdichtung oder Einpassung neuer Gebäude auf Ebene des Blocks oder des Quartiers muss behutsam erfolgen. Dabei geht es auch darum, die unterschiedlichen bestehenden und zu ergänzenden Nutzungen aufeinander abzustimmen, um die Entstehung von Konflikten zu vermeiden oder zumindest zu minimieren. Neben der Analyse der Quartiersbedürfnisse sind, angepasst an Rahmenbedingungen und Umfang der Vorhaben, die rechtzeitige Information, Aktivierung und Beteiligung der Quartiersbevölkerung, die ergebnisorientierte Moderation zwischen den unterschiedlichen Interessenslagen der beteiligten Akteure und die gemeinsame Erarbeitung von Lösungen von erheblicher Bedeutung für die Akzeptanz.

Status quo und aktuelle Entwicklungen

Gemischte innerstädtische Stadtquartiere sind keine statischen, sondern sich dynamisch wandelnde Sozialräume. Mischung ist damit vor allem das Ergebnis von Marktprozessen bzw. Aushandlungsprozessen innerhalb der Stadtgesellschaft, für das die gebaute Umwelt Angebote schaffen muss.

Wohnungsmarkt Die Wohnraumknappheit in den prosperierenden Städten hat zahlreiche Ursachen: Der Wohnungsneubau war seit Mitte der 1990er-Jahre auf ein historisch niedriges Niveau gesunken und zieht erst in jüngster Zeit wieder an. Sowohl die Akteure am Wohnungsmarkt als auch viele Städte haben den Bedarf unterschätzt. Der seit 1950 von 14m² auf 45m² im Jahr 2013 deutlich angestiegene durchschnittliche Wohnflächenverbrauch pro Kopf wirkt auf der Nachfrageseite als zusätzlicher Treiber bei der Verknappung von Wohnungen. Dies geht einher mit einer kontinuierlichen Zunahme von Ein-Personen-Haushalten in den Städten, die durchschnittliche Haushaltsgröße nimmt immer weiter ab.

Zusätzlich wirken sich veränderte Rahmenbedingungen auf diese problematische Entwicklung einiger Teilmärkte aus. Dazu gehören insbesondere die Liberalisierung der Wohnungspolitik, der Rückzug des Bundes aus der Wohnungsbauförderung und die Privatisierung kommunaler bzw. im Besitz der öffentlichen Hand befindlicher Bestände. Abzulesen ist dies beispielhaft am „Abschmelzen" der sozial gebundenen Wohnungsbestände mit Mietpreis- oder Belegungsbindungen: Ihr Bestand ist in Deutschland von rund drei Millionen Anfang des Jahres 1990 auf 1,66 Millionen Wohnungen in 2010 gesunken. Dies entspricht einem Anteil von nur noch 4 % am Gesamtbestand der Wohnungen. Hierdurch werden die Steuerungsoptionen der Kommunen im Bereich der sozialen Wohnraumversorgung deutlich eingeschränkt.

Die Wohnraumknappheit wirkt sich auch auf die Immobilienpreise und das Mietpreisniveau aus. Laut Bundesbank haben die Kaufpreise für Wohnimmobilien im Jahr 2013 aufgrund der anhaltend hohen Nachfrage weiter erheblich zugenommen: In 125 untersuchten deutschen Städten betrug der durchschnittliche Anstieg 6,25 %, in den sieben größten Städten sogar 9 %. Insgesamt haben sich damit seit 2010 städtische Wohnimmobilien um mindestens ein Fünftel verteuert.

Ähnlich wie die Kaufpreisentwicklung nehmen auch die durchschnittlichen Mietpreise insbesondere in den Großstädten sowie in Städten, in denen eine verstärkte Nachfrage durch Studenten herrscht, weiterhin deutlich zu. Die Neuvertragsmieten sind hier laut Deutschem Institut für Wirtschaftsforschung e. V. (DIW Berlin) im vergangenen Jahr um bis zu 9% gestiegen. Verschärft wird die Mietpreisentwicklung zudem durch die Steigerung der Mietnebenkosten, deren Anstieg in den vergangenen Jahren deutlich über dem der Nettomieten und den Lebenshaltungskosten lag. Laut BBSR sind die sogenannten warmen Nebenkosten seit 2005 um 25% gestiegen. Die Mietpreisentwicklung weist aber ähnlich wie der Nachfragedruck teils erhebliche Schwankungen auf. In vielen Städten kann ein – teils auch räumliches – Nebeneinander von Leerstand und Nutzungsdruck festgestellt werden, wobei in der Regel die Nachfrage z. B. in innerstädtischen Quartieren höher als in Randlagen und in gründerzeitlichen Beständen höher als in Großsiedlungen der 1960er- und 1970er-Jahre ist. Unabhängig vom Nachfragedruck tragen weitere Entwicklungen, wie z. B. Investitionen in die energetische Gebäudesanierung und den altengerechten Umbau, zu steigenden Mietpreisen bei.

Gemischte Quartiere Gemischte Quartiere zeichnen sich durch eine ressourcenschonende Siedlungsweise mit wenig(er) Verkehr aus. Durch die wohnortnahe Versorgung und eine gute Erreichbarkeit sozialer Infrastrukturangebote werden Wege reduziert (Leitbild „Stadt der kurzen Wege"). Ihre Stärkung geht einher mit einer Reduzierung der Zersiedlung und des Flächenverbrauchs. Der Typ der „klassischen" Gemengelage, bei dem das Nebeneinander von Wohnen und gewerblichen Nutzungen zu massiven Beeinträchtigungen bzw. gegenseitigen Beschränkungen führt, ist in deutschen Städten kaum noch anzutreffen. Veränderte Standortanforderungen der Gewerbe, Betriebsverlagerungen, geänderte und wohnverträglichere Produktions- und Arbeitsmethoden sowie die Tertiärisierung haben die Konfliktpotenziale reduziert. Die große Mehrheit der befragten Bürger fühlt sich von den störenden Effekten, die mit lebendigen Stadtteilen einhergehen – mit Ausnahme des Verkehrslärms –, nicht beeinträchtigt.

Der Trend einer Reurbanisierung seit Ende der 1990er-Jahre ist vor allem auf die Vorteile des innerstädtischen Wohnens zurückzuführen: Anreize bilden u. a. die Dichte der sozialen Infrastruktur, kurze Wege zwischen Arbeitsort, Kinderbetreuungseinrichtungen und Wohnung, steigende Mobilitätskosten, Veränderung der Wohnwünsche oder auch die zunehmende Überschneidung von Erwerbstätigkeit und privatem Lebensbereich. Für immerhin 96% der befragten Bürger ist eine gute Erreichbarkeit von Infrastruktureinrichtungen und für 70% ein lebendiges Stadtviertel bzw. ein Ortskern mit kleinen Geschäften und Gaststätten (sehr) wichtig.

Nach einer 2013 vom GdW Bundesverband deutscher Wohnungs- und Immobilienunternehmen e. V. durchgeführten Untersuchung werden sich die Wohnmodelle in Zukunft weiter ausdifferenzieren und vielfältiger werden. Ökologie, Nachhaltigkeit, Gesundheit und Ausgeglichenheit, die Wohnung als Ruhepol gewinnen als Lebensentwurf an Relevanz. Vor dem Hintergrund eines Interesses an Naturnähe und dem gleichzeitigen Wunsch, in zentralen innerstädtischen Lagen zu wohnen, nimmt auch die Bedeutung der freiraumbezogenen Qualitäten des Wohnstandorts mit Freiflächen, Garten, Balkon oder Terrasse zu. Auch das Vorhandensein von „Aneignungsflächen" und Möglichkeiten der Selbstentfaltung städtischer Kultur werden zunehmend nachgefragt. Die Untersuchung des GdW stellt auch fest, dass die

Abschmelzen der Sozialwohnungen

Zahl der geförderten Mietwohnungen in Deutschland, die einer Mietpreis- und/oder Belegungsbindung nach dem Zweiten Wohnungsbaugesetz/ WoFG unterliegen

Quelle: Deutscher Bundestag 2012

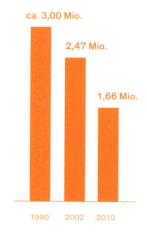

Städtisches Wohnen wird teurer

Häuserpreisindizes für Reihenhäuser und Eigentumswohnungen (2010=100)

Quelle: Deutsche Bundesbank 2014

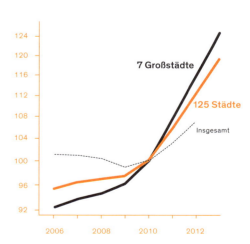

Standortgebundenheit bis ins (hohe) Alter bzw. der Wunsch nach einem Verbleib in der Wohnung oder dem Quartier für immer mehr Menschen wichtiger wird. Daher spielen die Nähe und gute Erreichbarkeit unterschiedlicher sozialer Infrastruktur- und Versorgungseinrichtungen unabhängig von der Lebensphase über alle Wohnmodelle hinweg eine wichtige Rolle. Gerade gemischte Quartiere bilden den Rahmen, um die Vielfältigkeit dieser Wohnwünsche bedienen zu können.

Nachfrage nach gemischten innerstädtischen Quartieren besteht auch bei bestimmten Gewerben – in der Regel kleinen und mittleren Betriebe aus den Bereichen Handel, Handwerk, Dienstleistungen, welche die Nähe zum Kunden, preiswerte Flächenangebote und die Vielfalt und Lebendigkeit des Quartiers als Standortvorteil schätzen. Nutzungsmischung kann – so die Ergebnisse des 1995 bis 2000 durchgeführten Forschungsprojekts des Experimentellen Wohnungs- und Städtebaus (ExWoSt) „Nutzungsmischung im Städtebau" – auch deshalb für Investoren attraktiv sein, weil auf diese Weise das Risiko einer Abwärtsspirale bei Nachfrageschwankungen minimierbar ist. Gleichzeitig ist das Image nutzungsgemischter Standorte attraktiv für die Vermarktung. Mischung kann daher zur Wertsteigerung der Immobilie führen.

Es gibt aber auch eine Reihe von Aspekten, die den entgegengesetzten Trend zur Entmischung fördern. Im erwähnten Forschungsvorhaben hat sich gezeigt, dass Investoren häufig vermeintlichen Nutzerinteressen folgen und so Entmischung fördern: Sie nehmen bei den Wohnungsinteressenten eine Nachfrage nach störungsfreiem Wohnen an und bei den Gewerben den Wunsch, nicht durch Wohnnutzungen eingeschränkt bzw. „gestört" zu werden. Hinzu kommt, dass aufgrund höherer Planungs-, Bau- und Bewirtschaftungskosten besonders die vertikale Mischung, beispielsweise von Einzelhandel, Büros und Wohnen in einem Gebäude, auf Entwicklerseite besonders „unbeliebt" ist – dies auch vor dem Hintergrund, dass Projekte zunehmend im Eigentum entwickelt werden, Gewerbe in Erdgeschosszonen in der Regel aber nur an Miete und nicht an Kauf interessiert ist. Ein weiteres Hemmnis für die Entwicklung von Nutzungsmischung ist der Zeitdruck, unter dem die Vermarktung durch Anpassung an die gerade aktuelle Nachfrageentwicklung oftmals steht.

Die funktionale Nutzungsmischung kann nicht auf ein einziges ideales Modell zurückgeführt werden. Je nach Standort und lokaler Situation ergibt sie im Haus, im Block, für Straßenzüge oder auf das ganze Quartier bezogen Sinn. Bestandsquartiere aus unterschiedlichen Bauepochen, die bereits von gemischten Nutzungen geprägt sind, bieten gute Voraussetzungen für eine entsprechende funktionale Weiterentwicklung. Sie weisen in der Regel viele unterschiedliche Wohnungstypen auf und bieten gute Bedingungen für kleine und mittlere Betriebe verschiedener Branchen. Gleichwohl sind auch diese Standorte durch betriebliche Konzentrationsprozesse in Gefahr, z. B. durch betriebliche Konzentrationsprozesse, zum Beispiel durch Reduzierung der Zahl von Niederlassungen von Banken und der Post oder die Schließung kleinerer Geschäfte zugunsten größerer Läden im (Lebensmittel-)Einzelhandel.

Eine wesentlich größere Herausforderung stellt die Neuentwicklung gemischt genutzter Quartiere dar. Denn dabei ist es nicht mit der Ausweisung von Mischgebieten in der Bauleitplanung getan. Entsprechende Gebietsausweisungen sind in Deutschland eher selten. Anfang 2014 veröffentlichte der Bund Deutscher Architekten (BDA) die Auswertung eines privaten Immobilienvermittlungsportals für Baugrundstücke: Von rund 6.000 bundesweit

Oderberger Straße 56, Berlin
Urbane Mischung auf Gebäudeebene

Funktionale Mischung ist nicht nur auf Quartiersebene, sondern auch auf Gebäudeebene möglich. Das Wohn- und Atelierhaus in der Oderberger Straße 56 in Berlin schafft auf einer Grundstücksfläche von nur 315 m² bei einer Geschossflächenzahl von 4,0 ein differenziertes Raumangebot. Mit unterschiedlichen Deckenhöhen und stockwerkübergreifender Anordnung entstanden 19 eigenständige Einheiten, jeweils als „Haus im Haus". Sie bieten Raum für Gewebe, Ateliers, Wohnungen und Gemeinschaftsräume. Der Ausstellungsraum im Erdgeschoss bildet die kleinste Einheit und thematisiert mit jeder Aktion das Verhältnis zwischen öffentlichem und privatem Raum aufs Neue. Als modifiziertes Baugruppenmodell realisiert, steht das Projekt nicht nur für die Mischung unterschiedlicher Nutzungen, sondern auch für die Mischung von Finanzierungsmodellen wie Miete und Eigentum.

Bauherr: Baugruppe GbR Oderberger Straße 56
Architektur: BARarchitekten, Antje Buchholz, Jack Burnett-Stuart, Michael von Matuschka, Jürgen Patzak-Poor
Tragwerksplanung: ifb thal + huber, Berlin
Haustechnik: DELTA-i GmbH, Berlin Michael Morosoff
Planung/Bauzeit: Planung 2007–2008 / Fertigstellung 2010

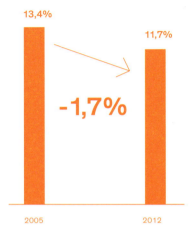

Funktionale Mischung unter schwierigen Rahmenbedingungen Wohnen und Arbeiten
Quelle: Destatis 2009 und 2013

13,4%
11,7%
−1,7%
2005   2012

Reale Arbeitsstätte statt Homeoffice
Anteil der Erwerbstätigen, die hauptsächlich oder manchmal von zu Hause arbeiten

erfassten Baugebieten wurden demnach nur ca. 150 – also lediglich 2,5 % – als gemischt geplante Flächen identifiziert. Vor dem Hintergrund, dass in der Struktur der Gebietstypen nach Baunutzungsverordnung nicht nur im Mischgebiet (MI), sondern auch im Besonderen Wohngebiet (WB) und im Allgemeinen Wohngebiet (WA) prinzipiell Nutzungsmischungen von Gewerbe und Wohnen zulässig sind, bleibt offen, wie groß die tatsächliche Anzahl gemischter Nutzungen bei neu ausgewiesenen Bauflächen ist. Bei der Planung neuer gemischter Quartiere wirken sich vor allem die in der Regel monofunktional ausgerichteten Verwertungsinteressen sowie die Strukturveränderungen im Einzelhandel erschwerend aus. Mit Blick auf die kommunale Praxis wird u. a. im Rahmen einer aktuellen Untersuchung des Difu deutlich, dass sich trotz Ausweisung als Mischgebiet faktisch meistens weitgehend monofunktionale Wohngebiete entwickeln.

Konflikte Die Untersuchung des Difu hat auch gezeigt, dass Kommunen bei der Planung in lärmvorbelasteten Gebieten (Verkehrslärm, Gewerbelärm) vor allem mit den hohen Anforderungen an den Lärmschutz zu kämpfen haben. **Die Kommunen benennen vor allem Nutzungskonflikte in gemischten Quartieren als Anlass für Spannungen, gefolgt von Gestaltungsdefiziten und Immissionen.** Lärmbelästigungen in nutzungsgemischten Quartieren sind bei einer Umstellung der Anforderungen von Außen- auf Innenschallpegel zwar durch technische Vorkehrungen wie dem in Hamburg entwickelten HafenCity-Fenster, lärmabsorbierenden Baumaterialien, Schallschutzwänden oder Lärmschutzbebauungen lösbar. Allerdings können solche Lösungen auch zu Lasten der gestalterischen Qualität des öffentlichen Raums gehen. Daher gibt es seit den 1990er-Jahren eine Debatte um eine Flexibilisierung des Lärmschutzes; auch der 5. Deutsche Baugerichtstag wird sich damit befassen. Forderungen nach einer grundlegenden Reform der Baunutzungsverordnung mit dem Ziel einer erleichterten Nutzungsmischung haben sich nach der Studie des Difu jedoch als nicht zielführend erwiesen.

Eine Reihe von Beispielen (u. a. im Rahmen der Baukulturwerkstätten 2014 der Stiftung) macht deutlich, dass soziale wie auch funktionale Nutzungsmischung durch Nachverdichtung erzeugt werden kann. Die Erhöhung der Dichte ohne Qualitätszuwachs hat oft jedoch nur eine geringe Akzeptanz bei der ansässigen Bevölkerung. **So benennt knapp die Hälfte der Kommunen Nachverdichtung als ein weiteres aktuelles Konfliktthema.** Dabei geht es insbesondere um den Verlust von Freiflächen und -räumen, Veränderung von baulichen Gegebenheiten (Belichtung, Aussicht etc.), Angst vor Verdrängung sowie Befürchtungen der Zunahme der Bevölkerungsdichte. Eine standortangepasste und behutsam umgesetzte Nachverdichtung bietet dagegen erhebliche Chancen, die Qualifizierung von Siedlungen der Nachkriegsmoderne, die Mischung von (altersangepassten) Wohnformen oder auch die soziale Mischung zu fördern. Dabei kommt der Information und Einbindung der ansässigen Bevölkerung eine zentrale Rolle zu.

Soziale Mischung, Gentrifizierung und Segregation Insgesamt ist der Begriff der sozialen Mischung heute positiv konnotiert und zentrales Politikziel geworden. Soziale Mischung in Stadtquartieren wird als Alternativmodell zum wachsenden Auseinanderdriften der Stadtgesellschaften gesehen. Entsprechende Ansätze finden sich auch in rechtlichen Rahmensetzungen, die für die Stadtentwicklung von Bedeutung sind. So fordern § 1 des Baugesetzbuches (BauGB) und § 6 des Wohnraumförderungsgesetzes (WoFG) „ausgewogene" bzw. „sozial stabile Bewohnerstrukturen".

Die Immobilien- und Mietpreisentwicklung kann aber zu einer Homogenisierung und damit Entmischung bestimmter nachgefragter Standorte beitragen. Diese Tendenz wird zusätzlich verstärkt, da aufgrund der Renditeerwartungen in vielen Städten Mietwohnungen in Eigentumswohnungen umgewandelt werden – in der Regel geht dies mittelfristig mit der Verdrängung der bisherigen Bewohner einher. Unter Gentrifizierung versteht man in der aktuellen Forschungsdebatte eine mehrstufige Entwicklung: Der Zuzug von Haushalten mit höheren Einkommen in die innerstädtischen Viertel trägt anfangs zu einer stärkeren Diversifikation (Mischung) bei. Ein bis dahin meist vernachlässigter Stadtteil wird zunächst „unterstützt" durch die Veränderung der ökonomischen und sozialen Zusammensetzung der Quartiersbevölkerung. Werden bei dieser Entwicklung allerdings einkommensschwächere Bevölkerungsgruppen, die mit den nachfragebedingten steigenden Mieten nicht mithalten können, in andere Quartiere verdrängt, so können Tendenzen sozialer und ökonomischer Segregation verstärkt werden. Dieser Prozess bleibt nicht ohne Einfluss auf das Wohnumfeld, dessen Charakter und Atmosphäre sich nach und nach ändert.

Vor dem Hintergrund einer wachsenden Ungleichheit bei Einkommen und Arbeitsverhältnissen in den städtischen Bevölkerungsgruppen stellen daher die soziale und ethnische Segregation und im Ergebnis eine räumliche Polarisierung der sozialen Schichten einer Stadtgesellschaft eine zunehmende Herausforderung für zahlreiche deutsche Städte dar. Die Überlagerung verschiedener Segregationsprozesse kann zu einer anhaltenden Destabilisierung von weniger attraktiven Standorten, Quartieren und Stadtteilen führen, der entgegengesteuert werden muss.

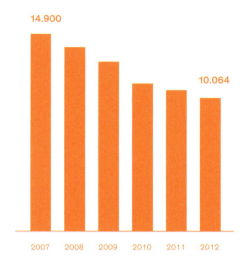

Funktionale Mischung unter schwierigen Rahmenbedingungen Einzelhandel
Quelle: Destatis 2009 und 2013

Das Sterben der kleinen Lebensmittelläden im Quartier
Entwicklung der Anzahl der kleinen Lebensmittelgeschäfte in Deutschland (unter 400 m²) 2006 bis 2012

Spielräume und Potenziale

Das Quartier gewinnt als Bezugsebene für die Stadtentwicklung zunehmend an Bedeutung. Den Kommunen kommt damit die Aufgabe zu, Leitbilder, Konzepte und Instrumente noch stärker als bisher auf diese Ebene zu fokussieren. Auch die Beteiligung und Kooperation mit den verschiedenen Akteursgruppen im Quartier gewinnt einen neuen Stellenwert im Hinblick auf Akzeptanz, Nachhaltigkeit und Identitätsbildung.

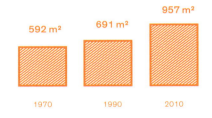

Der Platzbedarf von Supermärkten wächst
Durchschnittliche Verkaufsfläche der Supermärkte in Deutschland 1970 bis 2012

Kommunaler Immobilien- und Grundbesitz, kommunale Unternehmen
Mischung entsteht durch das Zusammenkommen unterschiedlicher Nutzer, sozial wie funktional. Mischung ist also das Ergebnis des Zusammenwirkens der Akteure am Immobilienmarkt sowie am Mietwohnungsmarkt. Die öffentliche Hand ist als Eigentümer von Grundstücken und Gebäuden selbst Marktteilnehmer. Schon auf diese Weise kann ein Beitrag zum Entstehen ausgewogener Nutzungsstrukturen geleistet werden. Gleichzeitig ist es Aufgabe der Kommune, eine verbrauchernahe Versorgung mit öffentlichen Dienstleistungen und Infrastruktureinrichtungen zu gewährleisten – auch hier ist der Quartiersbezug von entscheidender Bedeutung, um Dezentralisierung statt Konzentration zu befördern.

Wohnen am Innsbrucker Ring, München
Vom lärmgeprägten Zeilenbau zum Wohnen an gemeinschaftlichen Innenhöfen

Die Bewohner der zum Innsbrucker Ring hin offenen Zeilenbebauung aus den 1960er-Jahren litten unter dem Straßenlärm, den versiegelten Freiflächen der Anlage und dem schlechten energetischen Zustand der Gebäude. Mit diesen Problemen stand das Quartier stellvertretend für zahlreiche Siedlungen der Nachkriegsmoderne in Deutschland.

Durch Modernisierungsmaßnahmen und gezielte Nachverdichtung konnten das Problem der Lärmbelastung gelöst und gleichzeitig eine Aufwertung des Quartiers erreicht werden. Die offenen Zeilen wurden durch drei fünfgeschossige Neubauten mit 14 Wohnungen geschlossen. Dieser „Lückenschluss" fungiert als Lärmschutzwand und bewirkt eine Beruhigung innerhalb der Wohnanlage. Die so entstandenen gemeinschaftlichen Innenhöfe dienen als Aufenthalts- und Ruhezonen. Der ruhende Verkehr wurde in eine neue Tiefgarage verlagert. Die Durchlässigkeit für Fußgänger unterstützt die Vernetzung mit der Nachbarschaft. Die drei Zeilen des Bestandes sind mit 25 neuen Wohnungen aufgestockt. Unterschiedliche nutzungsoffene Grundrisse sowie große Balkone und bodentiefe Fenster tragen ebenfalls zu einem erhöhten Wohnwert bei. Das ringbegleitende Fassadenbild der Neubauten entspricht nicht den andernorts oft anzutreffenden rein funktionalen Schallschutzfassaden oder einer „Rückseitenarchitektur", sondern präsentiert sich in einer freundlichen Erscheinung, wodurch auch die Qualität des Straßenraums aufgewertet wird.

Bauherr: GWG Städtische Wohnungsgesellschaft München GmbH
Architektur: Felix+Jonas Architekten GmbH, München
Tragwerksplanung: Suess Staller Schmitt Ingenieure GmbH, Gräfelfing
Landschaftsarchitektur: Stefanie Jühling Landschaftsarchitektin BDLA DWB, München
Planung/Bauzeit: Planung ab 2007 / Fertigstellung 2012

Der eigene Grundbesitz eröffnet den Kommunen zudem die Möglichkeit, als Verkäufer oder Verpächter von Grundstücken am Immobilienmarkt mitzuwirken – ein in einigen Regionen Deutschlands schon traditioneller Ansatz der kommunalen Baulandpolitik. Durch Grundstücksvergaben an bestimmte Zielgruppen oder die Vergabe von Erbbaurechten können wichtige Impulse für eine soziale, aber auch funktionale Nutzungsmischung gesetzt werden. Der kommunale Grundbesitz darf deshalb nicht allein fiskalisch betrachtet werden. Er eröffnet vielmehr die Chance, baukulturell und damit auch sozial und nachhaltig wirksame Akzente zu setzen. Zu denken ist etwa an die Vergabe eines bestimmten Anteils von Grundstücken an Baugruppen oder an andere Wohnprojekte z. B. für Mehrgenerationenwohnen. Gerade solche Projekte können auf das Umfeld positiv ausstrahlen. Wie die Beispiele einer ganzen Reihe von Städten zeigen, lassen sich entsprechende Projekte auch durch kommunale Beratungsangebote gezielt unterstützen. Nur haben zunehmend auch für die kommunale Ebene wirksame EU-Regelungen teilweise diese Einflussnahmen erschwert.

Eine ergänzende, den Handlungsspielraum der Kommunen erweiternde Option ist der (Zwischen-)Erwerb von Schlüsselgrundstücken und wichtigen Entwicklungsflächen. Hier können die Kommunen oder kommunale Beteiligungsgesellschaften aktiv Einfluss auf die Entwicklung und ihre Auswirkung auf das Quartier nehmen. Kommunale Bodenpolitik kann die Qualität von Bebauungskonzepten statt den höchsten Preis zum Auswahl- und Vergabekriterium machen. Baukultur kann damit durch Gestaltungsauflagen, Wettbewerbe oder besondere Bauformen der funktionalen Mischung direkt gefördert werden. Hier kommt den kommunalen Wohnungsbaugesellschaften und Genossenschaften als wichtigen Akteuren auf dem Wohnungsmarkt eine zentrale Rolle für die Gewährleistung einer sozialen Mischung in den Quartieren und bei der Bereitstellung preiswerten Wohnraums zu.

Bauplanungsrecht Unabhängig von ihrem eigenen Grundbesitz tragen die Städte als Träger der kommunalen Planungshoheit Verantwortung für eine geordnete, gemeinwohlorientierte und insgesamt nachhaltige städtebauliche Entwicklung – im Bestand genauso wie bei neuen Baugebieten. Die ganze bundesweite Bandbreite der förmlichen, sich aus dem Baugesetzbuch und der Baunutzungsverordnung ergebenden Instrumente kann je nach Aufgabenstellung und Zielsetzung genutzt werden.

Bereits in den 1970er-Jahren hat der Bundesgesetzgeber das Instrumentarium zum Erhalt und zur Schaffung gemischter Bevölkerungsstrukturen deutlich verbessert. Das aus dieser Zeit stammende „Besondere Wohngebiet" kann festgesetzt werden, um gemischt genutzte Wohnquartiere in ihrer Eigenart zu erhalten und weiterzuentwickeln. So können über eine vertikale Gliederung der Bebauung beispielsweise die Erdgeschosszone für Handel und Dienstleistungen und die Obergeschosse für das Wohnen vorgehalten werden. Bei der Entwicklung neuer oder – in bestimmten Fällen – bei der Verdichtung bestehender Quartiere bieten sich Gestaltungsoptionen auf der Basis städtebaulicher Verträge an. Nutzungskonstellationen können weiter ausdifferenziert oder gestalterische und andere baukulturelle Aspekte zum Gegenstand gemacht werden. Als Antwort auf soziale Verdrängung können auch der Erlass einer Milieuschutzsatzung oder – abhängig von der Rechtslage in den Ländern – die Anwendung einer Zweckentfremdungsverordnung sinnvoll sein. Ebenso kann das sanierungsrechtliche Instrumentarium zur Erhaltung der vorhandenen Bevölkerungsmischung nutzbar gemacht werden.

Informelle Maßnahmen und Instrumente Das Ziel der gemischten Quartiere kann die Kommune auch durch vielfältige informelle Maßnahmen unterstützen. Zu den wichtigen Bausteinen gehören – neben der Anwendung informeller Planungsinstrumente einschließlich genauer Umfeldanalysen – die Begleitung und Koordination des Abstimmungsprozesses, die aktive Vermarktung des „Produkts" Nutzungsmischung mit einem effizienten Projektmanagement, die Einbindung aller relevanten Akteure und eine intensive Information der Bauträger und Nutzer. Das Ausloten von Nachfragepotenzialen sowie die direkte Ansprache von Zielgruppen und Nutzern sind dabei für die Konzeptentwicklung wichtig. Baukultur kann gestärkt werden durch die Beratung von Bauherren und Investoren, die Durchführung von Wettbewerben oder Mehrfachbeauftragungsverfahren auch bei nicht-öffentlichen Bauprojekten im Wohnungs-, Büro-, Gewerbe- und Einzelhandelsbau, die Einbindung der Kommunalpolitik und nicht zuletzt durch die Gewährleistung einer hohen und beispielgebenden baulichen Qualität bei den eigenen Bauvorhaben der Kommune.

Ebenso kann die Städtebauförderung nicht zuletzt aufgrund der vorgesehenen engen Kooperation zwischen öffentlicher Hand und Privateigentümern im Rahmen der unterschiedlichen Bund-Länder-Programme zielführend eingesetzt werden. In jedem Fall aber ist sowohl für die funktionale als auch für die soziale Mischung eine grundsätzliche Klärung und Verständigung über die Ziele der Stadtentwicklung in der Kommune von zentraler Bedeutung. Unabdingbar für deren Umsetzung ist die Einbindung und dauerhafte Unterstützung durch die Kommunalpolitik. Als geeignete Instrumente, um eine solche Zielklärung herbeizuführen, haben sich auf gesamtstädtischer Ebene integrierte Stadtentwicklungskonzepte und auf teilräumlicher Ebene integrierte Stadtteil- oder Quartierskonzepte bundesweit bewährt.

Fazit und Ausblick

In den kommenden fünf Jahren werden in den wachsenden Städten Deutschlands vermutlich eine Million Wohnungen neu gebaut werden. Bis 2025 könnten es mehr als drei Millionen werden. Die politische Debatte um bezahlbare Mieten führt direkt in die quantitative Erfolgsbilanz, je niedriger der Quadratmeterpreis desto größer der Stolz der Politik. Dabei ist bereits heute absehbar, dass es nicht egal ist, welche bauliche Qualität die Neubauwohnungen haben, wie sie aussehen und ob sie auch noch in 20 Jahren wirtschaftlich nachhaltig, also marktfähig, sind. Die vielfältigen Anforderungen des Quartiers können dazu führen, diese mechanischen Sichtweisen zugunsten integrierter baukultureller Qualitätsmaßstäbe zu durchbrechen.

Funktional und sozial gemischte Stadtquartiere zeichnen sich durch eine ressourcenschonende Siedlungsweise aus, und ihre Stärkung trägt zur Reduzierung der Zersiedlung und des Flächenverbrauchs bei. Sie sind zentraler Anker bei Fragen der demografischen sowie sozialen Entwicklung der Stadtgesellschaft und stehen in der Regel Entwicklungsschwankungen und Trends wesentlich robuster gegenüber, als dies in monofunktionalen Siedlungen oder Baugebieten der Fall ist. Vor dem Hintergrund sich wandelnder Lebens-, Arbeits- und Wohnmodelle sind innerstädtische nutzungsgemischte Quartiere attraktiv. Bewohner finden hier den Wunsch nach einem Nebeneinander von Arbeiten, Wohnen, Versorgung, Freizeitgestaltung, öffentlichen Freiräumen und Grün bei einem gleichzeitig hohen Maß an Urbanität größtenteils erfüllt. Sie suchen solche Standorte aktiv und verbinden damit eine Erwartung an erhöhte Lebensqualität und Wohnzufriedenheit, die zur Standortbindung und Identitätsbildung beiträgt. Damit eröffnen sich neue Chancen für die Baukultur. Denn wenn innerstädtische Quartiere eine neue Nachfrage erleben, ist es umso dringlicher, das Bestehende zu stärken, sozial und nutzungsgemischt weiterzuentwickeln oder anzupassen – und damit bereits gebaute Lebensräume sukzessive zu qualifizieren.

Aufgrund der zunehmenden Nachfrage ist das innerstädtische Wohnen ein zentrales Thema. Das Quartier ist Grundlage für die Bedarfsanalyse und Planung, die Betrachtung des baulichen Bestands und seiner Weiterentwicklung. Es gilt, einerseits die Vielfalt eines diversifizierten Angebots an Wohnformen zu erhalten und zu stärken, andererseits die Bereitstellung von bezahl- und finanzierbarem Wohnraum für unterschiedliche Bevölkerungsgruppen zu gewährleisten. Das Erfordernis einer umfassenden energetischen Bestandssanierung setzt Kommunen dabei ebenso unter Druck wie der erhebliche Bedarf an Wohnungsneubau in prosperierenden Städten. Für eine Qualitätssicherung im Sinne der Baukultur ist der nötige Zeitrahmen für eine behutsame Entwicklung und Gestaltung jedoch entscheidend.

Die Qualität von funktional und sozial durchmischten Quartieren wird maßgeblich bestimmt durch das Zusammenspiel von Bestandsgebäuden und ergänzender Neubebauung. Eine Kleinteiligkeit mit unterschiedlichen Grundstückseigentümern und unterschiedlichen Nutzungen zu ermöglichen – sowohl auf Quartiersebene als auch im Objekt selbst –, ist eine gute Voraussetzung, um auf eine funktionale wie soziale Mischung hinzuwirken. Ein Schlüssel, um diese Qualitäten umzusetzen, sind die Bauherren und deren Bereitschaft zu zukunftsfähigen Konzepten (im besten Fall in Form von selbstgenutzten oder im Bestand zu haltenden Gebäuden). Kommunen können über eine intensive Beratung, aber auch über konzeptgebundene Grundstücksvergaben, Wettbewerbe oder auch Gestaltungsbeiräte direkt und indirekt Einfluss auf die baukulturelle Qualität von Investitionen nehmen. Ebenso haben die vorhandenen Quartiersbewohner und künftigen Nutzer neuer Angebote eine Schlüsselfunktion inne. Sie von Beginn an mit in die Planung einzubinden, sie zu sensibilisieren für Konzepte, Nachverdichtungs- und Anpassungsstrategien, ist ein guter Weg, um qualitätvolle gebaute Lebensräume in den Innenstädten zu erhalten oder neu entstehen zu lassen.

Vitale, gemischte Quartiere stellen hohe Anforderungen an die Zugänglichkeit und den Gemeinnutzen von Erdgeschosszonen – und sie führen damit konsequent zu der Frage der Gestaltung eines attraktiven Wohnumfelds und öffentlichen Raums.

Öffentlicher Raum und Infrastruktur

Öffentlicher Raum ist der für jedermann zugängliche und nutzbare Raum, dessen Pflege und Unterhaltung in der Regel durch die öffentliche Verwaltung verantwortet wird. Er ist von hoher Bedeutung für das Erscheinungsbild, aber auch für die Funktionsfähigkeit und Prosperität der Städte. Gestalterisch bilden der öffentliche Raum, seine Infrastrukturen und sonstigen Ausstattungselemente sowie die ihn fassenden Gebäude ein Ganzes, dessen Einzelelemente im besten Fall aufeinander abgestimmt sind. In funktionaler Hinsicht dienen Straßenräume, Plätze, Parks und andere Grün- oder Freiflächen den privat genutzten Gebäuden wie den öffentlichen Bauten gleichermaßen: Öffentliche Räume sollen einen reibungslosen Verkehr ermöglichen, Aufenthaltsqualitäten für Erholung und Freizeit bieten, allen Altersgruppen mit spezifischen Angeboten gerecht werden, vielfältig, gepflegt, belebt und repräsentativ sein, gleichzeitig noch einem gesunden Mikroklima dienen und die Anforderungen der Klimaanpassung für die Stadt übernehmen. Besonders im Fokus stehen derzeit die technischen und verkehrlichen Infrastrukturen, die aufgrund des Investitionsrückstaus einer Erneuerung bedürfen, sowie bauliche Veränderungen, die mit Blick auf den Klimawandel erforderlich werden. Der öffentliche Raum ist in der Regel in kommunalem Grundeigentum, was dessen Qualifizierung zur Allgemeinwohlorientierung operativ erleichtert.

Gute Argumente für Baukultur – Was der öffentliche Raum leisten kann

Die meisten öffentlichen Räume weisen funktionale Spezialisierungen auf. Grünflächen haben eine andere Bedeutung für den urbanen Kontext als Stadtstraßen oder Plätze, Innenstadtlagen wiederum erfordern andere Konzepte als der Stadtrand. Sie variieren nach den spezifischen Aufgaben und ihrer stadträumlichen Einbettung. Folglich ist es nicht möglich, Qualitätskriterien für „den" öffentlichen Raum festzulegen. Gleichwohl lassen sich einige allgemeine Kriterien benennen, die für die jeweiligen öffentlichen Räume adäquat zu übersetzen sind.

Zugänglichkeit Öffentliche Räume sind der Allgemeinheit gewidmet. Ein wichtiges Qualitätskriterium ist ihre freie Zugänglichkeit. Sie ist eine Grundvoraussetzung für die demokratischen Werte der Gleichheit und Toleranz. Dies gilt insbesondere auch dort, wo klassische öffentliche Nutzungen im öffentlichen Raum privatisiert wurden, wie beispielsweise in Shoppingzentren. Öffentliche Nutzbarkeit setzt zudem eine gute Erreichbarkeit von öffentlichen Räumen voraus. Für fast jede zweite der befragten Kommunen bildet der integrierte Standort eine wichtige Voraussetzung für Baukultur. Fast jeder von Forsa Befragte, genau 96 %, wünscht sich eine gute Erreichbarkeit von Infrastruktureinrichtungen, und für 84 % ist die Erreichbarkeit von Parkanlagen oder der Natur (sehr) wichtig im eigenen Wohnumfeld.

Urbanität Das Zusammenkommen unterschiedlicher Milieus, das Neben- und Miteinander verschiedener Altersgruppen und Ethnien sind Voraussetzungen für Lebendigkeit und damit für eine als urban empfundene Atmosphäre. Hierzu trägt das Nebeneinander unterschiedlicher öffentlicher Räume ebenso bei wie die Gleichzeitigkeit unterschiedlicher Aktivitäten im öffentlichen Raum. Freiräume sollen Erholung und sportliche Aktivitäten, Kommunikation und freiwilliges Beisammensein ebenso zulassen wie Kreativität, Entwicklung und nicht planbare, neu entstehende Nutzungen. Öffentliche Räume sollen dies alles ermöglichen.

Funktionsadäquate Nutzbarkeit Öffentliche Räume stehen räumlich wie funktional in enger Beziehung zu den Quartieren und Stadträumen in ihrem Umfeld. Es gilt, die sich aus den Erwartungen, Bedürfnissen und stadträumlichen Bezügen ableitenden Funktionen und Anforderungen zu erkennen und bei der Gestaltung, Unterhaltung und Regulierung zu beachten. Das Nebeneinander unterschiedlicher Nutzergruppen im urbanen Kontext stellt besondere Anforderungen. Sie sollen sich nicht gegenseitig stören oder ausgrenzen. Dies gelingt sowohl durch ausreichend dimensionierte Grünräume, die mit spezifischem Mobiliar einzelne Ziel- und Altersgruppen ansprechen, als auch mit Stadtplätzen und Grünflächen, die nutzungsoffen oder multifunktional gestaltet sind. *Funktionalität als Ergebnis der Bau- und Planungstätigkeit bildet für rund 67 % der befragten Kommunen einen wichtigen Faktor der Baukultur.*

Barrierefreiheit Die frei zugängliche Nutzung der baulich gestalteten Umwelt muss für alle – und damit auch für Personen mit Behinderung, ältere Menschen und Familien mit Kleinkindern – gleichermaßen möglich sein. Von daher ist das Prinzip der Barrierefreiheit im öffentlichen Raum ein zentrales Merkmal von Baukultur. Schwierig wird eine vollständige Barrierefreiheit jedoch insbesondere in historischen Innenstädten, in denen das Kopfsteinpflaster als Oberflächenmaterial häufig zu Konflikten mit dem Rad- und Fußgängerverkehr führt. *Laut Kommunalbefragung wird die Barrierefreiheit in denkmalgeschützten innerstädtischen Lagen als Konfliktthema angesehen.*

Gestaltung Oberflächenmaterialien, Beleuchtung, bauliche Ausstattungselemente und Bepflanzungen verleihen dem öffentlichen Raum in der Stadt sein Erscheinungsbild. Eine gute Stadtgestaltung berücksichtigt verkehrliche Belange ebenso wie ästhetische, soziale und kommunikative Gesichtspunkte. Entsprechen die einzelnen Aspekte den Anforderungen der jeweiligen Raumtypen sowie der stadträumlichen Situation, fördert die Gestaltung die Attraktivität und Unverwechselbarkeit von Stadträumen. Hierbei zugrunde gelegte einheitliche Gestaltungsprinzipien bilden zudem eine lokale Identität aus, die auch im regionalen und überregionalen Kontext zum Erkennungszeichen, zum Magnet für Tourismus und auch ökonomisch relevant werden kann. Bei der baulichen Gestaltung ist weniger oft mehr, um sowohl auf ein abgestimmtes Stadtbild als auch auf flexible Nutzungsmöglichkeiten hinzuwirken. *Für knapp 95 % der befragten Kommunen zählt die Gestaltung zu den wichtigsten Kriterien von Baukultur, und 93 % erachten die lokale Identität als ein wichtiges Merkmal.*

Park am Gleisdreieck, Berlin
Ausgleich zwischen Naturschutz und Erholung

Der insgesamt 26 Hektar große Park am Gleisdreieck entstand auf einem alten Bahngelände in innerstädtischer Lage. Auf der Brache hatte sich ein naturnaher, weitgehend unberührter Freiraum entwickelt – überspannt von Viadukten und durchzogen von Gleisen. Beide Charakteristika – Natur und Infrastruktur – sind integraler Bestandteil der Neugestaltung des Parks. Die Beteiligung der Bevölkerung wurde frühzeitig in der Planung berücksichtigt. Ergebnisse von Bürgerumfragen in 1.600 Haushalten der näheren Umgebung, von Online-Dialogen und Vor-Ort-Veranstaltungen flossen in die Aufgabenstellung des freiraumplanerischen Wettbewerbs ein. Gewählte Bürgervertreter bildeten eine projektbegleitende Arbeitsgruppe, die Planungsfragen während der Umgestaltung diskutierte. So konnten eine gute Informationsweitergabe an die Bevölkerung sichergestellt und damit die Transparenz des Prozesses erhöht werden.

Heute bietet der Park ein klares Gerüst an Wegebeziehungen und ein vielfältiges Angebot an Sport-, Spiel- und Aufenthaltsflächen. Besonders wertvolle Bereiche, auf denen sich schützenswerte Flora und Fauna entwickelt hatte, wurden eingezäunt. Die gleichwertige Berücksichtigung von Naturschutzbelangen und nutzungsintensiven Freizeit- und Erholungsflächen für alle Alters- und Bevölkerungsgruppen zeichnet die besondere Atmosphäre des Parks aus.

Bauherr: Senatsverwaltung für Stadtentwicklung und Umwelt, Berlin, vertreten durch die Grün Berlin Stiftung
Projektsteuerung, Projektmanagement: Grün Berlin GmbH
Gesamtplanung & Entwurf: Atelier Loidl Landschaftsarchitekten
Bauleitung: Breimann Bruun Simons Landscape Engineering GmbH, in Zusammenarbeit mit Atelier Loidl
Planung/Bauzeit: Wettbewerb 2006 (1. Preis) / Eröffnung Ostpark 2011 / Eröffnung Westpark 2013 / Eröffnung Flaschenhals März 2014

Sauberkeit und Sicherheit Ein respektvoller Umgang mit der gebauten Umwelt im Sinne der Baukultur drückt sich in ihrem Pflegezustand aus, was gleichzeitig zu einem Gefühl der Sicherheit beiträgt. Generell werden ungepflegte Grünanlagen oder überlaufende Müllbehälter von Menschen im öffentlichen Raum als genauso störend empfunden wie Vandalismus an Gebäuden und Einrichtungen. Fast die gesamte Bevölkerung, nämlich 92%, hält gut instandgehaltene und gepflegte Gebäude, Straßen und Plätze für (sehr) wichtig. Für die Kommunen wiederum zählt der Vandalismus zu den fünf häufigsten Konfliktthemen im öffentlichen Raum. Auf der anderen Seite ist ein gewisses Maß an Toleranz gegenüber aktiven Freiraumnutzungen auch Ausdruck von Urbanität. Das Sicherheitsbedürfnis darf nicht in die ausnahmslose Kontrolle und Überwachung des öffentlichen Raums münden.

Ausgewogenheit Es ist unbenommen, dass die Innenstädte aufgrund ihrer Bedeutung für Handel, Tourismus und Stadtidentität besondere Funktionen übernehmen und somit ein erhöhtes Maß an planerischer Aufmerksamkeit benötigen. Doch nicht zuletzt mit Blick auf die Lebensqualität und Zufriedenheit der Bevölkerung ist es unerlässlich, dass nicht nur der öffentliche Raum in den Innenstädten, sondern auch am Stadtrand und in den Ortsteilen baukulturelle Beachtung erfährt. Gepflegte öffentliche Räume und eine adäquate Gestaltung haben in den Stadtteilen einen hohen Stellenwert und sind unbedingte Voraussetzung für attraktive Wohnstandorte. Mehr als jeder zweite Bürger (58%) wünscht sich eine attraktive und interessante Gestaltung des Wohnumfelds.

Status quo und aktuelle Entwicklungen

Öffentliche Räume müssen in ihrer Gesamtheit der urbanen Vielfalt und den zahlreichen gesellschaftlichen Anforderungen Rechnung tragen. Die Pflege und Entwicklung von Grünräumen ist dabei ebenso notwendig für ein qualitätvolles, identitätsstiftendes Erscheinungsbild des öffentlichen Raums wie die Bewahrung historischer Stadträume und baukulturell wertvoller Gebäudefassaden, die Ausbildung neuer, moderner Stadtteilplätze oder die nutzergerechte Ausstattung und Organisation von Verkehrsräumen.

Urbanes Grün Wohnortnahes öffentliches Grün trägt wesentlich zur Attraktivität und Funktionsfähigkeit innerstädtischer Wohnquartiere bei. Laut dem Global Green Space Report 2013 sind 69% der Deutschen der Meinung, dass Natur sie glücklich macht. Zudem schätzen 81%, dass Grün gegen Stress oder Angstzustände (sehr) wirksam ist, 67% meinen dies in Bezug auf Konzentrationsprobleme. Gleichzeitig übernimmt urbanes Grün auch ökologische Funktionen in der Stadt, indem es zum Beispiel im Straßenraum oder an Häusern und Fassaden zu spürbaren Abkühlungseffekten führt und die Überhitzung verdichteter städtischer Räume abmildert. Urbanes Grün fördert also das Wohlbefinden und die Gesundheit der Stadtbewohner.

Der Umfang ausgewiesener Erholungsflächen an der Gesamtfläche Deutschlands ist in den vergangenen Jahren kontinuierlich gestiegen, und zwar von 0,7% im Jahr 2000 auf 1,2% im Jahr 2012. 25 Hektar werden durchschnittlich pro Tag für Erholungsflächen neu in Anspruch genommen. Gemessen an der bestehenden Siedlungs- und Verkehrsfläche macht ihr Anteil

Grün macht glücklich

Anteil der Befragten, die mit Natur und Grün eine effektive oder sehr effektive Wirkung verbinden

Quelle: Husqvarna Group 2013

Abbau von Stress und Angst
81,0 %

Glück
69,0 %

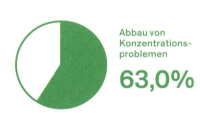

Abbau von Konzentrationsproblemen
63,0 %

---

derzeit 8,6 % aus. Dass die Zunahme von Grün- und Freiflächen zu einer höheren Lebensqualität in den Städten führt, spiegelt sich auch in der Zufriedenheit der Bevölkerung wider. **Immerhin 92 % der Bevölkerung sind (sehr) zufrieden mit der Nähe zu großen Parks und der Natur in ihrem Wohnumfeld.** Doch mit Blick auf eine deutschlandweit insgesamt zu hohe Flächeninanspruchnahme wird es zunehmend wichtiger, neue Erholungsflächen innerhalb des bestehenden Siedlungszusammenhangs zu schaffen. Das Leitbild der doppelten Innenentwicklung, bei dem Flächenreserven im Siedlungsbestand nicht nur baulich, sondern auch mit Blick auf urbanes Grün entwickelt werden, gewinnt somit immer mehr an Bedeutung.

Städtisches Grün ist zudem integrierter Bestandteil vieler Stadtentwicklungskonzepte. Wesentlicher Leitgedanke ist dabei u. a. die Vernetzung von Grünräumen. Kleinteilige, wohnortnahe Grünräume und Parks werden systematisch innerhalb des Siedlungsbestandes sowie mit übergeordneten Landschaftsräumen am Rande der Stadt verknüpft. Das schafft sowohl einen Mehrwert für den Naturschutz und die Biodiversität als auch für die nutzungsintensive Erholungsfunktion, indem neue, attraktive Wegeverbindungen für Fuß- und Radverkehr erschlossen werden.

Baukulturell ist öffentliches urbanes Grün auch deshalb von großer Bedeutung, weil es für ein spannungsvolles Wechselspiel zwischen Bebauung und Landschaft sorgt. Gleichzeitig trägt es zur Gestaltung, Raumbildung und Aufwertung konkreter Standorte bei und generiert damit zahlreiche Synergien: Grünräume werten das Wohnumfeld auf und wirken sich als weicher Faktor auf Standort- und Investitionsentscheidungen aus. Davon profitieren auch der Boden- und der Immobilienmarkt. Nach einer Studie der TU Dortmund erhöhen einzelne Freiraumparameter je nach Funktion, Ausstattungsmerkmal und räumlichem Gesamtzusammenhang den Bodenrichtwert um 5 bis 10 %, unter spezifischen Bedingungen auch um bis zu 20 % und mehr.

Einen wichtigen Baustein urbaner, auch klimatisch wirksamer Erholungsfläche stellen Gewässer dar. Städte erkennen innerstädtische Flüsse, Seen und Wasseranlagen zunehmend als Potenzial und integrieren sie neu in das Stadtbild. Ob die Renaturierung von kanalisierten und verrohrten Gewässerläufen oder die Entwicklung von Uferzonen als Erholungsräume, die Platzgestaltung mit Wasser – Kommunen nutzen das Element Wasser für umfassende urbane Strategien. Neue Stadtteile wie die HafenCity Hamburg wählen den Wasserbezug für die Adressbildung, in Saarbrücken ist das Projekt „Stadtmitte am Fluss" zentrales Leitprojekt der aktuellen Stadtentwicklung.

Dem Grün im öffentlichen Raum kommt zudem eine bauhistorische Bedeutung zu: stadtgeschichtliche Epochen lassen sich an Parkanlagen, Wällen und weiteren Gartendenkmalen ablesen und verleihen der Stadt damit lokale Identität. Entsprechend bilden sowohl die Grünpflege als auch die Grüngestaltung eine wichtige Grundlage für qualitätvolle öffentliche Räume. Diese Einschätzung wird von einer großen Mehrheit der Kommunen geteilt.

Die Kehrseite bei der Erweiterung und Qualifizierung des Grünflächenanteils in der Stadt ist jedoch der damit einhergehende Pflege- und Unterhaltungsaufwand. Angesichts der strukturellen Unterfinanzierung vieler Kommunen haben das Erscheinungsbild, aber auch die Funktionsfähigkeit und nicht zuletzt die Sicherheit in öffentlichen Grünanlagen und Parks zum Teil bereits erkennbar Schaden genommen.

Urbane Plätze Stadtplätze sind von je her Orte, an denen öffentliches urbanes Leben stattfindet. Damit übernehmen sie für die Stadtgesellschaft eine wichtige soziale Komponente. Mit Blick auf die Stadtstruktur haben diese Plätze aber auch eine bedeutende, nicht nur gestalterische Funktion inne, insbesondere bei verdichteter Bebauung. In zentralen Lagen sind urbane Plätze meist historischen Ursprungs und entsprechend durch die umgebenden historischen Fassaden gefasst. Damit werden sie zu stadtbildprägenden und identitätsstiftenden öffentlichen Räumen. Ihr Erscheinungsbild, ebenso wie das von neugeplanten urbanen Plätzen, ist unverzichtbar für die Identität einer Stadt.

Maßgeblich wirkt sich auch die Nutzung der Erdgeschosszonen angrenzender Gebäude auf die Atmosphäre von Stadtplätzen aus. Insbesondere die Innenstadtbereiche halten allein schon aufgrund ihrer kleinteiligen Parzellierung zahlreiche Potenziale hinsichtlich Lebendigkeit und Nutzungsvielfalt bereit. Platzkanten, die durch Großstrukturen mit nur einer Nutzung gebildet werden, beeinträchtigen dagegen ebenso wie Ladenleerstände empfindlich die Atmosphäre des öffentlichen Raums. Mehr als die Hälfte, genauer 65 %, der Kommunen hält die Belebung der Erdgeschosszone für (sehr) wichtig zur Qualifizierung öffentlicher Räume.

Entsprechend viel wird in die Sicherung, Pflege, Gestaltung und Ausstattung von Plätzen investiert – vor allem in den historischen Stadtkernen sowie Innenstadtbereichen. Gestalterisch zählen die Beleuchtung, die Anordnung von Bäumen, die Verwendung unterschiedlicher Materialien sowie die Möblierung mit Bänken, Brunnen oder Hinweisschildern zu den wesentlichen Elementen im öffentlichen Raum. Teilweise ist der Bezug der Ausstattung zum konkreten urbanen Kontext jedoch nicht gegeben. Zumindest in ausgewählten Stadtbereichen wie historischen Lagen oder im Zentrum werden meist gestalterische Möblierungskonzepte erarbeitet. Doch neben den zentral gelegenen Stadtplätzen gibt es in den Kommunen auch eine Vielzahl an Stadtteilplätzen, die derzeit dringend einer Aufwertung und Revitalisierung bedürfen. Mit einer Ausstattung, die sich an der sozialen Zusammensetzung der Bewohnerschaft im Quartier orientiert, können sie die Attraktivität im Wohnumfeld deutlich aufwerten. Sind Stadtteilplätze jedoch achtlos gestaltet, ungepflegt oder von Vandalismus betroffen, können sie ähnlich wie leerstehende oder verfallende Gebäudesubstanz schnell zu einer Abwertung des gesamten Stadtteils führen und die Wohnqualität am jeweiligen Standort dauerhaft beeinträchtigen. Aus Sicht der Kommunen haben Stadtteilplätze einschließlich ihrer Gestaltung und Pflege einen entsprechend sehr hohen Stellenwert. Nur rund jede dritte Kommune bewertet die gestalterische Qualität ihres Stadtmobiliars als (sehr) gut. Die Kommunen halten das Gestaltungs- und Unterhaltungsdefizit neben der Dominanz des Individualverkehrs für den größten Konflikt im öffentlichen Raum, gefolgt von Nutzungskonflikten und Vandalismus. Drei Viertel, knapp 78 %, der Kommunen halten in diesem Zusammenhang die Aufwertung von Stadtteilplätzen für (sehr) wichtig.

Inszenierte Innenstädte Stadtzentren sind Orte des Handels sowie zentraler kultureller und konsumtiver Einrichtungen. Sie sollen sowohl für die Einwohner als auch für Käuferkreise aus dem Umland, Besucher und Touristen interessant sein. Innenstädte werden zu diesen Zwecken in Szene gesetzt.

Dies birgt Chancen, weil beispielsweise der Erhalt und die Pflege des baukulturellen Erbes zum Zweck der Repräsentation und Inszenierung vorangetrieben werden. Ebenso ist eine gestalterische Sorgfalt Teil einer Marketingstrategie für die Innenstadt. **Laut Umfrage setzen viele Kommunen diese Strategie mit Hilfe von Gestaltungssatzungen oder Werbeanlagensatzungen für die Innenstadt um, welche für alle Grundstückseigentümer und die entsprechenden Gebäude gilt.**

Insbesondere der Umgang mit Werbeanlagen erfordert jedoch im gesamten Stadtgebiet ein klares Vorgehen, um den öffentlichen Raum vor Überfrachtung oder Verunstaltung zu schützen. Werbung wird in der Regel auf Plakatwänden, Vitrinen und Litfaßsäulen im Straßenraum oder in Verkehrsbauten wie U-Bahn-Stationen konzentriert. Sie gehören mittlerweile zum Erscheinungsbild der Städte und stoßen trotz Uniformität und Austauschbarkeit auf weitgehende Akzeptanz. **Laut Bevölkerungsumfrage fühlt sich nur ein geringer Anteil in der Bevölkerung, und zwar 6%, im eigenen Wohngebiet gestört durch Werbeplakate oder Leuchtreklamen.** Zu häufigen Konflikten führt seit einigen Jahren jedoch die Werbung mit Riesenpostern an Baugerüsten, auch bekannt als Blow-Up-Werbung. Sie befinden sich meist an hoch frequentierten Verkehrsknotenpunkten in Innenstadtlagen oder an Hauptstraßen, können mehrere hundert Quadratmeter groß sein und sind für Investoren im Zuge von Baumaßnahmen eine lukrative Einnahmequelle. Zwar bestehen die Baugerüststandorte nur temporär, doch ist die Wirkung der großformatigen Werbung extrem auffallend und kann zu einer nicht gewünschten gestalterischen und inhaltlichen Dominanz im gesamten städtebaulichen Umfeld führen. Verschiedene Gerichtsurteile wurden bereits zu großflächiger Werbung gefällt, und Großstädte wie München haben gezielte Regelungen für Großwerbeanlagen getroffen, um zumindest denkmalgeschützte oder sensible Stadtbereiche davor zu schützen.

Es gibt aber noch eine weitere Facette der Kommerzialisierung: Insbesondere in den Einkaufsstraßen ist eine zunehmende Uniformität der Nutzungsangebote und damit Austauschbarkeit und Beliebigkeit öffentlicher Räume festzustellen. Dies ist nicht zuletzt die Folge der Filialisierung. Global agierende Unternehmen und Einzelhandelsketten setzen meist auf feste Vorgaben hinsichtlich der angebotenen Ware, aber auch in Bezug auf Fassadenelemente, damit eine Wiedererkennbarkeit gegeben ist. Ein Trend, der baukulturell als problematisch anzusehen ist, der aus marktwirtschaftlichen Gründen aber weiter zunehmen wird: Laut dem Deutschen Franchise Verband e. V. (DFV) hat die Etablierung von Franchise-Unternehmen im Jahr 2012 im Vergleich zu den Vorjahren insbesondere im Dienstleistungsbereich, aber auch im Einzelhandel und in der Gastronomie deutlich zugenommen. Aus Sicht der Kommunen verbirgt sich hier zurzeit noch vergleichsweise wenig Konfliktpotenzial. **Mit rund 25% sieht nur jede vierte Kommune in der Kommerzialisierung des öffentlichen Raums einen Konflikt.**

Mit ihr geht teilweise eine Privatisierung einher. Restaurants gestalten aufgrund von Sondernutzungsgenehmigungen den öffentlichen Raum durch ihre Außengastronomie, Einkaufszentren und Passagen im Eigentum von Betreibergesellschaften bieten der Öffentlichkeit multifunktionale Erlebnisräume und ersetzen damit klassische Einkaufsstraßen bzw. Fußgängerzonen. Private Einflussnahme auf Nutzung und Gestalt des öffentlichen Raums ist damit allgegenwärtig, schließt eine öffentliche Nutzbarkeit aber nicht aus, wenn eine enge Kooperation zwischen Eigentümer und öffentlicher Hand erfolgt. Auch der umgekehrte Weg der Nutzung privater Flächen durch die Öffentlichkeit ist möglich, wenn beispielsweise wie bei der Neuplanung des Einkaufscenters Arneken Galerie in Hildesheim öffentliche Wegerechte auf privaten Flächen über städtebauliche Verträge gesichert werden.

Der öffentliche Raum wird auch zunehmend für temporäre kommerzielle Veranstaltungen genutzt. Bereits im Jahr 2000 hat der Bund Deutscher Architekten Köln bei einem „Montagsgespräch" dargelegt, dass im öffentlichen Raum der Stadt dreimal mehr öffentliche Veranstaltungen, Konzerte und Feste stattfanden als im Jahr 1985. In der Zwischenzeit ist die Festivalisierung zu einem festen Bestandteil kommunaler Veranstaltungsplanung geworden. Öffentliche Events führen immer zu temporären Funktionsverlusten sowie zu hohen Belastungen der Anwohner. Dies verursacht unweigerlich Nutzungskonflikte: sei es, dass lärmintensive Nutzungen andere Nutzungsarten ausgrenzen bzw. nicht möglich machen, sei es, dass die Attraktivität aufgrund von Vermüllung zeitweise abnimmt. Einen dauerhaften Konflikt für den öffentlichen Raum durch temporäre Festivitäten sieht jedoch kaum eine Kommune. **Nur knapp 16 % beurteilen Veranstaltungen im öffentlichen Raum als problematisch.**

Verkehrsflächen Öffentlicher Raum ist zu großen Teilen Straßenraum. Im Streckenvergleich entfällt der größte Anteil der Verkehrswege auf Gemeindestraßen. Viele der innerstädtischen Verkehrsachsen und -verbindungen wurden in der Nachkriegszeit, insbesondere in den 1960er-Jahren, angelegt bzw. ausgebaut. Dem damaligen Leitbild der „Autogerechten Stadt" lag jedoch ein weitaus geringeres Verkehrsaufkommen zu Grunde. So ist beispielsweise in München die Pkw-Dichte zwischen 1959 und 2010 von 11,4 Fahrzeugen auf 432 Fahrzeuge pro 1.000 Einwohner gestiegen. Der entsprechend dominante, flächenintensive Motorisierungsgrad, aber auch Verkehrslärm und Luftschadstoffe wirken sich belastend auf die angrenzenden Wohngebäude aus und schränken die Aufenthaltsqualität für Fußgänger ein. **Von der Bevölkerung wird der Verkehrslärm an allererster Stelle als Konflikt im Wohnumfeld benannt, gefolgt von Abgasen.**

Bereits am Anfang der behutsamen Stadterneuerung in den 1970er- und 1980er-Jahren wurde damit begonnen, den Straßenraum in den innerstädtischen Wohnquartieren für andere Funktionen zurückzugewinnen. Flächenhafte Verkehrsberuhigung, Parkraumbewirtschaftung und Spielstraßen haben zu einer erheblichen Verbesserung der Qualität des öffentlichen Straßenraums geführt. Doch der weiterhin hohe Anteil der im privaten Auto zurückgelegten Wege bleibt als generelle Belastung erhalten und birgt auch künftig Konfliktpotenzial für den öffentlichen Raum. **In der Bevölkerung besteht zumindest der Wunsch, das eigene Wohnumfeld von diesen Konflikten freizuhalten. Jeder Zweite (51%) möchte, dass das Wohngebiet verkehrsberuhigt oder sogar autofrei ist.**

Aktuell sind vor allem die Hauptverkehrsstraßen in der Diskussion. Sie erweisen sich aufgrund ihrer Dimensionierung, aber auch wegen des hohen Verkehrsaufkommens häufig als Barriere im öffentlichen Raum. Um neue Aufenthaltsqualitäten an stark beeinträchtigten Standorten zu schaffen, reagieren viele Städte mittlerweile mit dem Rückbau mehrspuriger Fahrbahnen zugunsten großzügiger Fußgängerbereiche oder mit Platzaufweitungen

---

Zahlen zur deutschen Verkehrsinfrastruktur

Länge der verschiedenen Verkehrsinfrastrukturen

Quelle: Markt1-Verlag 2013

Autobahnen
12.800 km

Bundesstraßen
39.700 km

Landes- und Kreisstraßen
180.000 km

Gemeindestraßen
450.000 km

Bundesschienenwege
33.000 km

Binnenwasserstraßen
10.000 km

ÖPNV-Netz (Schiene)
5.100 km

Reparatur der autogerechten Stadt, Pforzheim
Innenstadtaufwertung durch integrierte Verkehrsplanung

Die Ära der autogerechten Stadt hat in vielen Stadtkörpern enorme Straßendurchbrüche als bauliches Erbe hinterlassen. In der Stadt Pforzheim ist dies besonders bei der in den 1960er-Jahren gebauten Schlossberg-Auffahrt der Fall. An dem topografisch, historisch und kulturell sensiblen Ort in der Innenstadt führt die Auffahrt zu enormen gestalterischen Defiziten. In einem Werkstattverfahren wurden 2012 der Rückbau der Auffahrt und die Rückführung auf den vorherigen historischen Straßenverlauf als Ziel der Innenstadtentwicklung erarbeitet. Dazu gehört auch die Verlagerung von Verkehr auf umliegende Hauptverkehrsachsen. Das Gesamtkonzept zur städtebaulichen und ökonomischen Aufwertung der Innenstadt wurde in einem Rahmenplan beschlossen. Dort wurden die unterschiedlichen Einzelmaßnahmen gebündelt. Ein breit angelegter Planungs- und Beteiligungsprozess begleitete das Verfahren. Die städtebauliche Reparatur der autogerechten Stadt mit Hilfe einer integrierten Verkehrsplanung weist nicht nur in Pforzheim den Weg für einen Umbau zu urbanen Innenstädten.

Bauherr: Stadt Pforzheim
Verkehrsplanung: Professor Hartmut Topp (topp.plan: Stadt.Verkehr.Moderation), Kaiserslautern, und Planungsbüro R+T, Darmstadt
Städtebau: RKW Düsseldorf und KK Architekten Berlin
Planung/Bauzeit: Werkstattverfahren 2012 / Gemeinderatsbeschluss 2014 / Fertigstellung nicht vor 2016

an Straßenecken nach New Yorker Vorbild. Für stark belastete Verkehrsstraßen kann auch eine klare Konzentration oder Umlenkung der Kraftfahrzeuge auf übergeordnete Verkehrsverbindungen zu einer neuen Aufenthaltsqualität führen. Beispiele wie die umfassende Verkehrsberuhigung und -verlagerung zugunsten von Fußgängern und Radfahrern am Standort Klagesmarkt/Goseriede in Hannover verdeutlichen, in welchem Maße die Reorganisation des Autoverkehrs zu neuen innerstädtischen Qualitäten und Bauflächen führen kann. **60 % der Kommunen sehen in der Dominanz des Individualverkehrs einen Konflikt für den öffentlichen Raum. Für jede dritte Kommune stellt der Rückbau von Verkehrsräumen eine wichtige Aufwertungsstrategie im öffentlichen Raum dar.**

Auch konzeptionelle Maßnahmen für Shared-Space-Projekte, von denen in Deutschland aktuell knapp 20 Vorhaben geplant oder umgesetzt werden, finden im Zuge von kommunalen Aufwertungsstrategien immer mehr Interesse. Vor allem Geschäftsstraßen, abschnittsweise auch Hauptgeschäftsstraßen und Platzbereiche, eignen sich für das Shared-Space-Prinzip, bei dem möglichst alle Verkehrsmittel auf einer gemeinsamen Verkehrsfläche geführt werden. Ruhender Verkehr sowie Beschilderung werden weitestgehend vermieden. Angesichts der ökologischen und stadträumlichen Auswirkungen des Autoverkehrs setzt die Verkehrsplanung zunehmend auch auf sogenannte multimodale Mobilitätskonzepte. Laut Angaben der TU Dresden bewegen sich mittlerweile nahezu gleich viele Personen innerhalb einer Woche multimodal verglichen mit dem Anteil derer, die auf nur ein Verkehrsmittel und hier in erster Linie auf das Auto zurückgreifen. Damit stehen vor allem innerstädtische Verkehrsknotenpunkte, aber auch Schnittstellen zwischen Umland und Stadt bzw. Randlagen und innerstädtischen Quartieren im Fokus der Betrachtung.

In diesem Zusammenhang ist auch die weitere Verbreitung von Sharing-Angeboten ein zunehmend wichtiger Baustein neuer Mobilitätskonzepte – und das nicht nur auf kommunaler Ebene. So wird speziell in Berlin derzeit die Kombination der Bahncard mit dem örtlichen Personennahverkehr sowie mit Rabatten für bahneigene Leihwagen und Leihräder getestet. Unabhängig von diesem berlinspezifischen Angebot teilen sich nach Aussage des Bundesverbandes CarSharing (bcs) derzeit durchschnittlich 42 angemeldete Nutzer ein Leihauto. Es wird erwartet, dass die Zahlen weiter wachsen und sich zumindest die Zweitwagenproblematik durch gezielte Carsharing-Angebote perspektivisch entschärfen lässt. Auch Fahrradverleihsysteme sind zunehmend optisch wahrnehmbar und können zur Substituierung des Autoverkehrs beitragen.

Im Rahmen der „Shared Services" wird zudem eine sukzessive Erhöhung des Anteils elektrisch betriebener Automobile erprobt. Dies wirkt sich zwar nicht messbar auf die Verkehrsmittelwahl aus, kann aber zumindest die Belastung durch verkehrsbedingte Immissionen reduzieren. Auch wird sich der öffentliche Raum künftig durch neues Stadtmobiliar für Elektrofahrzeuge und alternativ betriebene Verkehrsmittel stark verändern. Gemäß dem Entwurf für eine „Richtlinie über den Aufbau der Infrastruktur für alternative Kraftstoffe" der Europäischen Kommission ist ein umfassender Ausbau der Infrastruktur in diesem Bereich notwendig. Für mit Erdgas betriebene Fahrzeuge soll bis 2020 ein dichtes Netz an Tankstellen bereitstehen. Ebenfalls bis 2020 sollen zur Förderung und Etablierung der Elektromobilität 150.000

öffentlich zugängliche Ladestationen verfügbar sein – gegenüber 2.000 Ladestationen im Jahr 2011. Möglicherweise wird ein Teil der Ladestationen durch innovative Systeme und Kreisläufe für die Energieerzeugung gestellt. Schon heute gelingt es, den Energieüberschuss beispielsweise von E-Plus-Häusern in das eigene Elektrofahrzeug einzuspeisen. In der Stadt lassen sich durch die Aufladestationen ganz neue Verkehrsknotenpunkte ausbilden, die auch eine Aufenthaltsqualität entwickeln können und so zur Qualität des öffentlichen Raums beitragen.

Technische Infrastruktur Die Modernisierung und der Umbau der technischen Infrastruktur sind eine große gesellschaftspolitische Herausforderung der nächsten Jahre und Jahrzehnte. Neben dem Bereich der Ver- und Entsorgung mitsamt seinen Kraft- und Pumpwerken, bei denen nicht nur technische Innovationen, sondern auch zum Teil vermehrt dezentrale Konzepte zum Tragen kommen, spielt vor allem die Verkehrsinfrastruktur in Form von Straßen und Brücken eine zentrale Rolle. Die damit einhergehenden Investitionen finden in wesentlichen Teilen im öffentlichen Raum statt und beeinflussen seine funktionale ebenso wie seine gestalterische Qualität. Welche Chancen, aber auch Risiken baukultureller Art damit verbunden sein können, zeigen Verkehrsbauten in zentralen Stadtlagen wie etwa Hochstraßen aus den vergangenen Jahrzehnten. *Hochstraßen werden von mehr als jeder zweiten Kommune als gestalterisch (sehr) schlecht beurteilt.* Als extremes Beispiel der baukulturellen Dimension von Verkehrsbauten zeugt auch die Elbquerung in Dresden, die im Jahr 2009 aufgrund gestalterischer Spannungen mit dem Landschaftsraum zum Verlust des Welterbetitels führte. Der Deutsche Brückenbaupreis der Bundesingenieurkammer und des Verbands Beratender Ingenieure (VBI) geht hier mit gutem Beispiel voran und zeichnet alljährlich besonders gelungene Beispiele aus. Auch der Brückenbeirat der Deutschen Bahn AG sowie der Leitfaden „Gestalten von Eisenbahnbrücken" haben in der Vergangenheit wichtige Anstöße gegeben.

Bei jeglicher Art von Sanierung oder Umgestaltung von Infrastrukturen im öffentlichen Raum spielt die Barrierefreiheit eine zunehmend wichtige Rolle. In diesem Bereich besteht ein erhöhter Nachholbedarf an Investitionen. Das Difu hat im Rahmen einer Studie festgestellt, dass in deutschen Kommunen hinsichtlich der Barrierefreiheit der größte Umrüstungsbedarf – nach der Umgestaltung von Wohngebäuden – im öffentlichen Nahverkehr sowie bei Straßen bzw. im Wohnumfeld besteht. Zusammengenommen macht der Umbau des öffentlichen Raums und der technischen Infrastruktur mit 28,3 Milliarden Euro sogar den größten Investitionsbedarf der öffentlichen Hand aus. Die Kommunen sind sich der Dringlichkeit dieser Aufgabe sehr bewusst. *Über 80 % der Kommunen halten die Barrierefreiheit für eine (sehr) wichtige Maßnahme, um den öffentlichen Raum zu qualifizieren.* Die Umsetzung der Barrierefreiheit sollte von den Städten jedoch nicht nur als funktionales Erfordernis verstanden werden, sondern vielmehr als Anlass für umfassendere Gestaltungs- und Aufwertungsmaßnahmen dienen. Die Stadt Frankfurt a. M. hat beispielsweise mit der Auflage des Ausbauprogramms „Schöneres Frankfurt" Finanzmittel für rund 100 Projekte im öffentlichen Raum zur Verfügung gestellt und dabei die Barrierefreiheit neben vielen weiteren Gestaltungsgrundsätzen für attraktive und nachhaltige öffentliche Räume zu den Fördervoraussetzungen gemacht. Zahlreiche technische Infrastrukturanlagen treten nicht in Erscheinung,

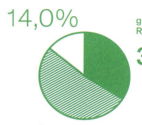

Investitionen in Straßen dringend erforderlich
Kommunale Einschätzung des Investitionsrückstands für Straßen und Verkehrsinfrastruktur
Quelle: KfW 2013

geringer/kein Rückstand
14,0 %

gravierender Rückstand
34,0 %

nennenswerter Rückstand
52,0 %

Herausforderungen des demografischen Wandels

Abschätzung des Gesamtinvestitionsbedarfs für den altengerechten Umbau von Infrastrukturen und Wohngebäuden

Quelle: Difu 2012a

Wohngebäude
21,1 Mrd. €

ÖPNV
15,0 Mrd. €

Straßen und Wohnumfeld
13,3 Mrd. €

Sportstätten inkl. Bäder
1,7 Mrd. €

Pflegeeinrichtungen
0,8 Mrd. €

Gesundheit
0,7 Mrd. €

Verwaltungsgebäude
0,6 Mrd. €

Kultureinrichtungen
0,1 Mrd. €

---

sondern verlaufen unterirdisch. Auch hier ist ein zunehmender Investitions- und Modernisierungsbedarf bekannt, der sich auf den öffentlichen Raum auswirkt bzw. durch Maßnahmen im öffentlichen Raum aufgefangen werden kann. So werden beispielsweise die Entwässerungssysteme den gewachsenen Anforderungen zunehmender Fälle von Starkregen oft nicht mehr gerecht. Hier liegt die Lösung meist nicht in der größeren Dimensionierung der Mischkanalisation, sondern im dezentralen Auffangen und Versickern. In neu geplanten Siedlungsbereichen bilden Versickerungsflächen für Regenwasser schon seit geraumer Zeit einen wichtigen Baustein der Gestaltungskonzepte. In bestehenden innerstädtischen Lagen sind angesichts der zu erwartenden Starkwetterereignisse neue innovative Lösungen gefragt.

Mit Blick auf den Klimawandel sind in den Kommunen erhebliche Anstrengungen für einen verbesserten Hochwasserschutz erforderlich. Allein in Bayern werden nach Angaben der Bauindustrie bis 2020 jährlich durchschnittlich 115 Millionen Euro für den Hochwasserschutz an der Donau und im Maingebiet notwendig sein. Gemessen am Gesamtschaden von rund 12,5 Milliarden Euro, den Überschwemmungen in Deutschland zwischen 2002 und 2010 verursacht haben, sind Investitionen in den Präventivschutz jedoch gut investiertes Geld. Baukulturell bieten diese Investitionen wertvolle Synergieeffekte, wenn sie mit Maßnahmen für eine attraktive Uferzonengestaltung und damit eine Aufwertung des öffentlichen Raums verbunden werden.

Der Klimawandel wird zudem umfangreiche Investitionen in die Energieinfrastruktur nötig machen. Bis 2020 sollen Windräder fast doppelt so viel Strom erzeugen wie heute. Um den Strom verfügbar zu machen, benötigt Deutschland laut Bundesregierung ebenfalls bis zum Jahr 2020 4.500 Kilometer neue Übertragungsnetze mit 220 oder 380 Kilovolt Höchstspannung – zusätzlich zu den derzeit ca. 35.000 Kilometern Höchstspannungsleitungen. In Ballungsräumen steht dafür wenig Platz zur Verfügung, so dass die Strom-, Gas- und Fernwärmeleitungen meist unterirdisch verlegt sind. Abgesehen von der Zunahme technischer Vorkehrungen zur Gewinnung von Solarenergie wird sich die Energiewende optisch also überwiegend in peripheren Lagen und ländlichen Regionen verorten und in erster Linie den Landschaftsraum Deutschlands in seinem Erscheinungsbild stark verändern.

Spielräume und Potenziale

Qualitätvolle städtische Räume entstehen nur durch gezieltes Engagement – sowohl von Seiten der Kommune, als auch durch private Akteure und die Bevölkerung. Zwar sind zunächst die Städte für den öffentlichen Raum verantwortlich, aber auch bei den unterschiedlichsten Akteursgruppen sind ausreichend Interesse und Potenziale vorhanden, um sich bei seiner Gestaltung einzubringen.

Sanierung der technischen Infrastruktur Die Sanierung und Erneuerung der technischen Infrastruktur hat in den meisten Kommunen oberste Priorität. Damit werden große Summen in den öffentlichen Raum investiert. Das eröffnet Möglichkeiten, zur Qualität des öffentlichen Raums beizutragen und Maßnahmen für ein „Mehr an Baukultur" zu nutzen. In der Vergangenheit wurden die Auswirkungen auf das städtische Umfeld meist nicht ausreichend bedacht.

Hochwasserschutz und Mainufergestaltung, Würzburg
Kombination aus technischen Lösungen und gestalterischen Ansprüchen

Seit den 1970er-Jahren arbeitet die Stadt Würzburg an einem umfassenden Hochwasserschutz für die Innenstadt. Die Herausforderung für das Umgestalten einer verbliebenen Lücke entlang des Oberen Mainkais bestand darin, Schutz vor den Naturgewalten zu bieten und gleichzeitig die stadträumlichen Vorzüge einer Lage am Wasser zu berücksichtigen. Durch eine leichte Änderung der Verkehrsführung ist im zentralen Bereich des 1000 m langen Uferabschnitts eine Platzanlage mit baulichem und mobilem Hochwasserschutz entstanden. Die technischen Elemente sind nun Teil des öffentlichen Raums – und kein Fremdkörper. Mit seiner exponierten Lage, seiner Gestaltung sowie seinem gastronomischen Angebot bietet der neue Stadtraum eine hohe Aufenthaltsqualität.

Einige Abschnitte des Hochwasserschutzes verlaufen linear vor der bestehenden Bebauung. Die regionaltypische Gestaltung der Schutzwände verortet die Anlage dabei im Stadtbild. Die neu entstandenen Bereiche zwischen Gebäuden und Wand können von den Anliegern genutzt werden, die bereits von Beginn an in die Planungen eingebunden wurden. Die Aufgabe, technische Anforderungen mit gestalterischen und stadträumlichen Qualitäten zu verbinden, stellt sich – nicht nur im Hochwasserschutz – für viele Planungsabteilungen deutscher Städte.

Bauherr: Freistaat Bayern, vertreten durch das Wasserwirtschaftsamt Würzburg in Zusammenarbeit mit der Stadt Würzburg
Architektur und Freianlagen: Klinkott Architekten, Karlsruhe
Tragwerk und Ingenieurbau: Dreier Ingenieure, Würzburg
Verkehr und Freianlagen: Ingenieurbüro Maier, Würzburg
Planung/Bauzeit: städtebaulicher Wettbewerb 1998–99 / Planung 2000–2006 / Fertigstellung BA1 und BA2 2009, BA3 2012

Nur rund 22 % der Kommunen halten die gestalterische Qualität ihrer kommunalen technischen Infrastruktur für gut, nur 1 % hält sie für sehr gut. Jede dritte Kommune hält die Anlagen dagegen für baukulturell schlecht bis sehr schlecht.

Da insbesondere auch verkehrliche Infrastrukturen erneuert oder umgebaut werden müssen, ist eine ressortübergreifende Zusammenarbeit zwischen den Disziplinen Verkehr, Städtebau und Freiraumplanung besonders zielführend. Ist der Umbau ganzer Straßenräume geplant, sollte zudem eine enge Zusammenarbeit zwischen der Verwaltung und den betroffenen Anwohnern, Gewerbetreibenden und sonstigen Eigentümern stattfinden. Auf einer Fachtagung des Ministeriums für Infrastruktur und ländliche Entwicklung des Landes Brandenburg im Jahr 2013 haben unterschiedliche Kommunen vorgestellt, wie der öffentliche Stadtraum, Baukultur und Verkehr in der kommunalen Praxis derzeit zusammen gedacht werden. Die Entschärfung der Feinstaubproblematik und die Reduzierung und Verlagerung von Verkehrsaufkommen wurden dabei ebenso in den Blick genommen wie die barrierefreie Umgestaltung des Straßenraums, die Materialbeschaffenheit, die geförderte Sanierung von Gebäudefassaden durch Private und die Regenentwässerung. Gleichermaßen ist eine Zusammenarbeit zu Themen des Hochwasserschutzes oder im Rahmen der Erneuerung von unterirdischen Versorgungsleitungen angeraten, um gestalterische und qualitätsfördernde Potenziale auszuschöpfen.

Nutzungsmanagement und Konversion Öffentliche Räume stehen oft unter einem starken Nutzungsdruck, einhergehend mit zahlreichen Konflikten zwischen unterschiedlichen Nutzergruppen und Verkehrsarten. In diesem Zusammenhang kann es als ein Schritt auf dem Weg zu mehr Lebensqualität verstanden werden, wenn Kommunen öffentliche Räume zeitlich befristet organisieren. Die „Qualitätsoffensive Freiraum" in Hamburg veranstaltet beispielsweise seit 2010 jährliche „White Dinners" auf temporär gesperrten Straßen, so dass zumindest zeitweise Verkehrsräume durch Anwohner zurückerobert werden. Fahrrad-Sternfahrten, Stadtskating und andere Sportveranstaltungen im öffentlichen Raum sind weitere Beispiele für eine temporäre Aneignung von Flächen durch bestimmte Nutzergruppen.

Auch militärische Konversionsflächen, industrielle Brachen und nicht mehr benötigte Bahnflächen bieten große Potenziale, Nutzungskonflikte zu entschärfen, indem neue öffentliche Räume geschaffen oder bestehende Räume unter Einbindung der Bevölkerung neu entdeckt und qualifiziert werden. Diese Potenziale zu erkennen und nutzbar zu machen, ist zunächst Aufgabe der Kommune. Vor Festlegung auf ein endgültiges Nutzungskonzept können diese „Bereiche des Umbruchs" auch als Möglichkeits- oder Experimentierräume für die Bevölkerung offen gehalten werden, um damit Spielräume für Innovationen und Urbanität zu eröffnen. Aneignungsprozesse ungenutzter Flächen durch die Bevölkerung wie beim Urban Gardening stoßen vor allem im städtischen Kontext auf zunehmendes Interesse. Derartige Projekte für eine Teilhabe der Bevölkerung am öffentlichen Raum haben einen gesellschaftlichen Wert über die konkrete Maßnahme hinaus, steigern sie doch die Identifikation mit dem Wohnort und damit das Gefühl der Zugehörigkeit und Teilhabe sowie ein Verantwortungsbewusstsein.

Kooperation und finanzieller Anreiz Es gibt vielfältige Möglichkeiten für Kommunen, gemeinsam mit anderen Akteuren an dem Ziel eines attraktiven öffentlichen Raums zu arbeiten. Für den Einzelhandel und den Tourismus, für Kultureinrichtungen, Beherbergungsbetriebe und für die Gastronomie spielt ein attraktives Umfeld eine wichtige Rolle. Vor allem Händlergemeinschaften haben meist ein großes Interesse an einer Aufwertung der städtischen Umgebung, um nicht zuletzt von den Synergieeffekten für ihr Unternehmen zu profitieren. Aber auch andere Akteure wie Kirchen und Vereine zeigen im Grundsatz und im Rahmen ihrer finanziellen Möglichkeiten durchaus Bereitschaft, den öffentlichen Raum mit zu gestalten, mit zu finanzieren oder mit zu pflegen. Sammelaktionen, Spenden und Sponsoring können ebenso wie Business-Improvement-Districts wichtige Beiträge leisten, ohne dass die öffentliche Zugänglichkeit oder das kommunale Eigentum aufgegeben werden müssen. Auch können Sondernutzungsrechte für private Initiativen oder Patenschaften zum Betrieb und zur Unterhaltung von öffentlichen Räumen im gegenseitigen Interesse liegen. Im Rahmen der bürgerschaftlichen Kampagne „Münster bekennt Farbe" setzen sich seit 2007 mit großem Erfolg Ehrenamtliche für die Gestaltung und Pflege von Baumscheiben, mit Baumspenden oder Spielplatz- und Grünflächenpatenschaften für die nachhaltige Verbesserung der kommunalen Grünstruktur ein.

Es scheint jedoch, als sei hier auf beiden Seiten – sowohl bei der öffentlichen Hand als auch bei privaten Akteuren – noch viel ungenutztes Potenzial vorhanden. **Nur 29 % der befragten Kommunen geben an, oft oder häufig mit Verbänden zusammenzuarbeiten. Ein Viertel der Kommunen arbeitet mit Händlergemeinschaften und Vereinen zusammen, und nur jede fünfte Kommune kooperiert mit Bürgerinitiativen.**

Kommunen können zudem gezielt finanzielle Anreize für Private und Eigentümer schaffen, um die Aufenthaltsqualität von Straßenräumen und Plätzen vor allem auch in peripheren Lagen zu verbessern. Denn in der Regel wird die Gestaltung von Grünflächen und Spielplätzen im eigenen Wohnumfeld von den Anwohnern mit viel Engagement unterstützt – wenn entsprechende Finanzmittel zur Verfügung stehen. **Eine große Mehrheit, nämlich 78 %, der Kommunen hält die Aufwertung von Stadtteilplätzen für eine (sehr) wichtige Maßnahme zur Qualifizierung des öffentlichen Raums. Mehr als jede vierte Kommune sieht in der Freiraumgestaltung durch Anwohner einen (sehr) wichtigen Beitrag dazu.** Vor allem die Städte im Städtebauförderungsprogramm „Soziale Stadt" haben die Chance, die Sanierung und Gestaltung von Freiflächen durch private Akteure in Stadt- und Ortsteilen mit besonderem Entwicklungsbedarf finanziell zu steuern und fachlich zu begleiten. Auch in den Programmgebieten des Stadtumbaus sind Mittel für die Aufwertung des Wohnumfeldes vorgesehen. Beispielgebend sind in diesem Zusammenhang auch verschiedene kommunale Stadtplatzprogramme, in denen über lange Zeiträume hinweg Mittel für die Gestaltung von Stadtteilplätzen unter Bürgerbeteiligung bereitgestellt werden. Als Anreiz für private Investitionen wirken aber auch kommunale Förderprogramme und Wettbewerbe. **Laut Umfrage halten immerhin 65 % der Kommunen die Bereitstellung kommunaler Mittel für (sehr) wichtig, um baukulturelle Qualität im öffentlichen Raum zu gewährleisten. Mehr als die Hälfte meint dies in Bezug auf kommunale Wettbewerbe wie z. B. Fassadenwettbewerbe.**

Regeln und Auflagen Den Kommunen obliegt die Verantwortung für Gestaltung, Pflege und Unterhaltung von öffentlichen Räumen. Dies kann in der kommunalen Praxis vor allem bezüglich gestalterischer Aufgaben in unterschiedlichen Themenfeldern und auf unterschiedlichen Planungsebenen konzeptionell vorbereitet werden. 37 % der Kommunen verfügen über ein Gestaltungskonzept für den Stadtkern, 34 % haben hier ein Werbeanlagenkonzept und 24 % ein Lichtkonzept erarbeitet. Auch bezüglich Gestaltungs-, Erhaltungs- und Werbeanlagensatzung hat das Stadtzentrum die höchste Priorität. Im Quartier kommt häufig die Erhaltungssatzung zur Anwendung.

Eine weitere, wichtige Handlungsoption zur Steuerung der baukulturellen Qualität des öffentlichen Raums sind Gestaltungshandbücher bzw. -fibeln für ausgewählte Stadtbereiche. Sie machen zum einen gestalterische Strategien der Kommune nachvollziehbar, zum anderen dienen sie der Anleitung von Eigentümern und Bauherren, deren Gebäude oder Nutzungsangebote gestalterisch in den öffentlichen Raum hineinwirken. Dabei werden verbindliche Vorgaben, beispielsweise für Materialien oder Farben von Ausstattungselementen gemacht. Mehr als die Hälfte der Kommunen hält Gestaltungsfibeln und andere Checklisten für (sehr) wichtig zur Gewährleistung baukultureller Qualität.

Bei der Vergabe von Baugrundstücken und im Zusammenhang mit der Aufstellung von Bebauungsplänen bieten sich weitere Ansatzpunkte, um auf die stadtbildwirksamen Gestaltungsmerkmale im Hochbau Einfluss zu nehmen oder diese festzuschreiben. Die Bindung an bestimmte Konzepte oder Verfahrenswege, wie die Durchführung von Gestaltungswettbewerben bei der Vergabe von Baugrundstücken, die Sicherstellung des öffentlichen Wegerechts oder auch Auflagen für die Gestaltung des Umfelds, können Gegenstand von Vereinbarungen im Rahmen öffentlich-rechtlicher städtebaulicher Verträge oder privatrechtlicher Grundstücksverträge sein. Doch auch wenn die verschiedenen Instrumente bei der überwiegenden Mehrheit der Kommunen regelmäßig zur Anwendung kommen, halten immerhin rund 44 % der Kommunen eine weitere Verbesserung des rechtlichen Rahmens für (sehr) wichtig, um eine Verbesserung der Baukultur zu erzielen.

Fazit und Ausblick

Schon heute gilt das 21. Jahrhundert als das Jahrhundert der Städte. Damit ist es gleichzeitig das Jahrhundert des städtischen öffentlichen Raums und des urbanen Grüns. Angesichts der anstehenden Veränderungen unserer Gesellschaft liegen hier die wesentlichen Handlungsfelder für die Qualität städtischen Lebens. Die großen infrastrukturellen Herausforderungen der Instandhaltung und Erneuerung von Straßen, Brücken, Leitungssystemen, Grün- und Wasserflächen fordern Stadtplaner, Architekten, Ingenieure und Landschaftsarchitekten zur Zusammenarbeit heraus. Baukulturell bietet sich mit der kontinuierlichen Anpassung an aktuelle Bedarfe die Chance, Fehler der Vergangenheit zu beheben und beständig neue Qualitäten zu formulieren. Dabei sollte ein Grundprinzip gelten: Jede Investition muss zu einer Verbesserung der Lebensqualität in den Städten führen. Jede Möglichkeit der aktiven Gestaltung durch Nutzung oder Aktivierung von Synergien sollte in diesem Sinne ergriffen werden.

[800m² | 1000m²]

2 Ge - 1600 geschossen   1,6

[600m²]

3 Ge - 1800 Schossi   1,8

Tertiärisierung

gemeinsam / Platz/Raum
Bezirk

Shared-Space-Projekt
— Gemeinschaftsstraße —

Anglizismus   Anglitismen
(engl. Spracheigentümlichkeit in
einer anderen Sprache)

Seite 8
Business-Improvement-Districts
Handel/Geschäft   Verbesserung
Verschönerung

Städtebauförderprogramm „Soziale Stadt"

S. 90 Gestaltungskonzept für Städten
Werbeanlagenkonzept
Lichtkonzept

Damit wird der Investitionsstau der letzten Jahre bei der technischen Infrastruktur zu einer neuen, einmaligen Chance, die bereitzustellenden Mittel auch in eine qualitätvolle Ausgestaltung der öffentlichen Räume zu investieren. Ebenso können die baulichen Anpassungen an den Klimawandel sowie die Konversion und Neustrukturierung von Brachflächen für die Zukunft umfangreiche Möglichkeiten eröffnen, neue Qualitäten in den öffentlichen Raum einzubringen. Auch die Instandhaltung bzw. Erneuerung bestehender Bauwerke, Infrastrukturen und Grünräume tragen dazu bei.

Besonders im öffentlichen Raum sind die Synergieeffekte, die durch gute Gestaltung, aber auch durch die Vernetzung mit anderen Disziplinen erreicht werden können, besonders hoch: Neue Aufenthaltsqualitäten werden durch die Reduzierung des Straßenverkehrsaufkommens erlangt, die wiederum von der Stärkung neuer Mobilitätsformen abhängt. Eine gemeinsame Betrachtung der einzelnen Themen erfordert vorausschauendes und ganzheitliches Denken in den Kommunen. Baukultur muss unabdingbarer Bestandteil dieser integrierten Herangehensweise sein und zu einem wesentlichen Argument werden bei der Fokussierung auf Investitionen, Prioritäten und Synergien im öffentlichen Raum.

Darüber hinaus erhöht die Einbeziehung von Akteuren und Bevölkerung den Wert und die Lebensdauer öffentlicher Räume. Die Ausstattung und Gestaltung öffentlicher Räume entscheidet über die Wertschätzung, die sie in der Öffentlichkeit erfahren, aber auch über die Identifikation und Lebensqualität, die Bewohner mit ihrem Wohnumfeld verbindet. Von daher kommt der Beteiligung, vor allem aber auch der Teilhabe der Stadtgesellschaft an öffentlichen Räumen eine Schlüsselfunktion zu. Freiflächen zur Verfügung zu stellen, die Experimente und Zwischenlösungen zulassen, Mitgestaltung erlauben und Verantwortung für Pflege und Instandhaltung einfordern, befördert den sozialen Zusammenhalt und das konfliktfreie Miteinander. Die Ergebnisse der vorliegenden Bevölkerungsbefragung bieten dabei eine gute Richtschnur: Qualitäten im öffentlichen Raum, wie die Nähe zur Natur oder die gute Erreichbarkeit von Infrastruktureinrichtungen, werden wertgeschätzt und gewünscht, nicht instandgehaltene Gebäude, Straßen und Plätze verringern entscheidend die Attraktivität von Städten. Die Bevölkerung an der Entwicklung und Umsetzung dieser Qualitäten zu beteiligen, kann nicht nur finanziell entlasten, sondern Gestaltungsreichtum und Nutzungsvielfalt befördern. Gestaltungs- und Unterhaltungsoffensiven für den öffentlichen Raum tragen den Pareto-Effekt in sich, schon mit geringem Mitteleinsatz großen Nutzen zu erzielen. Sie sind damit das Gebot der Stunde.

Planungskultur und Prozessqualität

Baukultur ist mehr als das, was in realisierter und gebauter Form sichtbar wird. Baukultur ist Prozesskultur und meint ebenso den Weg, der zum guten Ergebnis führt, die Arten und Formen der Verhandlung über die spätere Gestalt der gebauten Umwelt. Auch ist entscheidend, in welcher Weise verschiedene Akteure eingebunden werden. Somit geht es nicht nur um die Kultur des Bauens an sich, sondern auch um die Kultur des Planens und die Qualität eines solchen Prozesses. Sie sind untrennbare Bestandteile baukultureller Qualität.

Gute Argumente für Baukultur – Was man mit guter Planung erreicht

Baukultur als „Kultur der Planung" deckt ein breites Spektrum ab. In Verfahren und Prozessen müssen angemessene Lösungen im Spannungsfeld zwischen umweltbezogenen, gesellschaftlichen und wirtschaftlichen Anforderungen gefunden werden. Für die Frage, wie Verfahren und Prozesse ausgestaltet sein müssen, damit diese die jeweils passenden inhaltlichen Lösungen hervorbringen, sind grundsätzliche Erwartungen zu definieren. Sie betreffen die Rollen und Aufgaben der Akteure ebenso wie Qualitäten und Kriterien für die Verfahren an sich. Baukultur als Planungskultur berücksichtigt diese Erwartungen und Qualitäten in ihren Prozessen und schafft dadurch lebenswerte urbane Räume.

Vorbildfunktion Eine besondere Verantwortung für baukulturelle Prozesse übernimmt die öffentliche Hand. Sie nimmt nicht nur in ihrer Rolle als Bauherrin, sondern auch als Autorin rahmensetzender Planungen sowie als Entwicklungs- und Genehmigungsbehörde wesentlich Einfluss auf die Qualität der gebauten Umwelt. Auch in Form von Förderungen – von der Städtebauförderung bis hin zu Kunst-am-Bau-Programmen – setzt sie thematische Schwerpunkte und formuliert Qualitätskriterien. Sie hat daher eine Vorbildfunktion, in die auch die kommunalen Gesellschaften und Eigenbetriebe einzubeziehen sind. Darüber hinaus kann sie Vorreiter sein und Wege in die Zukunft aufweisen, indem durch innovative Projekte – beispielsweise in der energetischen und denkmalgerechten Sanierung von kommunalen Baubeständen – Qualitätsstandards gesetzt und damit auch privaten Bauherren die materiellen wie immateriellen Werte guten Planens und Bauens vermittelt werden.

Ressortübergreifende Planung Bau- und Planungsaufgaben fallen selten in die Zuständigkeit eines einzigen Ressorts: Sind die Außenanlagen eines Jugendhauses Sache der Stadtplanung oder des Jugendamts? Ist ein Straßenbegleitstreifen ein Grünraum oder Verkehrsraum? Die Vielzahl an Aspekten, die laut der Kommunalbefragung zur baukulturellen Qualität der gebauten Lebensräume beitragen – von Gestaltung über Funktionalität, von Wirtschaftlichkeit bis hin zu sozialen und technischen Aspekten – verdeutlicht, wie wichtig hier ein fachlich integriertes Handeln ist. Zukunftsorientierte Planungs- und Baukultur ist daher durch eine interdisziplinäre und ressortübergreifende Arbeitsweise gekennzeichnet, in der auch gestalterische Maßstäbe diskutiert und definiert werden. Ein solches interdisziplinäres Arbeiten ist erforderlich, da zahlreiche Interdependenzen zwischen den einzelnen Funktionen bestehen. Nur wenn die Folgewirkungen von Entscheidungen schon von Beginn an mitgedacht und Lösungen zwischen den verschiedenen Akteuren bereits frühzeitig ausgehandelt werden, lassen sich spätere Probleme vermeiden. Die integrierte Betrachtung ist von Beginn an essenziell, denn bereits auf der Ebene der Ziele geht es darum, einen Ausgleich zwischen den verschiedenen Anforderungen der Stadtentwicklung, wie Ökologie, Ökonomie, Soziales, Demografie oder Städtebau, zu definieren und die verschiedenen ressortgebunden Aspekte für eine Umsetzung vor Ort zu verbinden.

Ebenenübergreifende und interkommunale Planung Aktuelle Großprojekte zeigen, dass eine gute Kooperation auf allen Planungsebenen von großer Bedeutung ist. Gerade Infrastrukturvorhaben machen selten an Gemeindegrenzen halt und haben unterschiedliche Zuständigkeiten inne: Landes- und Straßenbetriebe, Energieunternehmen, Versorger etc. Nicht abgestimmte und fachlich einseitige Aufgabenwahrnehmung kann zu langwierigen Prozessen, erhöhten Kosten und rein funktional gestalteten Räumen führen, in denen gestalterische und soziale Aspekte vernachlässigt und Potenziale des effizienteren Einsatzes von öffentlichen und privaten Investitionsmitteln unzureichend ausgeschöpft werden. Daher muss der Aufbau eines baukulturellen Verständigungsprozesses über unterschiedliche Zuständigkeitsebenen und Fachdisziplinen hinaus Ziel des gemeinsamen Agierens im Raum sein.

In Bezug auf Fragen der Gewerbeflächenansiedlung, Aspekte der Versorgung und der Wohnflächenausweisung ist die interkommunale Kooperation von großer Bedeutung. Institutionalisierte oder informelle Abstimmung zwischen Städten hilft hier, Standortentscheidungen in einem regionalen Kontext zu treffen, die nachhaltigere Wirkungen entfalten als eine rein gemeindebezogene Betrachtung. Interkommunale Kooperation stärkt zudem die Verhandlungsposition der Kommunen gegenüber professionalisierten und internationalisierten Investoren.

Raum für Planungsvorbereitung – „Phase Null" Schon vor Beginn eines Projekts, also vor den eigentlichen Leistungsphasen nach der HOAI, der Gebührenordnung für Architekten, liegt die „Phase Null". Hier ist der Definition von Bedarfen und Zielen ein deutlich stärkeres Gewicht beizumessen. Die Phase von der Klärung der Bauaufgabe bis zur Planungsidee ist von großer Bedeutung, denn die hier einmal getroffenen Entscheidungen haben weitreichende Folgen für Architektur und Städtebau sowie für die ökonomische und ökologische Qualität der Gebäude. Es erleichtert ein späteres Projektmanagement und erhöht die baukulturelle Qualität, wenn die Kernziele eines Vorhabens von Anfang an klar definiert sind und einen Orientierungsrahmen bieten können. Zur Projektierungsphase zählt auch die sorgsame Analyse der Situation und der Handlungserfordernisse. Gerade bei spezifischen Fragestellungen, zu denen Erkenntnisse nur ausschnittsweise vorliegen, empfiehlt sich die Erstellung vorbereitender Gutachten und Studien.

Erst durch eine entsprechende Informationsbasis lassen sich wirksame Konzepte entwickeln, die Folgewirkungen wie z. B. Verlagerungs- oder Verdrängungseffekte vermeiden.

Beteiligungskultur Beteiligung nutzt heute im Idealfall das kreative Potenzial und das Wissen vieler, nicht nur der Experten. Diese Mitwirkung zu organisieren sowie das Wissen in einer profunden Gestaltung zusammenzuführen, ist die Aufgabe der Prozessverantwortlichen wie Architekten und Planer. Dabei kann es in der Gestaltung weder um die unreflektierte Umsetzung von Wünschen gehen, noch um einen kleinsten gemeinsamen Nenner. Beliebigkeit und Identitätsverlust wären die Folge. Gleichwohl sind Debatten um die beste Lösung wichtig. Dabei ist Voraussetzung, aus der eigenen Fachterminologie auszutreten und eine für alle verständliche Sprache zu finden. Nur so kann eine Kommunikation „auf Augenhöhe" stattfinden.

Die jeweils unterschiedlichen Planungskonstellationen und die zunehmende gesellschaftliche Diversifizierung machen deutlich, dass heute Beteiligungskonzepte mit starken lokalen und regionalen Bezügen und individuellen Kommunikationsstrategien gefragt sind. Zu den wichtigen grundsätzlichen Kriterien für Beteiligungsprozesse gehört eine sorgsame Konzeption im Vorfeld, in der die Ziele, der Umfang, Rahmenbedingungen und relevante Akteure definiert werden. Erfolgreiche „echte" Beteiligungsprozesse in Bau- und Planungsprozessen definieren sich weiter über einen frühzeitigen Einbezug aller von der Maßnahme Betroffenen sowie eine klare Formulierung und Vermittlung des Ziel- und Erwartungshorizonts. Darüber hinaus sind Transparenz und Offenheit ein Erfolgskriterium für Beteiligung. Konflikte zwischen Bewohnern und Planungsverantwortlichen entstehen vor allem dann, wenn die Ziele der Planungen zu wenig kommuniziert werden, die Verfahren zu wenig transparent sind und die Ergebnisse unausgewogen erscheinen. Nur manchmal liegt dem ein unüberbrückbarer Konflikt zwischen den Zielen der Planung und den Wünschen der Betroffenen zugrunde, meist ist es vor allem ein Vermittlungsproblem , was auf die Bedeutung einer angemessenen Kommunikationskultur als wichtiger Baustein der Baukultur verweist.

Zentral bleibt bei Beteiligungsverfahren die Begleitung durch die öffentliche Hand. Fehlt diese, wächst die Gefahr, dass durchsetzungsstarke gesellschaftliche Gruppen spezielle Interessen forcieren und ein tatsächlicher gesellschaftlicher Aushandlungsprozess nicht stattfinden kann. Das Ideal echter Beteiligung beinhaltet gleichberechtigte Kommunikation, die durch die öffentliche Hand gefördert wird. Das heißt an vielen Stellen, Mitwirkung zu aktivieren und Gruppen „sprechfähig" zu machen, die sich selbst nicht in der Verantwortung sehen oder sich zu beteiligen nicht in der Lage fühlen. Hierzu gehört auch, die Bedeutung der baukulturellen Qualität für die Gesellschaft in der schulischen und außerschulischen Bildung zu stärken und baukulturelle Bildung und Beteiligung intensiver als bisher zu verknüpfen. Wertvolle Ansätze hierzu bieten bereits die Aktivitäten der Architektenkammern (wie z. B. „Architektur macht Schule") sowie der zahlreichen Vereine und Stiftungen.

Zur Verbesserung der Beteiligungskultur gehört auch eine Blickwinkelveränderung – weg von der Quantität hin zur Qualität: Nicht die Teilnehmerzahl einer Veranstaltung, sondern die Qualität der Ergebnisse bestimmt die Güte des Prozesses. Das heißt an einigen Stellen auch zu akzeptieren, dass Teile der Bevölkerung kein Interesse an einer Mitwirkung an planerischen

Modell Ludwigsburg
Durch Dialog und Vernetzung zu einer ganzheitlichen Stadtentwicklung

Die Stadt Ludwigsburg verfolgt eine integrierte Stadtentwicklungspolitik. Zentrales Instrument ist das Stadtentwicklungskonzept „Chancen für Ludwigsburg", das bewusst als fortschreibungs- und weiterentwicklungsfähige Leitlinie konzipiert ist. Bereits 2004 begann hierzu ein Prozess intensiver Bürgerbeteiligung, aus dem sich eine Dialogkultur entwickelte. Bei regelmäßigen Zukunftskonferenzen werden Leitsätze und Ziele aus elf Themenfeldern der strategischen Stadtentwicklung überprüft, beschlossen und weiter fortgeschrieben. Jedem Themenfeld liegt wiederum ein eigener Masterplan zugrunde, der Ziele, Projekte und Verantwortliche benennt. Hierdurch wird Stadtentwicklung für Bürger greifbar und transparent. Wettbewerbe (z. B. zur Neugestaltung des Akademiehofs) oder Gestaltungshandbücher (wie z. B. bei der Siedlung Hartenecker Höhe) tragen ebenfalls dazu bei. Die Verwaltung unterstützt diese Prozesse mit dem Fachbereich für bürgerschaftliches Engagement und dem Querschnittsreferat Nachhaltige Stadtentwicklung. Die Masterpläne wurden zu einem zentralen Steuerungselement aufgewertet; sie gleichen die sektoralen Maßnahmen mit den Zielen des Stadtentwicklungskonzepts ab. Hier zeigt sich, dass eine stärker integriert arbeitende Stadtentwicklung auch mit einer Weiterentwicklung bestehender Arbeitsstrukturen verbunden sein muss, wenn sie nachhaltige Erfolge erzielen will.

Beteiligte: Gemeinderat, Stadtverwaltung, Expertengremien und Bürgerschaft
Koordination: Geschäftsstelle Stadtentwicklungskonzept (Holger Hess & Martin Kurt 2004–2008) / Querschnittsreferat „Nachhaltige Stadtentwicklung" (Peter Fazekas seit 2008)
Meilensteine: Fachbereich für bürgerschaftliches Engagement (seit 2004), Stadtentwicklungskonzept „Chancen für Ludwigsburg" (seit 2004), Stadtteilentwicklungspläne (STEP) (seit 2007), Querschrittsreferat Nachhaltige Stadtentwicklung (seit 2009)

Entscheidungen haben. Eine hohe Teilnehmerzahl an Prozessen der Planung ist nicht per se ein Garant für gute Planungskultur, und nicht jede Planungsentscheidung muss von allen gemeinsam getroffen werden. Auch sind nicht alle Themen „beteiligungsgeeignet". Bestimmte Fachkompetenzen können nicht aus der Hand gegeben werden – vielmehr gilt es, aus fachlicher Sicht den Rahmen zu definieren, innerhalb dessen Beteiligung möglich ist. Ziel muss es sein, dass Entscheidungsbedarfe und Beteiligungsangebote im Planungsprozess zeitlich und inhaltlich synchronisiert sind.

Nutzung und Aneignung – „Phase Zehn" Nach den Leistungsphasen 1 (Grundlagenermittlung) bis 9 (Dokumentation) nach der HOAI kommt die „Phase Zehn", denn Baukultur endet nicht mit dem gebauten Objekt. Die spätere Nutzung des Gebauten ist auch ein Teil des baukulturellen Aushandlungsprozesses, denn Konflikte entstehen häufig, weil der spätere Gebrauch im Planungsprozess nicht weitreichend genug antizipiert oder zu einseitig gewichtet wurde. Sinnvoll sind in diesem Zusammenhang die Evaluation durchgeführter Vorhaben und die Optimierung von Ergebnissen. Hierfür sollte es Budgets oder Rücklagen für Anpassungen im Betrieb geben, auch mit dem Ziel des Lernens für den nächsten Schritt und das nächste Projekt. Baukultur zeigt sich auch darin, nicht alles zu determinieren und Raum für Entwicklung zu bieten. Möglichkeitsräume zu lassen, macht öffentliche Räume wie auch private Bauvorhaben robust gegenüber sich wandelndem Nutzerverhalten und erleichtert Aneignung und Identifikation.

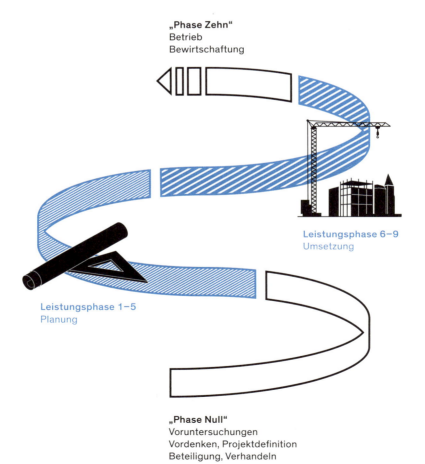

Ergänzung der Leistungsphasen nach der HOAI durch „Phase Null" und „Phase Zehn"

Quelle: Bundesstiftung Baukultur 2014

Verantwortung Es geht zudem um eine Neuordnung von Verantwortung für die Erstellung und Pflege von Bauten und Räumen. Die finanziellen und personellen Rahmenbedingungen der öffentlichen Hand bedeuten für die Zukunft, dass nicht mehr alles auf staatlichen Schultern ruhen kann. Verantwortungsübernahme durch Private – in Wirtschaft oder Zivilgesellschaft – heißt aber gleichzeitig, dass eine Diskussion geführt werden muss, wie weit die Einflussnahme dieser Akteure gehen kann. Es bleibt stets ein notwendiger Abwägungsprozess zwischen Privat- und Gemeinwohlinteressen, und bereits diese Diskussion um den Grad des Ausgleichs ist eine Auseinandersetzung mit Baukultur, da man Gemeinwohl- und Privatinteressen nicht von vornherein als unvereinbar voraussetzt. Ziel muss es sein, eine Verantwortungsgemeinschaft für die Stadt zu bilden, die sich gemeinsam darum bemüht, die jeweiligen stadtentwicklungspolitischen Prinzipien umzusetzen.

Status quo und aktuelle Entwicklungen

Diese Erwartungen an qualitätvolle Planungsprozesse sind Teil des Baukulturverständnisses. Sie definieren ein Ziel, das in jeder neuen Maßnahme und jedem begonnenen Prozess angestrebt werden soll. Nicht immer gelingt dies. In manchen Projekten geraten diese Ideale aus dem Blick, bestimmen andere Dynamiken die Richtung und erreichen Verfahren nicht die Qualität, die sie haben könnten.

Zusammenarbeit zwischen Fachdisziplinen und -ressorts Veränderte Rahmenbedingungen führen dazu, dass Erwartungen an die Planungskultur in Zukunft ein noch größeres Gewicht erlangen. In deutschen Städten werden in den nächsten Jahren planerische Initiativen und bauliche Veränderungen in großem Umfang notwendig. Klimaanpassung, Energiewende, demografischer Wandel – allein die drei bereits dargelegten Herausforderungen zeigen den planerischen und baulichen Handlungsbedarf für die nächsten Jahre und Jahrzehnte deutlich auf. Zudem ist die Diskussion über den Umgang mit dem sanierungsbedürftigen Bestand der Nachkriegsmoderne in vollem Gange. Dies stellt insbesondere die öffentlichen Wohnungsunternehmen, aber auch die Kommunen selbst vor große Aufgaben. Ganze Stadtquartiere wie die Einfamilienhausgebiete der 1950er- und 1960er-Jahre stehen vor einem Transformationsprozess, denn hier vollzieht sich ein Bevölkerungswandel, und infrastrukturelle Defizite müssen behoben werden. Diese und viele weitere komplexe Aufgaben erfordern ein ressortübergreifendes Arbeiten auf kommunaler Ebene und eine engere Zusammenarbeit zwischen den unterschiedlichen Fachplanern, Architekten, Ingenieuren und angrenzenden Disziplinen. Bereits jetzt setzen drei Viertel aller deutschen Kommunen eine ressortübergreifende Zusammenarbeit anlass- und themenbezogen um. Institutionalisiert und im alltäglichen Verwaltungshandeln angekommen ist sie bisher jedoch nur in jeder dritten Kommune.

Voraussetzung für fach- und ressortübergreifendes Planen und Entscheiden ist die Verständigung über gemeinsame Ziele. Hierfür – und auch zur Kommunikation mit und Einbindung von der Öffentlichkeit – sind Leitlinien, integrierte Planwerke und öffentlichkeitswirksame Formate von Bedeutung. Beispielhaft geht dabei die Stadt Wolfsburg vor, die verwaltungsintern mit der fächerübergreifenden „Arbeitsgruppe Baukultur" und in der Öffentlichkeit mit dem „Forum Architektur" auf Architekturvermittlung, Kommunikation und ganzheitliches Denken setzt. Bundesweit etablieren sich integrierte Herangehensweisen jedoch eher zögerlich in der kommunalen Praxis: 24% der befragten Kommunen gaben an, für die Gesamtstadt bereits ein integriertes Stadtentwicklungskonzept erarbeitet oder in Vorbereitung zu haben. Eine Leitbilddiskussion wurde in immerhin 43% der Kommunen geführt. Auf Quartiersebene werden integrierte Stadtteilentwicklungskonzepte bei 46% und Leitbilder bei 36% der Kommunen erarbeitet.

Die Verbreitung, die integrierte städtebauliche Entwicklungskonzepte derzeit erfahren, ist eng mit der Städtebauförderung verbunden. In einzelnen Programmen sind bereits seit langem entsprechende Grundlagen Voraussetzung für Förderungen, seit 2012 werden sie für alle Programme gefordert. Im Programmjahr 2011 wurden für 56% aller geförderten städtebaulichen Gesamtmaßnahmen integrierte städtebauliche Entwicklungskonzepte beschlossen. In einzelnen Programmen wie zum Beispiel „Soziale Stadt" liegen bereits für rund drei Viertel der Programmgebiete ein solches Konzept vor.

Die Erarbeitung und der Einsatz dieser Instrumente erfolgen jedoch unter dem Druck sinkenden Personalbestands: In den Kommunalverwaltungen hat von 2000 bis 2012 ein Abbau von 185.000 Stellen stattgefunden, was einer Reduktion um 12% entspricht. Einschränkungen auch in der Arbeit der Bauverwaltungen und kommunalen Stadtplanungsämter sind damit unmittelbar verbunden. Hier sind in Zukunft weitere Umbrüche mit Folgen für die Qualität der Bau- und Planungsprozesse zu erwarten: In der öffentlichen Verwaltung steigt das Durchschnittsalter der Mitarbeiter beständig an. Gegenwärtig ist ein Großteil des Personals der Länder und Kommunen älter als 45 Jahre. Dadurch ist für die nahe Zukunft zu befürchten, dass „tacit knowledge" – das implizite Erfahrungswissen, das nicht über die formale Ausbildung gelehrt werden kann – verloren geht. Dem gegenüber stehen die zunehmende Professionalisierung und Internationalisierung einiger Bereiche der privaten Bauwirtschaft mit der Folge, dass die Position der öffentlichen Hand als qualifizierter Verhandlungspartner und Vertreter der öffentlichen und gemeinschaftlichen Interessen geschwächt wird.

Zusammenarbeit zwischen Bauherren und Architekten Auch bei anderen Akteuren des Planens und Bauens zeigen sich in den letzten Jahren strukturelle Veränderungen. Im Jahr 2011 hat das Magazin „Baumeister" 33 namhafte Architekten in qualitativen Interviews zu ihrer Arbeitspraxis befragt und konstatiert, dass sie das Verhältnis zu den Bauherren generell als zunehmend schwierig beurteilen. Neben den Konflikten inhaltlicher Art, die auf unterschiedlichen Vorstellungen und Wünschen basieren, haben sich in einigen Bereichen die Auftraggeber gewandelt. Auftraggeber in Form von Gremien, Projektentwicklern oder -steuerern und anderen Beauftragten bedingen häufig, dass Entscheidungskompetenzen verwischen oder gar nicht vorliegen und der Bauherr schwerer identifizierbar und greifbar wird. Für Architekten führt dies immer häufiger zum Verlust des Bauherrn als eine reale Person. Gerade die Sicherstellung der Kosten-, Termin- und Qualitätsziele hängt aber unter anderem davon ab, dass notwendige Entscheidungen im Projektablauf rechtzeitig von hierfür kompetenten und dazu bevollmächtigten Personen getroffen werden.

Erweiterung Nya Nordiska, Dannenberg
Eine Firmenerweiterung in der historischen Altstadt

Der Textilverlag Nya Nordiska erweiterte seinen Standort nicht „auf der grünen Wiese", sondern inmitten der historischen, von Wohngebäuden geprägten Dannenberger Altstadt. Der alte Fachwerk-Firmensitz wurde durch mehrere neue Baukörper zu einem innerstädtischen Ensemble mit einer Fläche von 4.100 Quadratmetern ausgebaut. Der Neubau greift mit seinen Sheddächern die Giebeldachformen der Umgebung auf, integriert sich in die vorhandene Stadtgestalt und komplettiert den historisch gewachsenen kleinstädtischen Stadtraum durch neue funktionale Zuordnungen. Zentral für die gute Zusammenarbeit von Bauherr und Architekt war, dass der Bauherr seine Rolle und Verantwortung im Prozess bewusst übernahm. Dies begann mit der Auswahl des Grundstücks in zentraler Lage – auch als Beitrag zur Revitalisierung der Dannenberger Innenstadt –, gefolgt von einem Architekturwettbewerb, einem Realisierungsprozess unter dem Verständnis einer konstruktiven Problemlösung aller Beteiligten und reichte bis hin zur gezielten Auswahl regional verankerter mittelständischer Unternehmen bei der Bauausführung. Die Erweiterung des Produktionsstandortes der Nya Nordiska ist damit nicht nur ein Beispiel für die innerstädtische Mischung von Wohnen und Arbeiten, sondern auch für eine gelungene Integration von Neubauten im historischen Kontext und für ein Verständnis des Bauprozesses als Gemeinschaftswerk von Bauherren, Architekten und ausführenden Unternehmen.

Bauherr: Nya Nordiska Verwaltungs GmbH, Dannenberg
Architektur: Staab Architekten, Berlin
Tragwerk: ifb frohloff staffa kühl ecker, Berlin (Genehmigung)
Peter Martens + Frank Puller Ingenieurgesellschaft mbH, Braunschweig (Ausführung)
Landschaftsplanung: Levin Monsigny Landschaftsarchitekten, Berlin
Planung/Bauzeit: Wettbewerb 2008 / Fertigstellung 2010

Auch sehen sich die befragten Architekten durch zunehmende Kontrollansprüche der Bauherren unter Druck gesetzt. Die zahlreichen Normen und Regelwerke, die bei jedem Bauvorhaben zu berücksichtigen sind, werden zur Beurteilungsgrundlage für Qualität und Gestalt. Dabei wird unter den Projektbeteiligten ein mangelndes Vertrauen beklagt, das zu früh und zu oft zu rechtlichen Auseinandersetzungen führt. Es fehlen interne oder externe Konfliktlösungsmechanismen, mit denen diese Auseinandersetzungen zu einem frühen Zeitpunkt beigelegt werden können. Dadurch kann sich der Konfliktgrad im weiteren Prozess erhöhen, was zu Störungen im Projektverlauf sowie zu weiteren Konflikten führt und eine „Atmosphäre des Misstrauens" zwischen Bauherren, Architekten und Bauunternehmen begünstigen kann. Die zunehmende Einbeziehung von Juristen in den Planungs- und Bauprozess ist Beleg dafür. Verstärkend wirkt sich in dieser Konstellation vielfach aus, dass die Vergabe von Bau- und Planungsleistungen im Rahmen von VOF-Verfahren zu häufig allein nach dem finanziellen Zuschlagskriterium des Angebotspreises erfolgt. Die Berücksichtigung der Kompetenzen der Bieter ist dem nachgeordnet, was zu finanziell eng kalkulierten Projekten mit erheblichem Konfliktpotenzial führen kann.

Aufgeschlossene private Bauherren, insbesondere aus der Wirtschaft, entdecken für sich jedoch immer häufiger den Mehrwert von Baukultur. Hintergedanke ist dabei das für die Unternehmensdarstellung relevante Bildmaterial eines Firmensitzes ebenso wie die Förderung der Unternehmenskultur und Mitarbeitermotivation durch ein attraktives Arbeitsumfeld. Gerade in der Dienstleistungsgesellschaft, wird die Unternehmenszentrale zur Visitenkarte. Eine baukulturell hochwertige Planung und Gestaltung wirken hier imageprägend. Andererseits bekennen sich verantwortungsvolle Bauherren zur Sozialbindung des Eigentums, wie sie sich aus § 14 Absatz 2 des Grundgesetzes ergibt. Sie begreifen ihre Bauvorhaben nicht nur als eigenes Projekt, sondern auch in seiner Wirkung für die Umgebung, den Stadtraum und als Teil der Stadtidentität. Baukultur wird damit zu einem Teil der Corporate Responsibility eines Unternehmens. Auch für die Wohnungswirtschaft ergibt sich – besonders in entspannten Wohnungsmärkten – ein Alleinstellungsmerkmal durch baukulturell hochwertige und entsprechend gepflegte Bestände.

Öffentliche Beteiligung in Bau- und Planungsprozessen Bürgerbeteiligung und Stadtentwicklung genießen derzeit besondere gesellschaftliche und mediale Aufmerksamkeit. Mit „Beteiligung" wird inzwischen mehr verbunden als das im Baugesetzbuch vorgeschriebene zweistufige Beteiligungsverfahren mit frühzeitiger Öffentlichkeitsbeteiligung und öffentlicher Auslegung. Spätestens seit 2010 – der Hochphase des Protests gegen Stuttgart 21 – wird von einer neuen Protestkultur gesprochen, die sich zunächst an Großprojekten entzündet hat, inzwischen aber auch kleine Projekte zum Anlass nimmt, um Kritik an Planverfahren und deren Inhalten zu äußern.

Die Medienberichterstattung der letzten Jahre suggeriert, dass die Qualität dieser Verfahren gesunken sei. Gerade die Bauvorhaben, die bundesweite Bekanntheit erreichen, erhalten ein mediales Echo, das sich vor allem auf Probleme und Konflikte in den Bau- und Planungsprozessen bezieht. Welche Wirkung diese Berichterstattung über Projekte wie Stuttgart 21, die Elbphilharmonie in Hamburg oder den Großflughafen BER bei Berlin auf das Baukulturverständnis der Bevölkerung hat, ist nicht abzusehen.

Laut der Bevölkerungsumfrage sehen die Bürger momentan die Verantwortung für Verzögerungen in Bau- und Planungsprojekten an erster Stelle bei den zuständigen Politikern. Bürgerschaftliche Protestbewegungen gegen große öffentliche Bauvorhaben werden dagegen eher als Korrektiv wahrgenommen, nur 28 % der Bevölkerung halten sie für verantwortlich für Verzögerungen. In vielen Initiativen und breitenwirksamen Diskussionen werden nicht nur eine frühere Beteiligung sowie transparentere und offenere Verfahren gefordert, sondern auch wirkliche inhaltliche Mitbestimmung.

Insbesondere beim Themenfeld der Beteiligung wird die Qualität des Verfahrens essenziell, wenn sie nicht zum reinen „Particitainment" werden soll, d.h. zum wirkungslosen Selbstzweck einer Inszenierung von Teilhabe. „Beteiligung" ist zunächst ein offener Begriff, mit dem häufig auch Prozesse bezeichnet werden, die vornehmlich der Informationsvermittlung dienen. Jede Beteiligungsform erfordert eine tatsächliche und offen kommunizierte sichtbare Einflussmöglichkeit auf relevante Entscheidungen. Ist dies nicht gegeben, kann Partizipation Frustration auslösen. Mit dieser eng gefassten Definition sind gegenwärtig kaum Aussagen darüber möglich, wie es in Deutschland um die Beteiligung in Bau- und Planungsprozessen bestellt ist. Eine Untersuchung des Difu aus dem Jahr 2013 zu aktuellen Formen der Bürgerbeteiligung zeigt jedoch auf, dass kommunale Beteiligungsverfahren vorzugsweise im Rahmen formeller Verfahren bzw. jener informellen Verfahren eingesetzt werden, die dazu dienen, Informationen über Planungen zu vermitteln oder zu gewinnen. Verfahren zur tatsächlichen Mitentscheidung durch die Bevölkerung werden bislang vergleichsweise selten eingesetzt. Die Studie kommt zu dem Schluss, dass anscheinend noch keine „gleiche Augenhöhe" zwischen Bürgern und der Stadtverwaltung besteht.

Auch wenn auf Seiten der Bevölkerung das Interesse an Mitwirkung grundsätzlich bekundet wird – nach Untersuchungen der Bertelsmann Stiftung 2011 wünschen sich 81 % der Bevölkerung mehr Beteiligungs- und Mitsprachemöglichkeit –, machen gegenwärtig nur wenige Bürger von den einzelnen Informations- und Mitwirkungsmöglichkeiten bei Planungsvorhaben und Baumaßnahmen tatsächlich Gebrauch. Innerhalb der existierenden Informations- und Mitwirkungsrealität nehmen die Bürger mit 29 % am häufigsten noch an einer Unterschriftenaktion teil, wobei dies eher in Großstädten als in kleineren Kommunen der Fall ist. In kleineren Städten sind dagegen Informationswege und Mitwirkungsmöglichkeiten, die auf persönlichem Kontakt beruhen, häufiger als in Großstädten: Direkte Kontakte zur Verwaltung oder zu Mitgliedern des Rates, Teilnahme an Sitzungen des Stadtrates oder den Ausschüssen werden hier stärker genutzt als in Großstädten. Dies korrespondiert mit der bereits angesprochenen Untersuchung des Difu, bei der über 30 % der befragten Fachkräfte in den Kommunalverwaltungen angeben, dass Beteiligung für die Bevölkerung nur einen geringen oder sehr geringen Stellenwert einnimmt. Vor allem gelingt es noch nicht ausreichend, die jüngeren Bewohner der Stadt aktiv in die Diskussionen über Baukultur einzubeziehen. Die Bevölkerungsgruppe der unter 30-Jährigen ist bei Planvorhaben nochmals deutlich weniger beteiligungsaktiv als andere Altersgruppen. Lediglich bei Protestaktionen und Demonstrationen sowie bei Diskussionen über das Internet ergibt sich ein umgekehrtes Bild. Einen wertvollen Beitrag hierzu leisten Projekte, die den Gestaltungswillen, den Ideenreichtum und das Verantwortungsbewusstsein von Jugendlichen

Ausreichende Informationen in der Bevölkerung

Fühlen Sie sich über das Baugeschehen und Bauprojekte in ihrer Wohnumgebung alles in allem ausreichend informiert?

Quelle: Bevölkerungsbefragung zur Baukultur 2014 (Forsa, im Auftrag der Bundesstiftung Baukultur)

nein, würde gerne mehr erfahren
23,0 %

ja
76,0 %

… über Lokalzeitung und Gespräche

Die fünf wichtigsten Informationsquellen für Baumaßnahmen im Wohnort für Bürgerinnen und Bürger

Quelle: Bevölkerungsbefragung zur Baukultur 2014 (Forsa, im Auftrag der Bundesstiftung Baukultur)

lokale Tageszeitung 76 %
persönliche Gespräche 73 %
lokale Anzeigenblätter 56 %
Informationen der Stadt/Gemeinde 49 %
Internet 42 %

fördern und ihnen Raum hierfür bieten. Das Bundesinstitut für Bau-, Stadt- und Raumforschung (BBSR) unterstützt entsprechend seit 2009 mit dem Forschungsfeld „Jugendliche im Stadtquartier" verschiedene Modellprojekte in Kommunen und gewinnt hieraus Erfahrungen, wie Jugendliche in die Stadtentwicklung eingebunden werden können.

Aushandlungsprozesse Baukultur umfasst nicht nur den Planungs- und Bauprozess, sondern auch den Umgang mit dem Gebauten und hat somit immer eine soziale Komponente. Das Recht auf Stadt, das den gleichberechtigten Zugang zu den Vorzügen des Städtischen beschreibt, wird von verschiedenen sozialen Gruppen reklamiert. Auseinandersetzungen rund um das Schlagwort der „Gentrifizierung" sind ein Teil der Debatte und inzwischen auch medial fest verankert. Auch die Diskussion um „bezahlbaren Wohnraum" war in verschiedenen Entwicklungsphasen in Deutschland immer wieder aktuell und steht gegenwärtig erneut im Zentrum des Interesses. Deshalb meint Baukultur auch die Diskussion um gesellschaftliche Prinzipien, die der Planung und Gestaltung von Stadt zugrunde liegen sollen – und die sich in der gebauten und gestalteten Umsetzung manifestieren.

Eine reine Top-down-Planungsphilosophie ist in diesem Zusammenhang weder gewünscht noch durchsetzbar. Das Akteursfeld wird breiter, die Bevölkerung formiert sich insbesondere, wenn ihr persönliches Lebensumfeld betroffen ist. Die Ausdifferenzierung unserer Gesellschaft führt auch dazu, dass es immer weniger einen selbstverständlichen „common sense" gibt, der vorausgesetzt oder auf dem aufgebaut werden kann – stattdessen geht es um ein Ausbalancieren unterschiedlicher Interessen.

Baukulturelle Qualität entsteht dabei durch Kommunikation und Vermittlung. Dabei ist anzunehmen, dass die Bedeutung des Internets als Informationsquelle in Zukunft weiter zunehmen wird. Der Einsatz neuer Medien ermöglicht die Einbindung vor allem junger Generationen unter 45 Jahren, die das Internet als Informationsquelle intensiver nutzen als ältere Generationen. Planung im

Baukulturelles Dilemma
Entwicklung der konzeptionellen Freiheit, des Mitteleinsatzes und der Beteiligung im Projektverlauf

Quelle: Bundesstiftung Baukultur 2014

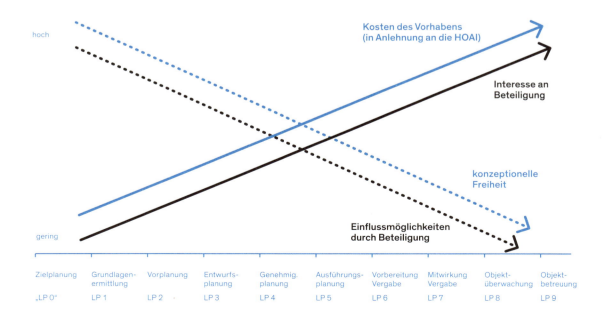

digitalen Zeitalter bietet neue Möglichkeiten der Beteiligung und der Mitwirkung. Web 2.0-Anwendungen können die Kooperation innerhalb der öffentlichen Verwaltung ebenso wie mit den Bürgern erleichtern. Erst etwa die Hälfte aller Kommunen macht gegenwärtig erste Erfahrungen mit netzbasierter Kooperation und Kommunikation. Gegenwärtig sind diese Verfahren noch sozial stark selektiv. Der „Digital-Index" der gemeinnützigen, privatwirtschaftlich getragenen Initiative D21 zeigt, dass beispielsweise höhere Bildungsabschlüsse bei der Online-Nutzung immer noch deutlich überwiegen. Ein Durchbruch und damit die selbstverständliche Nutzung internetbasierter Instrumente in der Beteiligungspraxis stehen daher noch aus.

Bedeutung der frühen Projektphasen und der Evaluation In Zusammenhang mit der Beteiligung stellt sich immer auch die Frage nach dem „richtigen" Zeitpunkt. Im Prozess der Planung und baulichen Umsetzung sind zwei gegenläufige Entwicklungen typisch: Auf der einen Seite ist zu Beginn des Prozesses der Grad der konzeptionellen Freiheit und der Einfluss auf das Ergebnis hoch und sinkt schon in den frühen Planungsphasen stark ab. Auf der anderen Seite ist der Mitteleinsatz für Planungshonorare und Umsetzung in den ersten Phasen gering und steigt im Zuge der Umsetzung sprunghaft an. Hiermit verbunden ist ein baukulturelles Dilemma: Richtungsweisende Projektphasen sind mit dem geringsten Mittelvolumen versehen. Die Verordnung über die Honorare für Architekten- und Ingenieurleistungen (HOAI) beginnt beispielsweise mit der Leistungsphase 1, die eine Grundlagenermittlung beinhaltet. Im Hochbaubereich, aber auch bei Verkehrsplanungen wird sie mit lediglich 2 % des Gesamthonorars angesetzt. Eine vorzuschaltende „Phase Null", in der eine Bedarfsanalyse und Zielplanung und damit auch die Planung der Beteiligung im Prozess erfolgen können, ist in der HOAI nicht vorgesehen. Eine „Phase Zehn", also die Bewertung und Evaluation eines fertiggestellten Projektes, ist ebenso nicht eingeplant.

Fehler, die zu Beginn des Planungsprozesses gemacht werden, können später zu Verzögerungen und Mehrkosten führen. Nach einer Untersuchung des Marktforschungsinstituts Bauinfoconsult entfallen nach Einschätzung der befragten Branchenakteure 12 % des gesamten Umsatzes der Baubranche auf Fehlerkosten, d.h. Fehlplanung, Rechen-, Kommunikations- oder Ausführungsfehler. Viele dieser Fehler wären durch eine sorgsamere Projektplanung zu Beginn des Prozesses vermeidbar und könnten damit die Qualität des Planens und Bauens erhöhen sowie den späteren Zeitaufwand minimieren.

Zusätzlich zu einer verstärkten „Phase Null" gilt es gleichsam, auch die Phase der Nachbetrachtung und Evaluation zu stärken, die „Phase Zehn". Die Sichtweise „Nach dem Projekt ist vor dem Projekt" erlaubt, zukünftige Verfahren und Abläufe zu optimieren, wenn bisherige Stolpersteine und Unzulänglichkeiten identifiziert werden. So hat beispielsweise die Stadt Gütersloh eine Evaluation von abgeschlossenen Bebauungsplänen vorgenommen, um Wege zu finden, wie sich städtebauliche Zielsetzungen in Zukunft stärker in den Bebauungsplanprozess einbinden lassen.

Wettbewerbe Um die baukulturelle Verfahrens- und Ergebnisqualität weiter zu stärken, steht den Städten und Gemeinden eine Bandbreite von harten und weichen Instrumenten zur Verfügung. Mit dem Werkzeugkasten „Kommunale Kompetenz Baukultur" des damaligen Bundesministeriums für Verkehr, Bau und Stadtentwicklung (BMVBS) wurden 2012 insbesondere die weichen Instrumente für eine praktische Anwendung auf kommunaler Ebene aufbereitet.

Eines der dabei bekanntesten Instrumente, um baukulturelle Qualitäten zu stärken, sind Wettbewerbe im Bauwesen. Die Richtlinie für Planungswettbewerbe (RPW) betont in ihrer Präambel, dass „diese Qualität am ehesten mithilfe des Ideen-Wettstreits um die beste Lösung für städtebauliche, architektonische, baulich-konstruktive oder künstlerische Aufgaben erreicht und erhalten werden kann". Planerische Wettbewerbe sind zudem ein Hilfsmittel der Kommunikation zwischen allen Beteiligten sowie späteren Nutzern, denn mehrere Entwurfsarbeiten zur gleichen Themenstellung zeigen Alternativen auf und erleichtern eine Diskussion um die geeignetste Lösung. Seit 2004 werden in Deutschland jährlich zwischen 250 und 350 Planungswettbewerbe ausgelobt. Die Mehrzahl davon wird durch die öffentliche Hand verantwortet, trotz des deutlich geringeren Anteils öffentlicher Bauinvestitionen im Vergleich zu privaten Vorhaben. Seit 2004 haben Bund, Länder und Kommunen knapp doppelt so viele Wettbewerbe wie private Bauherren durchgeführt. Drei Viertel aller kommunalen Planungsämter gehen davon aus, dass private Bauherren selten oder nie Wettbewerbsverfahren einsetzen. Dabei sind vor allem bestimmte Typen von Bauvorhaben betroffen: 93 % bzw. 84 % aller Städte konstatieren, dass insbesondere bei Gewerbe- bzw. Einzelhandelsbauten Wettbewerbe nur selten oder nie angewendet werden. Doch gerade die Alltagsbauten im Privateigentum bestimmen in großer Zahl das Erscheinungsbild deutscher Städte.

Ein Grund für die deutlich höhere Zahl öffentlicher Wettbewerbsauslobungen liegt auch darin, dass öffentliche Auftraggeber verpflichtet sind, Aufträge für Dienstleistungen nach der Vergabeordnung für freiberufliche Leistungen (VOF) europaweit auszuschreiben, wenn das geschätzte Honorarvolumen einen Schwellenwert von 207.000 Euro überschreitet. Aber auch jenseits dieser rechtlichen Verpflichtung sehen sich Bund, Länder und Kommunen in ihrer Vorbildfunktion und haben häufig Selbstverpflichtungen aufgestellt, Wettbewerbe für eigene Bauvorhaben einzusetzen. So gibt rund ein Drittel der befragten Kommunen an, dass Wettbewerbe bei eigenen kommunalen Bauvorhaben oft oder zumindest häufig eingesetzt werden.

Die verbreitete Meinung von Bauherren, dass Wettbewerbe teuer und zeitverzögernd sind, ist zu überdenken: Eine Studie des BMVBS zu Aufwendungen bei der Vergabe von Planungsleistungen aus dem Jahr 2013 konnte belegen, dass negative Auswirkungen des Vergabeverfahrens auf die zeitlichen und monetären Aufwendungen nicht feststellbar sind. Die Architekten- und Stadtplanerkammer Hessen hat durch Auswertungen abgeschlossener Projekte sogar gezeigt, dass durch Wettbewerbe bis zu 10 % der Baukosten eingespart werden und neben den baukulturellen auch finanzielle Verbesserungen erreicht werden können. Dennoch wird die Mehrzahl der Aufträge öffentlicher Bauherren nach wie vor über die „Vergabeordnung für freiberufliche Leistungen (VOF)" vergeben, nach welcher der kostengünstigste Anbieter den Zuschlag erhält. Wenn jedoch monetäre Kriterien überwiegen, sind Spielräume für technische Innovationen oder gestalterische Experimente kaum mehr gegeben.

Bei dem Großteil aller Wettbewerbsverfahren in Deutschland handelt es sich um nichtoffene, begrenzte oder beschränkte Wettbewerbe mit einem vorgeschalteten Bewerbungsverfahren. Deutlich weniger als 10 % der Wettbewerbe sind dagegen offene Wettbewerbe, die allen fachlich geeigneten Interessenten eine Teilnahme ermöglichen. Die Hürden für die Bewerbungsverfahren wie Anzahl der vergleichbaren Referenzen und die Angaben zur Leistungsfähigkeit der Büros sind dabei insbesondere für kleine Büros häufig zu hoch. Zudem werden den Wettbewerbsverfahren in einigen Fällen VOF-Verfahren nachgeschaltet, das heißt, der Preisträger muss sich in einem VOF-Verfahren gegen nachrangig eingestufte Büros noch einmal durchsetzen. Neben dem Angebotspreis zählt dabei vor allem die wirtschaftliche Leistungsfähigkeit, so dass es insbesondere jungen Büros schwer gemacht wird, einen innovativen Beitrag in diesem Markt der Ideen zu leisten. Wo möglich, sollte deshalb dem offenen Wettbewerb der Vorrang eingeräumt werden.

Gestaltungsbeiräte Gestaltungsbeiräte bestehen aus einer Gruppe unabhängiger, daher meist nicht vor Ort ansässiger beratender Fachexperten, die Vorhaben von stadtbildprägender Relevanz möglichst interdisziplinär begutachtet und Empfehlungen ausspricht. Ihre Sitzungen können öffentlich stattfinden und deren Ergebnisse veröffentlicht werden. Gestaltungsbeiräte verstehen sich selbst als Vermittler zwischen den Interessen der Bauherren und der Allgemeinheit. Sie nehmen nicht nur das Gebäude, sondern seine Einbettung in den Stadtkörper und in die lokale Gestaltungstradition in den Blick. Mit ihrer fachlichen Kompetenz geben sie Hilfe für eine höhere Qualität des Projekts im Sinne der Baukultur. In einer Aufstellung des Fördervereins Bundesstiftung Baukultur e. V. sind knapp 100 Gestaltungsbeiräte in Deutschland namentlich benannt. Dabei ist ihre Zahl vor allem in den letzten Jahren stark angestiegen – in den vergangenen zehn Jahren hat sie sich mehr als verdoppelt. Neue Gestaltungsbeiräte wurden vor allem in Nordrhein-Westfalen sowie im süddeutschen Raum gegründet.

Zahl der Gestaltungsbeiräte wächst
Anzahl und Verteilung der Gestaltungsbeiräte in Deutschland

Quelle: Förderverein Bundesstiftung Baukultur e. V. 2014

Sie haben sich oder Ihren Gestaltungsbeirat nicht wiedergefunden in der Karte? Schreiben Sie uns: mail@bundesstiftung-baukultur.de

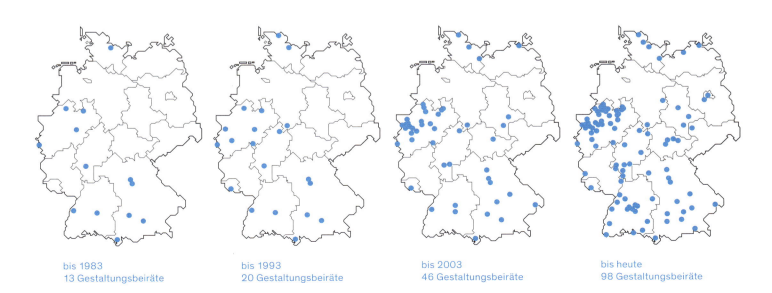

bis 1983
13 Gestaltungsbeiräte

bis 1993
20 Gestaltungsbeiräte

bis 2003
46 Gestaltungsbeiräte

bis heute
98 Gestaltungsbeiräte

Gestaltungsbeirat, Regensburg
Vorbild für baukulturelle Beratungsgremien in Deutschland

Durch konstruktive Beratung in der Planungsphase tragen Gestaltungsbeiräte gezielt zur Qualifizierung von privaten Bauvorhaben bei. Der Gestaltungsbeirat Regensburg hat sich durch seine Tätigkeit deutschlandweit besonderes Ansehen erarbeitet. Seit seiner Gründung im Jahr 1998 wurden mit ihm über 300 Einzelprojekte diskutiert, von denen mittlerweile 164 Bauvorhaben umgesetzt sind. So zum Beispiel auch der Umbau eines Eckgeschäfts am Kohlenmarkt (Bilder: Original von 1907 vor und nach dem Umbau, 2004 und 2005).
Die Rahmengebung und die Zusammensetzung dienten vielen Städten wie Lübeck, Trier, Karlsruhe und Leipzig als Vorbild bei der Einrichtung eigener Gestaltungsbeiräte. Ebenso gilt dies für die öffentlichen Sitzungen, die zu einer besseren Information der Öffentlichkeit über anstehende Bauvorhaben beitragen. Die positive baukulturelle Wirkung des Gremiums zeigt auf, dass gerade auch die „weichen" Instrumente, die auf Hilfestellung und Überzeugung setzen, in besonderem Maße geeignet sind, die Qualität des Planens und Bauens zu verbessern.

Bestehen: Seit Mai 1998
Leitung der Geschäftsstelle: 1998–2001 Klaus Heilmeier / Seit 2002 Tanja Flemmig
Koordination: Johanna Eglemeier
Derzeitige Gestaltungsbeiräte: Prof. Dr.-Ing. Paul Kahlfeldt, Berlin; Prof. Uta Stock-Gruber, Buch am Erlbach; Prof. Michael Gaenßler, München; Prof. Ingrid Burgstaller, München; Prof. Víctor López Cotelo, Madrid; Architektin Elke Delugan-Meissl, Wien

---

Angesichts der Tatsache, dass institutionalisierte Gestaltungsbeiräte vor allem in Großstädten vorzufinden sind und kleinere Städte mit dem organisatorischen und finanziellen Aufwand häufig überfordert sind, haben die Architektenkammern von Bayern, Baden-Württemberg und Hessen seit 2011 – und Mecklenburg-Vorpommern im Modellversuch seit 2013 – Angebote von mobilen bzw. temporären Gestaltungsbeiräten eingerichtet. Die Mitglieder dieser „Gestaltungsbeiräte auf Zeit" werden jeweils individuell für die Auftrag gebende Kommune zusammengestellt. Ihre Tätigkeit unterscheidet sich darüber hinaus nicht von der Arbeit institutionalisierter Gestaltungsbeiräte. Mit dem Modell soll aus Sicht der vier beteiligten Kammern auch in kleineren Städten das Interesse für eigene, fest eingerichtete Gestaltungbeiräte geweckt werden.

Preisverfahren Während Wettbewerbe und Gestaltungsbeiräte zu Beginn des Planungsprozesses ansetzen, zeichnen Preise und Ehrungen qualitätvolle Projekte nach ihrer Fertigstellung aus. Das „Handbuch der Baukultur" der Bundesstiftung Baukultur listet 107 regelmäßig vergebene Preise, Auszeichnungen und Ehrungen im Bau- und Planungswesen auf. Hierunter finden sich bundesweite Preise, wie zum Beispiel der Deutsche Bauherrenpreis (GdW), der Deutsche Städtebaupreis (DASL) und der Nationale Preis für integrierte Stadtentwicklung und Baukultur (BMUB). Ergänzend werden Preise für Projekte eines Bundeslandes oder einer Region ausgelobt, wie etwa der Brandenburgische Baukulturpreis (Brandenburgische Architektenkammer und Brandenburgische Ingenieurkammer) oder der Niedersächsische Staatspreis für Architektur (Land Niedersachsen). Darüber hinaus gibt es weitere kommunale Preise.

Herausragende Beispiele zu prämieren, stärkt die Motivation von Investoren und Bauherren, baukulturell hochwertige Lösungen zu verfolgen. Zudem verdeutlichen sie die Möglichkeiten guten Planens und Bauens für alle Akteure und die Öffentlichkeit. Persönliche Rückmeldungen von Bauherren zeigen, dass Preise und Ehrungen geeignet sind, Anerkennung auszudrücken. Sie vermitteln das Gefühl der Bestätigung, einen richtigen Weg gewählt zu haben, gerade wenn dieser im Vorfeld eventuell weniger kalkulierbar gewesen ist als Standardlösungen. Professionelle Akteure, wie beispielsweise die Wohnungswirtschaft, nutzen Auszeichnungen gerne in der Vermarktung und erreichen dadurch auch einen wirtschaftlichen Mehrwert.

Spielräume und Potenziale

Die tägliche Aneignung und Prägung des Raums, der dauerhafte Bedarf an Neubau sowie die Erneuerung des Bestands bieten die Möglichkeit, die Kultur des Planens und Bauens beständig zu überdenken und weiterzuentwickeln. Spielräume für eine Stärkung der Baukultur bestehen bei allen beteiligten Akteuren.

Stärkere ressortübergreifende Planung In den Kommunen und bei vielen Vorhabenträgern sind auf dem Weg zu einer selbstverständlichen ressortübergreifenden Arbeitsweise verschiedene Ansätze möglich, die fachübergreifendes Handeln fördern. Projektbezogene, interdisziplinäre

Arbeitsgruppen, regelmäßige quartiersbezogene Abstimmungsrunden verschiedener Fachressorts oder Verwaltungsvereinbarungen zwischen einzelnen Ämtern haben sich in der Praxis als besonders förderlich erwiesen. Die verbesserten Prozesse tragen entscheidend zur Baukultur bei, die Wirksamkeit entsprechender Kooperationsstrukturen erfordert jedoch Kontinuität: Kommunikationsstrukturen müssen über Jahre hinweg eingeübt und gepflegt werden, damit sie zur Qualitätssteigerung im Planen und Bauen beitragen. Von daher braucht es einen klaren politischen Willen, die entsprechenden strukturellen Voraussetzungen und den Auftrag an alle Ressorts, fachübergreifend zu arbeiten. Bundes- und Landesförderung von Modellprojekten und zeitlich begrenzte Programme wie internationale und regionale Bauausstellungen (IBAs, IGAs, BUGAs und Regionalen) waren und sind noch heute Anlass, neue ressort- und ebenenübergreifende Arbeitsweisen und Qualifizierungsinstrumente weiterzuentwickeln. Sie sind eine gute Quelle für Neuerungen in der Planung und sollten auch in ihrem experimentellen und zukunftsweisenden Charakter als „Ausnahmezustand auf Zeit" weiter genutzt werden.

Ressort- und ebenenübergreifendes Planen kann zudem gestärkt werden, wenn integrierte Stadtentwicklung und fachübergreifende Kompetenzen bereits in der universitären Ausbildung von Architekten, Bauingenieuren und Planern und in der Referendarsausbildung kontinuierlich vermittelt werden. Gleichermaßen geht es um eine permanente Weiterbildung, denn qualitätvolle Bau- und Planungsprozesse erfordern auch entsprechend qualifiziertes Personal. Verbesserungen in den Verfahren sind nur in dem Maße möglich, in dem Kenntnisse und Fähigkeiten der Beteiligten zunehmen. Gute Möglichkeiten bietet die Weiterbildung im Prozess, die durch die gemeinsame Arbeit in interdisziplinären Projektteams quasi „natürlich" erfolgt. Andererseits gilt es, die Qualifikation der Beteiligten durch dezidierte – idealerweise ebenfalls interdisziplinäre – Fortbildungsangebote zu stärken, die einen kreativen Input für die Planungsprozesse vor Ort bewirken können.

Beteiligung und Kooperation in Bau- und Planungsprozessen Eine große Herausforderung ist es, gerade jene Bevölkerungsteile zu erreichen, die als „beteiligungsfern" gelten und nicht zu denjenigen gehören, die sich von selbst zu Wort melden. Dies sind u. a. Bewohner mit Migrationshintergrund, aber auch Haushalte mit einem engen Zeitbudget. Hier ist es erforderlich, spezifisch geeignete Formen zu finden, die von mehrsprachigen Vorträgen bis hin zur Kinderbetreuung während eines Werkstattgesprächs reichen. Motivierende und nachvollziehbare Verfahren zu gestalten, welche unterschiedliche Bevölkerungsgruppen zum Mitdiskutieren anregen, verbleibt eine Daueraufgabe der Planungspraxis.

Dabei ist das vorhandene Methodenspektrum der Informations- und Beteiligungsverfahren groß und in vielen Handreichungen hinreichend dargestellt. Jede Kommune entwickelt ihre eigene Beteiligungskultur. Instrumente, die an einem Ort funktionieren, müssen nicht zwangsläufig an einem anderen Ort in gleicher Weise erfolgreich sein. Ein Austausch untereinander ist aber in jedem Fall produktiv. In der Umsetzung bedarf es ebenso der Kreativität und Flexibilität wie des politischen Willens und der tatsächlichen Unterstützung der administrativen Leitungsebenen. Zur Förderung des Austauschs zwischen der Bevölkerung, der Verwaltung und den Verantwortlichen aus der Politik sind z. B. gemeinsame Stadtspaziergänge oder Stadtführungen eine gute

Angebot und Interesse

Zwei beispielhafte Formen der Bürgerbeteiligung, die...

Quelle: Kommunalbefragung zur Baukultur 2014 (Difu, im Auftrag der Bundesstiftung Baukultur) & Bevölkerungsbefragung zur Baukultur 2014 (Forsa, im Auftrag der Bundesstiftung Baukultur)

... sich aus Sicht der Kommune bewährt oder sehr bewährt haben:

...von Bürgern in den letzten 12 Monaten genutzt wurden:

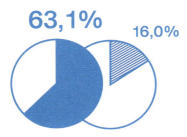

63,1 %   **16,0 %**

Bürgeranhörung / Einwohnerfragestunde

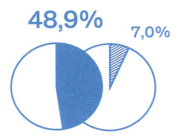

48,9 %   **7,0 %**

Ideenwettbewerb mit Bürgerbeteiligung

Möglichkeit, ebenso wie Ausstellungen und öffentliche Stadtmodelle. Im engeren Sinne sind dies keine Instrumente der Beteiligung, sondern solche zur Informationsvermittlung und Kommunikation – die Übergänge sind jedoch fließend. Sie können auch als Einstieg in ein tiefergehendes Beteiligungsverfahren genutzt werden.

Mitwirkungsmöglichkeiten werden von der Bevölkerung umso intensiver genutzt, je konkreter und überschaubarer der Beteiligungszweck definiert ist. Die Teilnahme ist auch dann stärker, wenn eine kreative Öffentlichkeitsarbeit erfolgt und ein inspirierendes Verfahren gewählt wird. Besondere Formate wie z. B. Charette-Verfahren, Open Space, World-Café haben jedoch mehr als zwei Drittel der Kommunen noch nicht eingesetzt. Andere Verfahren, die aus Sicht vieler Kommunen bisher erfolgreich eingesetzt wurden, sind Runde Tische und Werkstätten sowie Ideenwettbewerbe mit Bürgerbeteiligung. Durch passende und ansprechende Öffentlichkeitsarbeit kann auch die Bekanntheit von und Teilnahme an diesen Verfahren noch weiter gesteigert werden.

Ein weiteres erfolgversprechendes Instrument sind Verfügungsfonds, die aus der Städtebauförderung oder Haushaltsmitteln der Kommune bereitgestellt werden. Bürger entscheiden selbstorganisiert, zu welchem Zweck dieses Budget verwendet werden soll. Hierdurch werden kleinere Projekte unterstützt, die mit Eigeninitiative und ergänzendem privaten Kapital entwickelt werden. Verfügungsfonds sind in der Lage, die Aktivitäten der Akteure vor Ort zu unterstützen und bürgerschaftliches Engagement für baukulturelle Ziele zu fördern. Private Initiativen können gleichfalls gestärkt werden, wenn Aneignungsmöglichkeiten geschaffen werden und Möglichkeitsräume verbleiben. Das kann die nutzungsneutrale Gestaltung von Plätzen und Räumen sein, Zwischennutzungsangebote auf Brachflächen oder sogenannte „Weiße Flächen" im Flächennutzungs- oder Bebauungsplan, die in einer Planung bewusst ungeplant verbleiben und erst zu einem späteren Zeitpunkt funktional und gestalterisch definiert werden.

Stärkung baukultureller Werte bei privaten Bauherren Zur Stärkung der Baukultur stehen der öffentlichen Hand auch „härtere" Lenkungsinstrumente zur Verfügung. Eine besondere Handlungsmöglichkeit hat sie dabei über ihre Bodenpolitik. Ein aktives strategisches Grundstücksmanagement erhöht insbesondere kommunale Handlungsoptionen, denn über die hoheitlichen Einflussmöglichkeiten hinaus können auf privatrechtlicher Ebene differenzierte und passgenaue Vereinbarungen getroffen werden, die gutes Planen und Bauen befördern. Der Verkauf von Grundstücken im Festpreisverfahren zum Verkehrswert kann an Bedingungen geknüpft werden, wie beispielsweise die Verpflichtung einer Konsultation im Gestaltungsbeirat, die Berücksichtigung gestalterischer Leitlinien oder die Durchführung eines Wettbewerbs. Über die Vergabeform definiert die Kommune darüber hinaus auch das Spektrum der späteren Nutzungen und insbesondere im Bereich des Wohnens auch sozialpolitische Aspekte. Es ist daher lohnenswert, auf kommunaler Ebene eine Diskussion zu führen, zu welchem Anteil kommunales Grundeigentum nicht nur nach Höchstpreis, sondern auch nach dem inhaltlichen Konzept und sozialen Gesichtspunkten in Abgleich mit den EU-Richtlinien vergeben werden soll.

Die Instrumentenbreite für ein Mehr an Baukultur ist groß. Als besonders wirkungsstark haben sich Wettbewerbe und Gestaltungsbeiräte erwiesen.

Der Wettbewerb sollte zumindest bei allen öffentlichen Bauvorhaben als Regel in alle Vergabeverfahren Eingang finden. Für eine baukulturelle Wirkung ist hierbei ein Augenmerk auf die Rahmenbedingungen zu legen. Gerade bei kommunalen Wettbewerben ist die öffentliche Hand in der Lage, baukulturelle Kriterien durch entsprechende Berücksichtigung in der Ausschreibung stärker zu gewichten. Dies können inhaltliche ebenso wie organisatorische Anforderungen sein, wie etwa die Vorgabe interdisziplinärer Bearbeiterteams. Zu berücksichtigen ist auch, dass für Planungsbüros der Ressourceneinsatz bereits im Zuge von Wettbewerbsteilnahmen erheblich ist. Auch wenn der Wettbewerb ein gut geeignetes Instrument ist, Qualität in gestalterischer, funktionaler und auch wirtschaftlicher Hinsicht zu gewährleisten, sollten sich die Auslober der Verantwortung des (volkswirtschaftlichen) und kreativen Ressourceneinsatzes stets bewusst sein. Wettbewerbe sollten stets mit dem Ziel einer Beauftragung ausgelobt werden. Dabei sind die Anforderungen an die Wettbewerbsaufgabe auf das erforderliche Minimum zu beschränken und der Zugang so zu gestalten, dass sich auch junge und kleine Büros beteiligen können.

Für eine höhere Transparenz im Wettbewerbsverfahren ist es zielführend, Entscheidungen der Jury öffentlich zu erläutern. Das erhöht das Verständnis sowohl unter den teilnehmenden Büros als auch in der interessierten Bevölkerung. Beispielhaft ist auch das Vorgehen der Stadt München im Rahmen des Wettbewerbs „Ehemalige Bayernkaserne", bei dem zunächst eine engere Auswahl an Preisträgern öffentlich diskutiert wird, bevor eine endgültige Festlegung der Sieger erfolgt. Aus diesem Grund empfiehlt es sich auch für Gestaltungsbeiräte, öffentlich zu tagen und ihre Entscheidungen nachvollziehbar zu kommunizieren. Sie leisten auf diese Weise auch einen Beitrag für eine stärker gesellschaftlich verankerte Diskussion um baukulturelle Werte. Eine entsprechend aktive Öffentlichkeitsarbeit verstärkt diese Wirkung nochmals.

Angebote wie Bau- oder Baupflegeberatung, die immerhin mehr als zwei Drittel der Kommunen in Deutschland bieten, sind ebenfalls dazu geeignet, private Bauherren und Eigentümer für baukulturelle Fragen zu sensibilisieren. Hier sollten die Bauberatungsbereiche in Genehmigungsbehörden, die durch viele Personaleinsparungsrunden häufig weggefallen sind, wieder gestärkt werden. Sie helfen, Ziele der Kommune und der privaten Bauherren zusammenzubringen.

Andere Formen, die privates baukulturelles Engagement stärken, bauen auf eine verbesserte Kooperation der lokalen Akteure an den jeweiligen Standorten. Der Wert einer Immobilie oder der Absatz eines Einzelhandelsbetriebes hängt in hohem Maße von der Attraktivität der Nachbargebäude und angrenzenden Nutzungen ab. Dadurch entstehen häufig Situationen, in denen Investitionen in den Bestand zurückgehalten werden. Maßnahmen, bei denen ohne eigenes Zutun von den Investitionen der angrenzenden Eigentümer profitiert wird, werden abgewartet oder Trittbrettfahrereffekte genutzt. Eigentümerstandortgemeinschaften (ESG), in denen sich private Einzeleigentümer von Grundstücken und Häusern freiwillig zusammenschließen, sowie Business Improvement Districts (BID) bzw. Housing Improvement Districts (HID), die mit Hilfe einer öffentlich-rechtlichen Satzung einen stärkeren Verpflichtungsgrad erreichen, sind daher gute Instrumente, um baukulturelle Investitionen in Standorte mit Unterstützung der Kommune zu fördern.

Stärkung der baukulturellen Kompetenzen in Bildung und Ausbildung
Trotz einer zunehmenden Beteiligung am Planen und Bauen gibt es hierzulande noch zu wenige Bildungsformate, bei denen die Wahrnehmung und Mitgestaltung der gebauten Umwelt vermittelt wird. Aber die Bevölkerung für die Qualität des gestalteten Lebensraums zu sensibilisieren, ist eine wichtige Aufgabe: Nur wer über Projekte, über Konzepte und Rahmenbedingungen Bescheid weiß, ist in der Lage, konstruktiv mitzuwirken. Bürger mit Methoden und Prozessen der räumlichen Gestaltung vertraut zu machen, befähigt sie nicht nur, diese Prozesse und deren Ergebnisse zu verstehen und sich darin einzubringen, sondern vermittelt auch tiefe Einblicke in die Funktionsweise einer demokratischen Gesellschaft. Es bietet sich geradezu an, hier frühzeitig – bereits im Kindergarten und in der Schule – Initiative zu ergreifen. Eine stärkere „Baukulturpädagogik" schafft die Grundlage für zukünftige qualifizierte Diskussionen um die Ausgestaltung der gebauten, urbanen Lebenswelt und ein gestärktes Bewusstsein jedes Einzelnen für seine wichtige Rolle in diesem Prozess.

Grundsätzlich ist die öffentliche Auseinandersetzung um die Inhalte von Baukultur für die Verbesserung der baukulturellen Qualität unserer Lebensräume essenziell. Diese Auseinandersetzung über die passenden Formate – wie Diskussionsreihen, Exkursionen, Publikationen, Online-Tools oder Events – vor Ort zu fördern, ist Aufgabe aller Akteure, denen die Qualität der gebauten Umwelt ein besonderes Anliegen ist. Hierin liegt auch ein Ansatz zur Entwicklung und Implementierung eines Weiterbildungsangebotes oder Aufbaustudiums an Hochschulen.

Fazit und Ausblick

Ein restriktiver und hinsichtlich der Kommunikation schwieriger Planungs-, Beteiligungs- und Bauprozess führt häufig zu unbefriedigenden gebauten Räumen. Die Qualität eines kompetent geplanten, offen kommunizierten und professionell realisierten Bauvorhabens wird erkennbar an seiner angemessenen und bereichernden Gestalt im Stadtbild. Indem der vorkonzeptionellen Phase, der sogenannten „Phase Null", ausreichend Ressource eingeräumt wird, können Rahmenbedingungen, Ziele und Ausgangslagen genauer ausgearbeitet werden. Auch wenn der Zeitaufwand dadurch zunächst wächst, minimiert die anfängliche Sorgfalt spätere Restriktionen, Mehrkosten und Konflikte und führt schließlich zu Zeitersparnis. Mehr denn je sind zudem integrierte Betrachtungsweisen erforderlich, um die komplexen Zusammenhänge in bestehenden Strukturen sachgerecht zu ermitteln und aufeinander abzustimmen. Gute gebaute Lebensräume können nur als Ergebnis guter Prozesse entstehen.

Die meisten Investitionen erfolgen aktuell im Bestand. Selbst in den Städten, in denen umfangreiche Neubaumaßnahmen durchgeführt werden, findet dies meist auf bereits erschlossenen Flächen innerhalb bestehender Quartiere statt. Daher gibt es einen neuen Bedarf, sich mit dem Bestehenden auseinanderzusetzen, den städtebaulichen Kontext im Vorfeld von Planungen genau in den Blick zu nehmen und neue Bedarfe auf bestehende Rahmenbedingungen abzustimmen. Integriertes ganzheitliches Denken muss sich zwangsläufig auch in der kommunalen Verwaltung manifestieren und in den entsprechenden verwaltungsinternen Organisationsstrukturen seinen Niederschlag finden. Denn integriert und ebenenübergreifend zu planen und zu bauen trägt in hohem Maße dazu bei, nachhaltige Lösungen für den komplexen Lebensraum Stadt zu finden.

Damit die Verwaltung nach außen fachlich kompetent auftreten und ihre Aufgaben hinsichtlich Information, Beratung, aber auch Planung und Umsetzung von Vorhaben vorbildlich gerecht werden kann, ist vor allem politische Rückendeckung nötig. Nur wenn Baukultur zu einem gemeinsamen Anliegen von Verwaltung und Politik wird, kann die Bedeutung auch nach außen vermittelt werden. Ergänzend bieten sich für die Kommunen viele Instrumente und Ansätze an, das Verantwortungsbewusstsein für die Qualität der gebauten Umwelt zu stärken – von Gestaltungsbeiräten über Wettbewerbe und Preise, in denen stärker auch baukulturelle Werte vermittelt bzw. eingefordert werden.

Überwiegend im Bestand zu planen und zu bauen, erfordert aber auch eine neue Art der Öffentlichkeitsarbeit und Akteursbeteiligung. Information, Beteiligung und Teilhabe der ansässigen Bevölkerung bekommen ein neues Gewicht. Es gilt, eine ergebnisorientierte Prozessplanung zu entwickeln, die Beteiligung zum richtigen Zeitpunkt mit den passenden Formaten beinhaltet. Gute Beteiligung ist fachlich kompetent und benennt klare Spielräume für Einflussnahme durch die Öffentlichkeit. Gute Beteiligung nimmt alle Interessierten und Verantwortlichen rechtzeitig mit ins Boot und findet ein ausgewogenes Verhältnis zwischen der eigenen fachlichen Kompetenz und Offenheit gegenüber neuen, mitunter auch ungewöhnlichen Verfahren und Ideen. Die eigene Kommunalbefragung wie auch die Bevölkerungsbefragung haben aufgezeigt, dass hier noch vieles am Beginn ist, denn es sind eher die bildungsnahen, älteren Bevölkerungsgruppen, die Interesse an Planungen und Bauvorhaben zeigen. Die Befragungen haben aber auch gezeigt, dass vielerorts ein großes Interesse an den Themen Planen und Bauen besteht. Um die nötige Neugier für Themen der Baukultur auch bei anderen, vor allem jüngeren Bevölkerungsgruppen zu wecken, ist weiterhin viel Sensibilisierung und Information nötig. Wenn sowohl in der Schulbildung als auch in der lokalen Presse und über freie Veranstaltungsformate für die Themen der Baukultur geworben wird, ist viel für das Verständnis über laufende Bauvorhaben, für gute Gestaltung, qualitätvolle Lösungen und ihre aktive Aneignung getan.

Handlungsempfehlungen der Bundesstiftung Baukultur

Baukultur ist ausschlaggebend für die Qualität unserer gebauten Lebensräume und damit für unsere Lebenszufriedenheit – Baukultur ist eine Investition in die Zukunft! Das Gemeinschaftswerk Baukultur vereint alle Akteure, die die Art und Weise, wie Umwelt gestaltet, geprägt und genutzt wird, mitbestimmen. Wir alle verändern die gebaute Umwelt, wirken mit an ihrer Erhaltung und Gestaltung, auch wenn sich Motivation und Bewusstsein für die Umsetzung von Baukultur der einzelnen Interessengruppen unterscheiden. So breit wie das Akteursfeld ist, so breit sind auch die Potenziale für Baukultur. Die nachfolgenden Handlungsempfehlungen der Bundesstiftung Baukultur sind darauf ausgerichtet, Defizite zu beheben, aber vor allen Dingen erkannte Potenziale besser zu nutzen.

Allgemeine Handlungsempfehlungen

Neuer Umgang mit Planungs- und Baukultur

→ **Verwaltungen und Projektstrukturen ressortübergreifend ausrichten**
Die Verbesserung der (öffentlichen) Planungskultur setzt eine kompetente und effiziente Projekt- und Verwaltungsstruktur, qualifizierte Personal- und Organisationsentwicklung und ausreichende Ressourcen-/Personalausstattung voraus. Durch Bildung von Projektteams mit kompetenten Projektleitern wird eine integrierte Planung ermöglicht, in der die Belange vieler Ressorts eingebunden sind. Nur so können Bau- und Umbaumaßnahmen entstehen, die nicht nur eng gefasste funktionale Kriterien erfüllen, sondern einen Mehrwert für unsere gebaute Umwelt darstellen.

→ **Etablierung einer „Phase Null" und Stärkung der Grundlagenermittlung im Planungsprozess**
Die Einführung der „Phase Null" vor dem Beginn der Planung dient der Klärung der Bauaufgabe und reicht über Voruntersuchungen bis zur Einbindung der Öffentlichkeit anhand von ersten Planungsszenarien. Ebenso sollte die Grundlagenermittlung im Planungsprozess (Phase 1 der HOAI) künftig eine Projektumfeldanalyse zur Identifizierung und Definition der Projektbeteiligten sowie das Herstellen von klaren Verantwortungsstrukturen im Prozess beinhalten. Das ermöglicht die Vermeidung späterer Fehler und damit verbundener Kostensteigerungen.

→ **Durchführung von Gestaltungswettbewerben bei Planungsleistungen und Bauvorhaben**
Planungswettbewerbe dienen der Qualitätssicherung und Wertsteigerung von Bauvorhaben. Architektonische und städtebauliche Qualität erhöht die Nachhaltigkeit und baukulturelle Wertigkeit. Eine Weiterentwicklung von Wettbewerbsverfahren sollte die Handhabbarkeit und Wirksamkeit verbessern. Dabei ist auf die Art des Wettbewerbs und die Zugänglichkeit auch für kleinere und/oder neue Büros zu achten.

→ **Intensivere Reflexion von Planungsprozessen als „Phase Zehn" zur Qualitätssicherung**
Eine „Phase Zehn" der „Inbetriebnahme" der Baumaßnahme führt zu wichtigen Erkenntnissen und möglichen Korrekturen von Defiziten im Prozess. Durch eine „Phase Zehn" können nach Fertigstellung der Baumaßnahme Schwachstellen gegebenenfalls nachgebessert und bei zukünftigen Planungen vermieden werden. In regelmäßigen Abständen durchgeführte Reflexionen messen den Erfolg des Projekts dauerhaft und wirken nachhaltig.

Vorbildfunktion

→ **Öffentliche und private Bauvorhaben gestalterisch und funktional zukunftsweisend ausrichten**
Alle am Bauprozess Beteiligte haben die Aufgabe, Vorbild zu sein. Bauvorhaben der öffentlichen Hand und stadtbildprägende Bauvorhaben Privater sollten ihrer Vorbildfunktion bei der Gestaltung von Entscheidungsprozessen und werthaltigen Ergebnissen sowie deren Ausstellung und Veröffentlichung gerecht werden. Dazu gehört auch das Kunst-am-Bau-Programm des Bundes, das Deutschlands Bekenntnis zu Kunst und Kultur nach außen sichtbar macht. Die öffentliche Hand, hier vor allem der Bund, sollte zudem bauliche Lösungen für zukünftige Ansprüche z. B. an Wohnen und Arbeiten entwickeln und erproben, die nachhaltig, innovativ und gestalterisch hochwertig sind und ihrer sozialen Aufgabe gerecht werden.

→ **Integrierte Planungen bei Verkehrsbauvorhaben unter stärkerer Berücksichtigung baukultureller und gestalterischer Belange betreiben**
In die Sanierung und den Umbau unseres Verkehrswegenetzes wird in den nächsten Jahren viel investiert. Nur durch eine gemeinsame Planung von Bund, Land und Kommunen können dabei gegenwärtige und zukünftige Bedarfe sowie baukulturelle und gestalterische Belange angemessen eingeplant und berücksichtigt werden, um Fehlplanungen zu vermeiden.

→ **Hohe Gestaltungs- und Prozessanforderungen auch bei Ingenieurbauten entwickeln**
Bund und öffentliche Hand sind Bauherren zahlreicher Ingenieurbauten wie Straßen, Brücken oder Kraft- und Pumpwerke. Sie prägen unsere gebaute Umwelt und sollten daher nicht nur nach funktionalen Kriterien ausgerichtet sein. Gut gestaltet können sie einen positiven Beitrag zur Qualität des öffentlichen Raums leisten und damit einen Mehrwert darstellen.

→ **Die großen räumlichen und baulichen Konsequenzen der Energiewende gestalterisch lösen**
Durch die Energiewende werden in den nächsten Jahren und Jahrzehnten große Summen in Bau- und Umbaumaßnahmen fließen. Windräder, Elektromobilitätsstationen, Solardächer oder Stromtrassen sind nur einige Beispiele. In die Planung sollen auch gestalterische Belange einfließen, denn Neubaumaßnahmen prägen die gebaute Umwelt für die nächsten Generationen. Es muss daher für den Umbau und die Weiterentwicklung des Bestands nach Erscheinungsbildern gesucht werden, die stadt- und landschaftsverträglich sind.

Förderung und Vermittlung von Baukultur

→ **Bewahrung und Pflege des baukulturellen Erbes**
Die öffentliche Hand und Private sind Eigentümer zahlreicher Denkmale und anderer schützenswerter Anlagen und Zeugnisse. Diese gilt es, für nachfolgende Generationen zu erhalten und ihren Wert der Öffentlichkeit zu vermitteln bzw. dieser zugänglich zu machen. Die öffentliche Hand hat hier Vorbildcharakter für andere Eigentümer im Umgang mit dem kulturellen Erbe.

→ **Stärkung von Standorten durch die Identifizierung, Förderung und Vermittlung der nationalen bzw. regionalen Identität**
Bau- und Umbaumaßnahmen sollten auf eine nationale bzw. regionale Identität ebenso abgestimmt sein wie die Gestaltung des öffentlichen Raums. Die Vermittlung der eigenen baulichen Aktivitäten und der baukulturellen Identität kann z. B. durch Ausstellungen, Stadtspaziergänge und Stadtmodelle gefördert werden.

→ **Bei Auftrags- und Grundstücksvergaben baukulturelle Kriterien einbeziehen**
Durch die Weiterentwicklung des VOF-Verfahrens im Hinblick auf eine Vergabe nach nicht nur finanziellen Kriterien wird die Möglichkeit des Einbezugs von baukulturellen Kriterien bei öffentlichen Bauvorhaben gestärkt. Auch die Grundstücksveräußerungen z. B. der Bundesanstalt für Immobilienaufgaben (BImA), von Landesimmobiliengesellschaften oder anderen öffentlichen Grundeigentümern sind ein wichtiges Steuerungsinstrument für höhere baukulturelle Qualität in Deutschland. An Qualitätskriterien ausgerichtete Konzeptverfahren sollten regelhaft an die Stelle von Höchstpreisverfahren treten.

→ **Vergabe von Preisen und Plaketten zur Motivation privater und öffentlicher Bauherren**
Die Vergabe von Preisen oder Plaketten zur Unterstützung und Bekanntmachung baukulturell hochwertiger Bauten motiviert private Bauherren in ihrem Engagement. Da private Bauvorhaben den öffentlichen Raum wesentlich mitprägen, sollte dies der öffentlichen Hand als potenzieller Ausloberin von Preisverfahren ein Anliegen sein. Preisverfahren verbessern die Kommunikationskultur zwischen Bauherren und den am Bau beteiligten Berufsständen.

Handlungsempfehlungen an einzelne Akteure der Baukultur

Die öffentliche Hand: Bund

→ **Stärkere Beachtung von baukulturellen Kriterien bei Förderinstrumenten wie der Städtebauförderung**
Der Bund ermöglicht den Kommunen durch seine Förderinstrumente einen zentralen finanziellen Spielraum für die Umsetzung anstehender Maßnahmen, sie sind daher zu verstetigen und auszubauen. Baukulturell anspruchsvolle Bauten können entstehen, wenn die Instrumente mit entsprechenden Bedingungen verbunden sind. Der Bund sollte hierzu baupolitische Ziele und Maßnahmen konkretisieren und in einem Gesamtkonzept darstellen.

→ **Experimentierklauseln als Bestandteil von Förderprogrammen, um Kommunen in baukulturellen Belangen zu unterstützen**
Gutes Planen und Bauen braucht regelmäßig eine unterstützende Forschung und Entwicklung. Experimentierklauseln können auch größeren gestalterischen Freiraum bewirken. Das fördert innovative und zukunftsgerichtete, qualitativ nachhaltige Lösungen. Es sollte eine wirksame Fördermittelquote für bundesweit übertragbare Vorhaben mit Vorbildcharakter vorgesehen werden.

→ **Anerkennung der Gemeinnützigkeit von Baukultur**
Baukultur trägt wesentlich zur Qualität unserer gebauten Umwelt und damit zu unser aller Wohlbefinden bei. Daher sollten auch alle Akteure, die sich für baukulturelle Belange ehrenamtlich engagieren, durch den Bund unterstützt werden. Die Anerkennung der Gemeinnützigkeit in der Bundesabgabenverordnung sollte geprüft werden.

Die öffentliche Hand: Länder

→ **Pflege des baukulturellen Erbes**
Im Rahmen der Kulturhoheit der Länder tragen diese eine besondere Verantwortung für die Bau- und Denkmalkultur Deutschlands. Durch die Einrichtung von Denkmalbeiräten und weiteren Instrumenten sollten sie dieser Verantwortung gerecht werden. Ein bundesweiter Austausch zur Situation des baukulturellen Erbes in den jeweiligen Ländern sollte intensiviert werden.

→ **Förderung und Verbesserung der baukulturellen Bildung**
In der Schulbildung werden wesentliche kulturelle Werte vermittelt. Dazu sollte auch die Sensibilisierung und Fähigkeit für die Wahrnehmung der gebauten Umwelt zählen. Einzelne Aktionen oder Projektwochen in Kooperation mit Kammern und Berufsverbänden tragen ebenso dazu bei wie die Etablierung einer Baukulturpädagogik im Rahmen allgemeiner Lehrinhalte.

→ **Förderung und Verbesserung der baukulturellen Ausbildung von allen am Baugeschehen Beteiligten**
Viele Professionen tragen zur Qualität unserer gebauten Umwelt bei. Deshalb muss schon in der Ausbildung Wissen über baukulturelle Belange und ein Grundverständnis für integrierte Planung vermittelt werden. Es ist Aufgabe von Hochschulen im Bereich der technischen, künstlerischen und immobilienwirtschaftlichen Studiengänge, sich für baukulturelle Aus- und Weiterbildung zu engagieren. Auch darüber hinausgehende Angebote der Hochschulen für weite Kreise der Bevölkerung („Volksuniversität") sollten gestärkt werden.

Die öffentliche Hand: Kommunen

→ **Stärkung der Kooperation mit Akteuren vor Ort**
Die Gestaltung des öffentlichen Raums und die Umsetzung stadtbildprägender (Um-)Bauvorhaben haben nicht nur Einfluss auf die gesamte Öffentlichkeit, sondern auch auf die Akteure vor Ort. Das können private Initiativen, Standortgemeinschaften oder andere Interessengruppen sein. Ihre Einbindung dient nicht nur der Vermittlung von Maßnahmen, sondern auch der stärkeren Identifikation mit einem neu geschaffenen Lebensraum. Hier sind zeitgemäße Formen der kooperativen Zusammenarbeit zwischen privaten und öffentlichen Akteuren gefragt.

→ **Angebote der Kommunikation und Partizipation projekt- und nutzerbezogen entwickeln und etablieren**
Eine frühe Einbindung der Öffentlichkeit durch Information und die Beteiligung an einer gemeinsamen Zielfindung für (kommunale) Bauvorhaben vermindern nicht nur spätere Proteste, Widerstände und Bauverzögerungen. Sie stärken auch die Ergebnisqualität, Akzeptanz und Identifikation mit dem Projekt und damit das Engagement und die Eigenverantwortung für die gebaute Umwelt. Stadtgesellschaftliche Anforderungen und auch Partikularinteressen können rechtzeitig in den Planungsprozess eingebunden werden.

→ **Die quartiersbezogene Planungsebene und den Sozialraum stärken**
Die quartiersbezogene Planungsebene und ein effektives Quartiersmanagement ermöglichen eine baukulturelle Stärkung der gemeinschaftlich genutzten Räume. Infrastrukturplanungen, energetische Sanierung oder andere Maßnahmen können so den Bedürfnissen und Bedingungen vor Ort besser angepasst werden. Quartiersbezogene Anforderungen können bei der Entwicklung oder dem Verkauf kommunaler Grundstücke dazu genutzt werden, die Qualität der Alltagsbauten und des öffentlichen Raums zu fördern.

→ **Einrichtung von Gestaltungsbeiräten zur Sicherung der baukulturellen Qualität**
Gestaltungsbeiräte sind geeignet, Planungsprozesse und Auswahlverfahren bei Neu- und Umbaumaßnahmen im Sinne von gestalterischer Qualität auszurichten. Öffentliche Sitzungen der Beiräte tragen zu Transparenz und Vermittlung der Argumente und Ergebnisse bei. Auch mobile, temporäre oder interdisziplinär aufgestellte Gestaltungsbeiräte können je nach Bedarf eingesetzt werden.

Private Bauherren, Wohnungs- und Immobilienwirtschaft

→ **„Werterhalt durch Baukultur" mitdenken bei Sanierung, Um- und Neubau**
Der „Mehrwert durch Baukultur" zeigt sich in der größeren Zufriedenheit der Nutzer. Er wirkt sich auch positiv auf die Lebenszykluskosten und den Marktwert von Immobilien aus. Erforderlich ist dafür die längerfristige Perspektive des Eigennutzers oder Bestandhalters. Sie sollte bei allen Entwicklungs-, Planungs- und Bauvorhaben der kurzfristigen Sichtweise renditeorientierter Projektentwicklungen vorgezogen werden.

→ **Baukultur als Leitbild der Corporate Responsibility und Durchführung von Wettbewerben bei Planungs- und Bauvorhaben**
Das Bekenntnis zu unternehmerischen Leitbildern im Sinne der Baukultur prägt und motiviert die eigenen Mitarbeiter und eignet sich für die Vermittlung nach außen. Es kommt der im Grundgesetz geforderten gesellschaftlichen Verantwortung durch Eigentum nach. Wettbewerbe dienen dabei der Qualitätssicherung und Wertsteigerung von Bauvorhaben, der besseren Kommunikation und Wahrnehmung von Unternehmen. Architektonische und städtebauliche Qualität erhöht die Nachhaltigkeit und sichert baukulturelle Werte.

Kammern und Verbände

→ **Formulierung eines Leitbilds Baukultur – baukulturelle Diskussion vor Ort**
Die Formulierung, Veröffentlichung und aktive Kommunikation von baukulturellen Leitlinien zur Positionierung der Berufsstände ist eine wichtige Anregung für die Mitglieder von Kammern und Verbänden. Sie bilden die Basis für Kooperationsmodelle auch mit anderen Berufsständen oder sonstigen Akteuren der Baukultur. Die Umsetzung dieser Ansprüche durch eine baukulturelle Diskussion vor Ort sollte ein Ergebnis dieses Prozesses sein. In jeder großen Stadt sollte ein von Kammern und/oder Verbänden getragenes Baukulturforum als Dialogangebot vorhanden sein.

→ **Berater und Spezialisten ausbilden und anbieten**
Die baukulturrelevanten Berufsstände haben ein Spezialwissen, das sie Bauherren und Nutzern zur Verfügung stellen sollten. Denkmalpflege, Stadtbildpflege, Baupflege und Bauberatung im konkreten Fall erfordern häufig verfügbares Spezialwissen. Hierzu sollte die Ausbildung von Spezialberatern in Kooperation von Kammern, Ländern und Kommunen verstärkt werden.

→ **Anstoß und Mitwirkung bei der Entwicklung von Leitlinien für gute Planungspraxis**
Die Realität bei Ausschreibungen von Planungsleistungen und Gestaltungswettbewerben ist Gegenstand vielfältiger berufsständischer Diskussionen. Hier bietet es sich an, Erfahrungen praxisbezogen aufzuarbeiten und Leitlinien für künftige Planungsprozesse zu erarbeiten oder weiter zu entwickeln.

→ **Kooperation bei der baukulturellen Bildung und Vermittlung ausbauen**
Berufsständische Kammern und Verbände haben auch aufgrund ihrer föderalen Strukturen die Möglichkeit und Aufgabe, ihr bisheriges positives Engagement für das Thema Baukulturpädagogik, wie das Format „Architektur und Schule" der Länder-Architektenkammern, möglichst weiter auszubauen, z. B. durch Kooperationsmodelle, Projektwochen, Exkursionstage, Schüler- und Studentenpreise.

Bundesstiftung Baukultur und Baukulturinitiativen

→ **Künftig regelmäßig Baukulturberichte vorlegen**
Die Bundesstiftung Baukultur legt nach ihrer Aufbauphase mit diesem Baukulturbericht 2014/15 erstmals einen Bericht zur Lage der Baukultur in Deutschland vor und zeigt künftige Handlungsfelder auf. Die Wahrnehmung der wichtigen Schnittstellen- und Kommunikationsfunktion gegenüber relevanten Akteuren und der Öffentlichkeit lassen in diesem Zusammenhang eine erweiterte Mitwirkung und Einbindung der Bundesstiftung in öffentliche Aufgabenfelder und Prozesse integrierten Planens und Bauens mit bundesweiter Bedeutung sinnvoll erscheinen. Auf dieser Basis sollte die Bundesstiftung künftig regelmäßig alle zwei Jahre Baukulturberichte erarbeiten.

→ **Die Bundesstiftung Baukultur stärken**
Der Koalitionsvertrag der Regierungsparteien für die laufende Legislaturperiode sieht vor, die Bundesstiftung Baukultur als wichtigen Partner zu stärken. Neben naheliegenden Ressourcenfragen sind hierbei insbesondere die Mitwirkung bei der Entwicklung von Qualitätskriterien auf Bundesebene und der Ausbau einer bundesweiten Präsenz, beispielsweise durch „Schaufenster der Baukultur" in Kooperation mit lokalen Partnern, zu erörtern.

→ **Das Netzwerk von Baukulturinitiativen ausbauen**
In Ländern, Städten und Gemeinden existieren zum Teil engagierte und sehr wirkungsvolle Baukulturinitiativen. Aufgrund unterschiedlicher Motive, Strukturen und Anbindungen ist ein systematischer Austausch nur ansatzweise vorhanden. Gerade aufgrund der Heterogenität erscheint die Schaffung eines nationalen und europaweiten Netzwerks sinnvoll. Hier können die Bundesstiftung und ihr Förderverein künftig noch intensiver tätig werden, insbesondere im nicht großstädtischen Raum.

Anhang

121 Projektsteckbriefe
126 Quellen und Literatur
130 Bildnachweis
131 Danksagung

Projektsteckbriefe

Buchheimer Weg, Köln (S. 31)
Das zweite Leben einer Siedlung aus den 1950er Jahren

Standort: 51107 Köln; Buchheimer Weg und Grevenstraße
Art der Maßnahmen: Abriss und Neubau
Bauherr: GAG Immobilien AG, Köln
Städtebau und Architektur: ASTOC Architects and Planners, Köln
Landschaftsarchitektur: Büro für urbane Gestalt, Johannes Böttger Landschaftsarchitekten, Köln
Tragwerksplanung: AWD Ingenieure, Köln
Ausschreibung, Bauleitung: meuterarchitekturbüro, Köln
zeitlicher Ablauf:
- 2005 Wettbewerb mit Mehrfachbeauftragung (1. Preis ASTOC)
- 2005–2010: Planung
- 2007–2009: Realisierung BA1
- 2008–2011: Realisierung BA2
- 2009–2012: Realisierung BA3

Verfahren: Ein sensibles Umzugsmanagement der GAG Immobilien AG stellte sicher, dass sich die Mieter, die zuvor hier gewohnt hatten, keine neue Heimat suchen mussten.
Beteiligungsverfahren: Zusammenarbeit mit dem Mieterrat in Entwurf und Bauablauf. Zahlreiche Informationsveranstaltungen im Mieterrat.
Kosten:
- Gesamtkosten (brutto in EUR): 27.756.000 (KG 200 – 300) für BA1 und BA2
- Baukosten (brutto in EUR/m²HNF): 1.198,66 (KG 300 – 400) für BA1 und BA2

Fördermittel: Alle Wohnungen sind öffentlich gefördert.
Größe:
- 18 Häuser / 434 Wohnungen (42 m² – 95 m²)
- BGF gesamt: 51.600 m²,
- GFZ: BA1 1,2; BA2 1,4; BA3 1,3

Nutzungen: Kindertagesstätte, Wohngruppe für Demenzkranke, Wohnheim für Menschen mit Behinderung, Gruppenraum, 3 Gewerbeeinheiten (Mietercafé, LOGO e. V. (Erziehungshilfe), Veedel e. V.)
Energie:
- KfW 60 Anforderungen werden erfüllt.
- Primärenergiebedarf (in kWh/(m²a)): 38,97
- Spez. Transmissionswärmeverlust (in W/m²K): 0,44

Besonderheiten: Alle Wohnungen sind barrierefrei, z. T. behindertengerecht und öffentlich gefördert, wobei die Durchschnittsmiete bei 5,10 EUR (kalt) pro Quadratmeter liegt. Bei einer Steigerung der Bruttogeschossfläche um mehr als siebzig Prozent wurde der Charakter des Siedlungstyps erhalten, ohne dass seine Probleme geblieben wären.

Klimaschutzkonzept Erneuerbares Wilhelmsburg, Hamburg (S. 42)
Technische Innovationen für die Energiewende auf Quartiersebene

Standort: 20095 Hamburg; Hamburg-Wilhelmsburg, -Veddel und der Harburger Binnenhafen
Art der Maßnahmen: optimierte Gebäudetechnik, Bestandsanierungen, regionale und lokale Energieverbundsysteme, Ausbau erneuerbarer Energien
Grundlage: ENERGIEATLAS – Klimaschutzkonzept Erneuerbares Wilhelmsburg
Herausgeber: Internationale Bauausstellung IBA Hamburg GmbH
Projektkoordinatoren Klimaschutzkonzept: Simona Weisleder und Karsten Wessel
Mitarbeiter Klimaschutzkonzept: Julia Brockmann, Caroline König, Jan Gerbitz, Katharina Jacob
Kooperation: IBA-Fachbeirat Klima und Energie:
- Prof. Peter Droege (Hochschule Liechtenstein und Vorsitzender des Weltrats für erneuerbare Energien, Australien)
- Dr. Harry Lehmann (Fachbereichsleiter am Umweltbundesamt, Dessau)
- Prof. Irene Peters (HafenCity Universität/ Hamburg)
- Prof. Manfred Hegger (Technische Universität, Darmstadt)
- Stefan Schurig (Director Climate Energy, World Future Council, Hamburg)
- Matthias Schuler (Geschäftsführer Transsolar, Stuttgart und Dozent an der Harvard University, USA)

Studie: „Energetische Optimierung des Modellraumes IBA-Hamburg" von: EKP Energie-Klima-Plan GmbH (Prof. Dr.-Ing. Dieter D. Genske, Dipl.-Geogr. Ariane Ruff) / FH Nordhausen (Prof. Dr.-Ing. Dieter D. Genske, Dipl.-Ing. (FH) Thomas Jödecke) / Ingenieurbüro Henning-Jacob (Dipl.-Ing. (FH) Jana Henning-Jacob).
zeitlicher Ablauf:
- 2007: Beginn der Arbeit im Leitthema „Stadt im Klimawandel"
- 2009–2010: Studie „Energetische Optimierung des Modellraumes IBA-Hamburg" und Diskussion
- 2010: Veröffentlichung des Klimaschutzkonzeptes Erneuerbares Wilhelmsburg durch den ENERGIEATLAS
- 2010–2013: Umsetzung von Projekten im Kontext des Klimaschutzkonzepts Erneuerbares Wilhelmsburg auf Grundlage von Wettbewerben und Ausschreibungsverfahren, u. a. Energiebunker, Energieberg, Energieverbund, Smart Material Houses etc.
- 2013: Fertigstellung und Präsentation der IBA Bau- und Energieprojekte, Diskussion der Ergebnisse

Beteiligungsverfahren:
- Ideenfindung, Konzeptentwicklung und Diskussion im Rahmen von IBA-Laboren, IBA-Foren und Fachveranstaltungen (u. a.: IBA LABOR 2008: Architektur im Klimawandel / IBA LABOR 2008: Energie & Klima / IBA FORUM 2008: Metropole: Ressourcen / IBA LABOR 2010: Energieatlas / IBA FORUM 2013: IBA FINALE / Klimaschutzkonzept Erneuerbares Wilhelmsburg – Rückblick, Ausschau, Vergleich 2013)
- Kooperationen mit örtlichen Verbänden und Vereinen im Rahmen der IBA-Partnerschaft (ca. 150 Mitglieder) und der thematischen Arbeitsgruppen „Bauen und Wohnen" und „Klima und Energie"
- Wettbewerbe und Workshops zu Einzelthemen und Einzelprojekten
- Projektdialoge zu Einzelprojekten
- Einbindung in nationale Forschungsprogramme („EnEff: Stadt – IBA Hamburg" gemeinsam mit TU Braunschweig (Institut für Gebäude- und Solartechnik), Energieforschungszentrum Niedersachsen, Hafencity Universität (HCU) Hamburg)
- Einbindung in internationale Projekte TRANSFORM (7. Forschungsrahmenprogramm), INFRAPLAN (D-A-CH-Projekt), Build with Care (Interreg IV B NSR), Co2olBricks (Interreg IV B BSR)
- laufende Presse- und Öffentlichkeitsarbeit

Fördermittel:
- Unterstützung des ENERGIEATLAS aus Mitteln des Hamburger Klimaschutzkonzeptes und des EU-Interreg-Projektes Build with Care.
- Unterstützung von Einzelprojekten u. a. aus Mitteln des Hamburger Klimaschutzkonzeptes und EFRE-Mitteln der EU.

Nutzungen: Wohnen, Gewerbe, Handel, Dienstleistungen, Öffentliche Nutzungen
Energie: Deckung des lokalen Energiebedarfes für die Sektoren Wohnen, Gewerbe, Handel, Dienstleistungen durch 100 % lokal erzeugten erneuerbaren Strom bis 2030 und zu 85 % durch lokal erzeugte erneuerbare Wärme bis 2050, Realisierung eines nahezu klimaneutralen städtischen Quartiers bis 2050
Nutzung folgender Technologien: Photovoltaik, Windenergie, Biogas BHKW, Solarthermie, Abwärme von Industriebetrieben, Holzhackschnitzel, Wärmepumpen, Tiefengeothermie, PCM Speicher, u.v.m.

Schottenhöfe, Erfurt (S. 47)
Quartiersvitalisierung und grundstücksübergreifendes Energiekonzept

Standort: 99084 Erfurt; Schottengasse, Schottenstraße und Gotthardtstraße
Art der Maßnahmen: Sanierung, Neubau, Umbau, Ergänzung
Bauherr: CULT Bauen & Wohnen GmbH, Erfurt
Eigentümer: Eigentümergemeinschaft „Schottenhöfe", Erfurt
Architektur: Osterwold°Schmidt EXP!ANDER Architekten BDA, Weimar
Landschaftsarchitektur: plandrei Landschaftsarchitektur, Erfurt
Tragwerksplanung: Hennicke + Dr.Kusch, Weimar
Haustechnik: manes – electro GmbH, Erfurt; Steffen Beck, Wandersleben; Ingenieurbüro für Wärme- und Haustechnik IBP, Erfurt
Lichtplanung: Die Lichtplaner, Limburg
zeitlicher Ablauf:
- seit 1990: vorlaufende Grundstücksüberschuldung
- 2008: Grundstückserwerb mit Baugenehmigung / Empfehlung des Erfurter Gestaltungsbeirates zur Bebauungskonzeption und architektonischen Gestaltung mittels Gutachterverfahren
- 2009: Gutachterverfahren mit drei Architekturbüros / 1. Preis im Gutachterverfahren (Osterwold°Schmidt Architekten)
- 2009: vorhabenbezogener Erschließungsplan / Bebauungsplan durch die Stadt Erfurt
- 2010–2012: Realisierung
- 2012: Fertigstellung

Größe: Grundstück 3.316 m², BGF Häuser 8.48 m², NGF Häuser 6.765 m², Wohnfläche ca. 5.100 m² (inkl. Ferienwohnungen), ca. 60 % Neubau, 40 % Altbau, 54 Wohnungen und Nutzungsunterlagerungen, GFZ: 0,48 (überbaut) / 0,69 (inkl. Unterbauung)
Nutzungen: Wohnen, Ferienwohnungen, Gewerbe, Tiefgarage
Energie:
- Primärenergiebedarf (in kWh/(m²a): 43–54
- Spez. Transmissionswärmeverlust (in W/m²K): 0,41–0,53
- Energiebedarf (in kWh/(m²a)): 59–75

Besonderheiten: Quartiersübergreifende Betrachtung im städtebaulichen Konzept, in architektonischer Gestaltung und im energetischen Verbund von Altbausubstanz und Neubau. Die energetische Kompensation im Neubau ermöglichte den Erhalt der stadtbildwirksamen Erscheinung der Altbauten ohne deren sonst gängige Wärmedämmverpackungen.

Stadtregal, Ulm (S. 57)
Neue Mischnutzung auf altem Industriegelände

Standort: 89077 Ulm; Magirus-Deutz-Straße
Art der Maßnahmen: Revitalisierung, Sanierung, Umbau
Bauherr: Projektentwicklungsgesellschaft Ulm mbH
Architektur: Rapp Architekten, Ulm (BA1–5) in Arbeitsgemeinschaft mit Braunger Wörtz Architekten, Ulm (BA1–2)
Landschaftsarchitektur: Manfred Rauh, Schmid-Rauh Landschaftsarchitekten, Neu Ulm
Bauleitung: Alwin Grünfelder, Ulm Consult, Ulm
Tragwerksplanung: Martin Haide, Ingenieurbüro Haide, Langenau
Gebäudetechnik HLS: Prof. Jürgen Schreiber, Schreiber Ingenieure, Ulm
Gebäudetechnik Elektro: Ott Ingenieure, Langenau
Bauphysik: Sören Kiessling von Holtum, Ingenieurbüro Kiessling, Ulm
Brandschutz: um+t, Ulm
zeitlicher Ablauf:
- ab 2005: Konzeptplanung
- 2007–2013: Fertigstellung BA1–5

Prozessqualität: Nutzungskonzepte und Grundrisse wurden mit Käufern und Nutzern entwickelt und festgelegt. Zur Abstimmung zwischen Nutzern und Planerteam wurde seitens des Bauherrn eine zusätzliche Person eingestellt, die für die Koordination des Ausbaus zuständig war.
Kosten:
- Gesamtkosten (brutto in EUR): 46.000.000 (KG 200 – 700)
- Baukosten (brutto in EUR/m²): 1.250 (KG 300 - 400)

Fördermittel: Das Gebäude liegt im Sanierungsgebiet »Magirus II«. Das Gebiet umfasst etwa 50.000 m² und wurde 2006 in das Bund-Länder-Städteförderungsprogramm „Stadtumbau West" aufgenommen. Fördersumme: 2.500.000 EUR
Größe:
- Bestandsgebäude mit einer Länge von 250 Metern, einer Tiefe von 30 Metern und einer Höhe von 20 Metern (4 Geschosse).
- Gesamtnutzfläche ca. 20.000 m²
- 115 Einheiten – davon 69 Wohnlofts

Nutzungen: Wohnen, Büros, Gewerbe, Praxen
Energie: Anschluss an das Biomassekraftwerk der Fernwärme Ulm.
Besonderheiten: Durch einen Autoaufzug ist Parken im 2. OG möglich.

Weltquartier, Hamburg (S. 64)
Sanierung in einem multikulturell geprägten Quartier

Standort: 21107 Hamburg-Wilhelmsburg; Rotenhäuser Straße / Weimarer Straße / Veringstraße / Neuhöfer Straße
Art der Maßnahmen: Umbau, Neubau und Modernisierung
Bauherr: SAGA Siedlungs-Aktiengesellschaft Hamburg, Hamburg; GMH Gebäudemanagement Hamburg GmbH
Architektur: kfs Krause feyerabend Sippel Architekten, Lübeck (1. Preis); Knerer+Lang Architekten, Dresden/München (2. Preis)
Landschaftsplanung: Andresen Landschaftsarchitektur, Lübeck (1. Preis)
Projektkoordination: René Reckschwardt, IBA Hamburg GmbH
Planungsbeteiligte: Behörde für Stadtentwicklung und Umwelt (BSU) / Bezirk Hamburg-Mitte, / HAMBURG ENERGIE GmbH / Landesbetrieb für Immobilienmanagement und Grundvermögen (LIG)
weitere Prozessbeteiligte:
Landschaftsarchitektur: Breimann + Bruun Landschaftsarchitekten, Hamburg (Welt-Gewerbehof); Projektsteuerung, Projektmanagement: WSP, München; Wettbewerb (Leitung, Durchführung): Claussen + Seggelke, Hamburg (Weltquartier) / BPW, Bremen (Welt-Gewerbehof)
Beteiligungsverfahren: Superurban, Hamburg / Pro Quartier, Hamburg
Architektur: Gerber Architekten, Hamburg/Dortmund (Ankauf); Petersen Pörksen Partner Architekten + Stadtplaner, Lübeck (Ankauf); Kunst + Herbert Architekten, Hamburg (Ankauf); Dalpiaz + Giannetti Architekten, Hamburg (1. Preis Welt-Gewerbehof)
zeitlicher Ablauf:
- 2007: Interkulturelle Planungswerkstatt Weltquartier
- 2008: Städtebaulicher Ideen- und Realisierungswettbewerb Weltquartier
- 2009: Baubeginn Weltquartier
- 2010: Gutachterverfahren Welt-Gewerbehof / Fertigstellung Pavillon Weltquartier und Weimarer Platz
- 2011: Fertigstellung BA2a und 2b
- 2012: Fertigstellung BA3a und 3b, Baubeginn Welt-Gewerbehof
- 2013: Fertigstellung BA5–8 / Welt-Gewerbehof
- 2014: Fertigstellung BA4 / geplant: BA9
- 2015 geplant: Fertigstellung BA10

Verfahren: Städtebaulicher Ideen- und Realisierungswettbewerb Weltquartier (2008); Gutachterverfahren Welt-Gewerbehof (2010)
Beteiligungsverfahren: Mieterdialoge / Mehrsprachige Umfragen durch „Heimatforscher" / Interkulturelle Planungswerkstatt / Projektdialoge Weltquartier, Welt-Gewerbehof / Dreisprachige Bau- und Mieterbriefe / Werkstätten (Schwerpunkte: Kinderspielplätze, Garteninseln, Freiraumgestaltung)
Kosten: Gesamtinvestitionsvolumen: ca. 103.000.000 EUR
Fördermittel:
- Weltquartier: Stadtumbau West / Alle Wohnungen sind öffentlich gefördert
- Welt-Gewerbehof: Europäischer Fonds für Regionale Entwicklung (EFRE) / Europäischer Sozialfonds / Rahmenprogramm Integrierte Stadtteilentwicklung (RISE) / 5 der 6 Module sind öffentlich gefördert, ein frei finanziertes Modul (um den Markt in Wilhelmsburg auszuloten)

Größe:
- 13 Neubauten (274 WE), 12 Umbauten und Modernisierungen (469 WE)
- BGF vorher: ca. 28.000 m² / BGF nachher: ca. 45.000 m²
- Geschosse: III, IV, V

Nutzungen: 743 Wohnungen, 35 Gewerbeeinheiten mit 2.400 m² BGF, 1 Gastro-Fläche, 2 Läden
Energie: regenerative Wärmeversorgung durch den benachbarten Energiebunker / Alle Neubauten sind im Passivhaus-Standard errichtet
- Primärenergiebedarf (in kWh/(m²a): 9 (Umbauten)
- Spez. Transmissionswärmeverlust (in W/m²K): 0,43 (Umbauten)
- Energiebedarf (in kWh/(m²a)): 53 (Umbauten)

Besonderheiten: Vorher: 1.700 Menschen, 31 Nationen / nachher (2015): ca. 2.000 Bewohner. Ca. 40 % der ursprünglichen Mieter wohnen nach dem Umbau wieder im Weltquartier, 84 % sind auf der Elbinsel Wilhelmsburg mit 55.000 Einwohnern geblieben.

Oderberger Straße 56, Berlin (S. 69)
Urbane Mischung auf Gebäudeebene

Standort: 10435 Berlin; Oderberger Straße 56
Art der Maßnahmen: Neubau
Bauherr: Baugruppe GbR Oderberger Straße 56
Architektur: BARarchitekten, Antje Buchholz, Jack Burnett-Stuart, Michael von Matuschka, Jürgen Patzak-Poor
Tragwerksplanung: ifb thal + huber, Berlin
Haustechnik: DELTA-i GmbH, Berlin Michael Morosoff
zeitlicher Ablauf:
- 2007–2008: Planung
- 2010: Fertigstellung

Kosten:
- Gesamtkosten (brutto in EUR): 2.056.000 (KG 200 – 700)
- Baukosten (brutto in EUR/m²): 1.650 (KG 300 – 400)

Größe: Grundstücksfläche 315 m², 7,5 Geschosse, 19 Einheiten, 4 große Wohnungen zwischen 78 und 83 m² jeweils mit kleiner Wohnung zwischen 27 und 45 m² kombinierbar und 1 Wohnung 76 m², Ateliers zwischen 31 und 45 m², Gastronomie 51 m², Ladenwerkstatt 43 m², Galerieraum 6 m², Werkstatt 28 m², Gästewohnung Dach 18 m², Hof 158 m², Gemeinschaftsgarten Dach 36 m², GFZ: 4,0
Nutzungen: 5 Wohnungen, 5 Ateliers, Gastronomie, Werkstatt, Galerie, Hof, Dachgarten
Energie: Pelletsheizung / mit Mineralwolle gedämmte nicht-tragende Holzaußenwände / 3-fach Verglasung
- Primärenergiebedarf (in kWh/(m²a): 29,5
- Spez. Transmissionswärmeverlust (in W/m²K): 0,39
- Energiebedarf (in kWh/(m²a)): 53,3

Besonderheiten: modifizierte Baugruppenfinanzierung. Das Gebäude unterschreitet den Anforderungswert der EnEV für den Primärenergiebedarf um ca. 60 %.

Wohnen am Innsbrucker Ring, München (S. 72)
Vom lärmgeprägten Zeilenbau zum Wohnen mit gemeinschaftlichen Innenhöfen

Standort: 81671 München-Ramersdorf; Zornedinger Straße 12–38
Art der Maßnahmen: Umbau, Sanierung, Neubau und Aufstockung
Bauherr: GWG Städtische Wohnungsgesellschaft München GmbH
Architektur: Felix + Jonas Architekten GmbH, München
Tragwerksplanung: Suess Staller Schmitt Ingenieure GmbH, Gräfelfing
Landschaftsarchitektur: Stefanie Jühling Landschaftsarchitektin BDLA DWB, München
Bauleitung: Bittenbinder + Kagerer, München
Schallschutz, Bauphysik: Ingenieure Süd GmbH, München
Haustechnik: Planungsgruppe Haustechnik, München
Zusammenarbeit: Das Bauvorhaben liegt in einem Sanierungsgebiet der Landeshauptstadt München. In die Planung wurden alle maßgeblichen Referate der LH München und städtischen Stellen wie das Amt für Wohnen und Migration und der Bezirksausschuss einbezogen.
zeitlicher Ablauf:
- ab 2007: Planung
- 2012: Fertigstellung

Beteiligungsverfahren: Die Mieterbelange wurden frühzeitig berücksichtigt, indem die Mieter in die Entscheidungsprozesse einbezogen wurden. Die Planung wurde im Rahmen von Workshops und Informationsveranstaltungen den Bewohnern vermittelt. Die Hausgemeinschaften sollten nach Mieterwunsch gewahrt werden. 2/3 der Mieter blieben während der Um- und Neubaumaßnahme in den Wohnungen. Die Haus- und Wohngemeinschaften konnten erhalten werden.
Kosten:
- Gesamtkosten (brutto in EUR): 14.467.650 (KG 200 – 700)
- Baukosten (brutto in EUR): 13.038.490 (KG 300 – 400)

Fördermittel: Soziale Wohnraumförderung / Bund-Länder-Städtebauförderung / Zuschussprogramm „Wohnen am Ring" der LH München
Größe: drei viergeschossige Gebäudezeilen (Bestand) (je ca. 75m Länge), dazwischen drei neue fünfgeschossige Gebäudekomplexe, Bestand (vor der Maßnahme) 112 WE mit 256 Einwohnern / Neu (nach der Maßnahme) 148 WE mit 398 Einwohnern, 15 WE Neubau, 25 WE Aufstockung, 24 WE Umbau, 84 WE Sanierung 9.014 m² Wohnfläche / 10.049 m² Grundstücksfläche / 4.983 m² Grundfläche / 8.360 m² Grünfläche (Rasen und Pflanzflächen) / GFZ 1,29
Nutzungen: Wohnen, private Freibereiche, gemeinschaftliche Gartenbereiche, Stadtteiltreff
Energie: Heizenergieüberschuss
- Energiebedarf (in kWh/(m²a)): 72,94
- Primärenergiebedarf (in kWh/(m²a)): 80,11
- Spez. Transmissionswärmeverlust (in W/m²K): 0,5

Besonderheiten: Der Mittlere Ring ist die Hauptverkehrsstraße Münchens mit täglich bis zu 100.000 Fahrzeugen. Lückenschluss der bestehenden Wohnanlage durch die Anordnung von 5-geschossigen Neubauten in der Funktion einer „Lärmschutzwand" zur Schaffung einer lärmberuhigten Wohnanlage.

Park am Gleisdreieck, Berlin (S. 78)
Ausgleich zwischen Naturschutz und Erholung

Standort: 10963 Berlin; Kreuzberg
Art der Maßnahmen: Umbau, Brachflächenrevitalisierung
Bauherr: Senatsverwaltung für Stadtentwicklung und Umwelt, Berlin, vertreten durch die Grün Berlin Stiftung
Projektsteuerung, Projektmanagement: Grün Berlin GmbH
Gesamtplanung & Entwurf: Atelier Loidl Landschaftsarchitekten
Bauleitung: Breimann Bruun Simons Landscape Engineering GmbH, in Zusammenarbeit mit Atelier Loidl
Projektbegleitende Arbeitsgruppe: (PAG) Vertreterinnen und Vertreter: der Bürger und Anwohner / der Senatsverwaltung für Stadtentwicklung und Umwelt / des Ateliers Loidl / der Grün Berlin GmbH /der Quartiersräte Schöneberg Nord, Magdeburger Platz, Tiergarten Süd der Bezirke Friedrichshain- Kreuzberg, Tempelhof-Schöneberg und Mitte.
Fachplanungen Wasserbau: Müller-Kalchreuth
Elektrotechnik: Ingo Acker
Ökologische Beratung: Dr. Barbara Markstein
Baumgutachten: Flechner & Brodt
Bodenuntersuchungen: Geoversal Ingenieurgesellschaft mbH
Vermessungstechnik: Zech und Ruth
Sicherheits- und Gesundheitskoordination: INVO Ingenieurbüro Vogt
Ausführung Baufeldfreimachung: BTB Erdbau und Abbruch GmbH; RWG / Baustoffrecycling GmbH
Landschaftsbau: Otto Kittel GmbH & Co. KG, Eckhard Garbe GmbH, Fehmer GmbH
Wasseranlagen: Combé Anlagenbau GmbH, TRP Bau GmbH
zeitlicher Ablauf:
- 2005: Rahmenvertrag zur städtebaulichen Entwicklung des Gleisdreiecks (von Senatsverwaltung für Stadtentwicklung, Bezirk Friedrichshain-Kreuzberg, Vivico Real Estate GmbH).
- 2006: nach intensiver, mehrstufiger Beteiligung der Bürgerinnen und Bürger – Entscheidung von internationalem landschaftsplanerischen Ideen- und Realisierungswettbewerb.
- 2011: Eröffnung Ostpark / 2013 Eröffnung Westpark / 2014 Eröffnung Flaschenhals

Finanzierung und Verfahren: Der städtebauliche Rahmenvertrag von 2005 regelt die Nutzung der ca. 58,8 ha großen Fläche des ehemaligen Potsdamer und Anhalter Güterbahnhofs (Gleisdreieck), die sich aus diversen Einzelflächen zusammensetzt. Planung: öffentliche Parkanlage und innerstädtische Bebauung auf vier Baufeldern. Damit wird der Wechsel zwischen dem Regierenden Bürgermeister von Berlin, der Deutschen Bahn und dem Bundeseisenbahnvermögen umgesetzt. Rahmenvertrag: Regelungen zu den Baufeldern, Grundsätze der Finanzierung der einzelnen Nutzungsgebiete für den Park sowie die Vorgaben zum Grunderwerb und zur Entwicklung durch das Land Berlin. Auf Grundlage des städtebaulichen Rahmenvertrages hat das Land Berlin das Bebauungsplanverfahren VI-140 eingeleitet. Die flächenmäßig größten Teilbereiche werden aus Ausgleichs- und Ersatz-Mitteln der Bauvorhaben Potsdamer und Leipziger Platz finanziert, die Regelung dazu erfolgte im städtebaulichen Vertrag „über die Durchführung und Finanzierung von Kompensationsmaßnahmen für Eingriffe in die Leistungsfähigkeit des Naturhaushaltes und des Landschaftsbildes durch bauliche Vorhaben im Gebiet des Potsdamer/Leipziger Platzes".
Bürgerbeteiligung und -information: Bürgerumfrage (1.600 Haushalte der näheren Umgebung), Online-Dialoge, Planungsforen (fünf öffentliche Informations- und Diskussionsveranstaltungen zwischen 2006 und 2010), Regelmäßige Treffen zur Vor- und Nachbereitung einer Projektbegleitenden Arbeitsgruppe (PAG)
Kosten: Gesamtkosten (netto in EUR): ca. 20.000.000 Ostpark: 9,5 Mio. EUR / Westpark: 8,5 Mio. EUR / Flaschenhals: 2 Mio. EUR
Größe: ca. 27 Hektar Gesamtfläche (16 Hektar Ostpark, 9 Hektar Westpark, 2 Hektar Flaschenhals)
Nutzungen: Sport- und Spielflächen, Liegewiesen, Rad- und Spazierwege, Gärten
Besonderheiten: Pilotprojekte: Naturerfahrungsraum für Kinder, Gärten im Garten, Interkultureller Rosenduftgarten, Ökologie im Park, der „Flaschenhals"

Reparatur der autogerechten Stadt, Pforzheim (S. 84)
Innenstadtaufwertung durch integrierte Verkehrsplanung

Standort: 75172/75175 Pforzheim; Schlossberg und Innenstadt
Art der Maßnahmen: Stadtumbau, Straßenrückbau
Bauherr: Stadt Pforzheim
Verkehrsplanung: Professor Hartmut Topp (topp.plan: Stadt.Verkehr.Moderation), Kaiserlautern und Planungsbüro R+T, Darmstadt
Städtebau: RKW Düsseldorf und Kohl Architekten, Berlin
Projektleitung: Amt für Stadtplanung, Liegenschaften und Vermessung
Beteiligte Fachbereiche der Stadt: Grünflächen- und Tiefbauamt, Untere Denkmalschutzbehörde, Personal- und Organisationsamt, Eigenbetrieb Stadtentwässerung Pforzheim, Stadtwerke Pforzheim, Wirtschaft- und Stadtmarketing Pforzheim.
Private Projektpartner: Innenstadtentwicklungsgesellschaft
Experten für:
- Leitbild/Nutzungskonzept: Van Dongen Koschuch/Out Of Office, Amsterdam
- Handel: VEND Consulting, Nürnberg
- Zukunftswerkstatt: Frau Prof. Dr. Stein, Frankfurt; Workshop mit Eigentümern: Roland Strunk, Frankfurt; Ideenfindungsprozess: Markus Mettler, Brainstore, Biel/CH

Weitere Partner/ Beteiligte: Eigentümer, Dienstleister, Handel und Gastronomie in der Innenstadt, Bürgerschaft, Bürgermeister der Umgebung sowie Vereine und Initiativen der Stadtgestaltung und der Gemeinderat der Stadt Pforzheim
zeitlicher Ablauf:
- 2012: Städtebauliches Werkstattverfahren Innenstadtentwicklung-Ost mit fünf Planungsbüros;
- 2013/14: Erarbeitung verschiedener Konzepte für die Innenstadt und breite Bürgerbeteiligung
- 2014: Beschluss des Rahmenplans Innenstadtentwicklung-Ost im Gemeinderat
- geplant für 2015: Investorenauswahlverfahren
- Fertigstellung nicht vor 2016: Die Ausgestaltung ist abhängig vom städtebaulichen Ergebnis im Zuge des geplanten Verfahrens zur Investorenauswahl.

Verfahren/Prozess: Der Masterplanprozess der Stadt Pforzheim (2011/12) zur Entwicklung von Zielen der Stadtentwicklung in unterschiedlichen Themenfeldern sowie die Projektierung Innenstadtentwicklung-Ost

waren Triebfedern für die Gesamtentwicklung der Innenstadt. Das Projekt ist daher in ein übergeordnetes Innenstadtkonzept eingebettet. Die Stadt Pforzheim hat dazu verschiedene Planungen beauftragt: ein Leitbild und Nutzungskonzept Innenstadt, ein Verkehrskonzept Innenstadt, ein Handelskonzept Innenstadt sowie den Rahmenplan Innenstadtentwicklung-Ost. Darüber hinaus laufen Planungen zur gestalterischen Aufwertung der Innenstadt (Gestaltung privater Gebäude und des öffentlichen Raumes).
Beteiligungsverfahren: Bürgerinformationsveranstaltung und erste Zukunftswerkstatt (Apr./Mai 2013) / Kreativbeteiligungsprozess (Sept. bis Nov. 2013) mit Ideenfindung, Ideenbewertung und konkreten Projektideen für die Innenstadt Pforzheim – „Wie wird Pforzheim unwiderstehlich" / Interviews, Gesprächsrunden und Workshops mit Eigentümern, Dienstleistern, Handel und Gastronomie in der Innenstadt, Bürgermeistern im Umfeld sowie Bürgern und Gruppierungen (2. Halbjahr 2013).
Kosten: Die Kosten der Maßnahme sind noch nicht abschätzbar. Sie hängen insbesondere von den städtebaulichen Rahmenbedingungen und den später auf einen Investor übertragbaren Aufgaben ab.
Fördermittel: Derzeit führt die Stadt vorbereitende Untersuchungen zur Aufnahme in ein Sanierungsgebiet (ggf. Bund-Länder-Förderprogramm) durch.
Größe: Das Projektgebiet zwischen Hauptbahnhof und Enz sowie Marktplatz und Deimlingstraße umfasst insgesamt rund 9 ha. Die Schlossbergauffahrt liegt in deren Zentrum.
Nutzungen: Wohnen unterhalb der Schlosskirche / Mischquartier mit Einzelhandel, Dienstleistung, Verwaltung, öffentliche Einrichtungen am Rathaushof und Stadtkante Süd

Hochwasserschutz und Mainufergestaltung, Würzburg (S. 87)
Kombination aus technischen Lösungen und gestalterischen Ansprüchen

Standort: 97070 Würzburg; Oberer Mainkai
Art der Maßnahmen: Stadtumbau, Hochwasserschutz
Bauherr: Freistaat Bayern, vertreten durch das Wasserwirtschaftsamt Würzburg in Zusammenarbeit mit der Stadt Würzburg
Architektur und Freianlagen: Klinkott Architekten, Karlsruhe
Tragwerk und Ingenieurbau: Dreier Ingenieure, Würzburg
Verkehr und Freianlagen: Ingenieurbüro Maier, Würzburg
zeitlicher Ablauf:
- 1998/99: Städtebaulicher Wettbewerb (1.Preis Klinkott)
- 2000–2006: Planung
- 2005–2012: Ausführung
- 2009: Fertigstellung BA1 und 2
- 2012: Fertigstellung BA3

Beteiligung:
- Zahlreiche Einzelabstimmungen individueller Planungsziele mit Anwohnern.
- Mehrere öffentliche Informationsveranstaltungen mit Anliegern und Bürgern
- Regelmäßige Beteiligung der städtischen Gremien sowie des Stadtrates
- Mehrere Bemusterungstermine zur Materialwahl mit Mitgliedern des Stadtrates.

Kosten: Gesamtkosten (brutto in EUR): ca. 20.000.000

Förderprogramme: Finanzierung mit dem Hochwasserschutzprogramm des Freistaates Bayern / Förderung über Gemeindeverkehrsfinanzierungsgesetztes GVFG
Größe: ca. 25.000 m² Gesamtfläche, davon
- ca. 9.500 m² Uferpromenade / Gehwege
- ca. 900 m² Platzanlage
- ca. 4.100 m² Grünflächen
- ca. 2.800 m² Parkierungsflächen
- ca. 7.700 m² Straßenfläche

Nutzungen: Öffentliche Grün- und Freianlagen, Gastronomie, Schiffsanleger
Besonderheiten: Abstimmung der Hochwasserschutzmaßnahme auf individuelle Gegebenheiten und Wünsche der Anlieger. Integration des Hochwasserschutzes in das Stadtbild, die historische Bausubstanz und die Freianlagen.

Modell Ludwigsburg (S. 95)
Durch Dialog und Vernetzung zu einer ganzheitlichen Stadtentwicklung

Beteiligte: Gemeinderat, Stadtverwaltung, Expertengremien und Bürgerschaft
zeitlicher Ablauf:
- 2003: Ideenphase
- 2004: Vorbereitungsphase / Klausurtagung des Gemeinderats
- 2004–2008: Geschäftsstelle Stadtentwicklungskonzept
- seit 2004: Stadtentwicklungskonzept (SEK) „Chancen für Ludwigsburg" / Fachbereich für bürgerschaftliches Engagement
- 2005: Meinungsbild durch Interviews / öffentliche Auftaktveranstaltung (ca. 200 Personen) / Dialogsommer (Stadtteilspaziergänge, Veranstaltungen, Jugendkonferenz) 1. Zukunftskonferenz: Visionen, Ziele und Projektideen (ca. 128 Personen)
- 2006: 2. Zukunftskonferenz: Leitprojekte, Maßnahmen, Netzwerke (ca. 100 Personen)
- seit 2007: Stadtteilentwicklungspläne (STEP)
- seit 2008: Das Querschnittsreferat „Nachhaltige Stadtentwicklung" übernimmt die Steuerung des Umsetzungsprozesses
- 2009: 3. Zukunftskonferenz: Bilanz und Weiterarbeit am SEK (ca. 100 Personen)
- 2012: 4. Zukunftskonferenz: Nachhaltige Stadtentwicklung (ca. 250 Personen)
- seit 2012: Bürgerbeteiligungs-Plattform „meinLB.de"

Verfahrensweise: Im SEK werden elf kommunale Themenfelder definiert: Attraktives Wohnen, Bildung und Betreuung, Wirtschaft und Arbeit, Mobilität, Zusammenleben von Generationen und Nationen, Lebendige Innenstadt, Vitale Stadtteile, Energieversorgung, Kulturelles Leben, Vielfältige Sportangebote, Grün in der Stadt. Mit der Organisation von gesamtstädtischen Beteiligungsverfahren (wie der Zukunftskonferenz) erfolgt eine Einbettung von Bürgerinteressen ins SEK sowie eine Beteiligung am „Agenda-Setting" und bei der Definition von Handlungsfeldern. Die Verwaltungssteuerung erfolgt durch Masterpläne die Leitsätze und strategische Ziele sowie die operative Umsetzung erfassen. Das Konzept beinhaltet ein indikatorengestütztes Beobachtungssystem.
Prozessqualität: Ein Vorbereitungsteam und eine Klausur der Führungskräfte stellten Anfangs intern organisatorisch und inhaltlich die Weichen. Für die Prozesssteuerung wurde 2004 die Geschäftsstelle Stadtentwicklungskonzept eingerichtet. Sie koordinierte bis 2008 die Arbeit des Gemeinderats, der Stadtverwaltung, der Expertengremien sowie der Bürgerschaft für den Masterplan und war verantwortlich für den erfolgreichen Verlauf. 2008 wurde die Steuerung dann auf das Querschnittsreferat „Nachhaltige Stadtentwicklung" übertragen.
Kommunikation/Öffentlichkeitsarbeit: Newsletter und Stadtteilzeitungen als Bestandteil der Stadtteilentwicklungspläne (STEPs), Regelmäßige Schwerpunktthemen in Stadtteilblättern, MeinLB.de; regelmäßig aktualisierte Website; Auslage im Kunst- und Kulturzentrum
Beteiligungsverfahren:
- Mobilisierende Formate zur Vorbereitung von Zukunftskonferenzen, um bisher unterrepräsentierten gesellschaftlichen Milieus gesamtstädtische Themen der Stadtentwicklung näherzubringen, z. B. eine Projektwoche mit Schülern zu Themen der Stadtentwicklung oder eine qualitative Interviewreihe unter Beteiligung von Migranten zu persönlichen Bedürfnissen und Fragen der Stadtentwicklung.
- Kooperative Dialog- und Planungsverfahren eignen sich zum Einsatz dort, wo es verhärtete Fronten oder unterschiedliche Zielvorstellungen zur räumlichen Entwicklung gibt: Nach dem Grundsatz „Probleme zuerst" anhand von städtebaulichen Entwürfen Perspektiven und Hemmnisse in räumlichen Entwicklungen identifizieren, Begleitgruppe aus internen und externen Experten sowie Vertretern aus dem politischen Raum unterstützt bei der Erarbeitung von Lösungsmöglichkeiten und der Annäherung an die beste Lösung.
- Zu den dauerhaft eingesetzten Instrumenten in der Stadtteilentwicklung gehören Stadtteilspaziergänge und Infostände im Rahmen von Stadtteilfesten. Vorteile: Präsenz in unverbindlicher Atmosphäre vor Ort, Niedrigschwellige Beteiligungsformen mit positivem Aufwand-Nutzen-Verhältnis – Eine dauerhafte Implementierung schafft Vertrauen.

Fördermittel:
- BMBF ZukunftsWerkStadt 153.000 EUR
- Pilotprojekt Nationaler Strategieplan für eine integrierte Stadtentwicklungspolitik 50.000 EUR (50 % Eigenanteil Stadt) – Multimediale Partizipation im Rahmen der Zukunftskonferenz 2012

Erweiterung Nya Nordiska, Dannenberg (S. 99)
Eine Firmenerweiterung in der historischen Altstadt

Standort: 29451 Dannenberg; An den Ratswiesen
Art der Maßnahmen: Erweiterungsbauten, Sanierung
Bauherr: Nya Nordiska Verwaltungs GmbH, Dannenberg
Architektur: Staab Architekten, Berlin
Wettbewerb (Betreuung): Bernardy Architekten, Berlin (für Nya Nordiska)
Planung: Alexander Böhme (Projektleitung), Madina v. Arnim, Marion Rehn, Sabine Zoske, Marcus Ebener, Tobias Steib (Ausschreibung und Vergabe)
Tragwerk: ifb frohloff staffa kühl ecker, Berlin (Genehmigung); Peter Martens + Frank Puller Ingenieurgesellschaft mbH, Braunschweig (Ausführung)
Landschaftsplanung: Levin Monsigny Landschaftsarchitekten GmbH, Berlin
Projektsteuerung: Ralf Pohlmann, Waddeweitz
Bauleitung: Kümper + Schwarze Baubetriebe GmbH, Wolfenbüttel (GU)

Brandschutz: IBB Ing.-Büro, Gert Beilicke, Leipzig
Fördertechnik: prg Ingenieurgesellschaft mbH, Berlin
Lichtplanung: LKL Licht Kunst Licht AG, Berlin
zeitlicher Ablauf:
- 2008: Eingeladener Wettbewerb (1. Preis)
- 2008–2010: Planungsbeginn – Fertigstellung
- 2009–2010: Bauzeit

Kosten: Gesamtkosten (brutto in EUR): 6.500.000 (KG 200 – 700)
Fördermittel: EFRE Mittel 1.400.000 EUR
Größe:
- NF: 3.120 m²
- BGF: 4.100 m²
- BRI: 21.800 m³

Nutzungen: Werkstätten, Produktionsräume, Musterabteilungen, Verwaltung, Laden, Schulungsraum, zentrale Designentwicklung
Energiekonzept: Unterschreitung der zulässigen Maximalwerte des Jahresprimärenergiebedarfs nach EnEV 2007 für Neubauten um ca. 20 %. Nachhaltigkeit und Wirtschaftlichkeit durch langlebiges Fassadenmaterial
Besonderheiten: Die grundsätzliche Entscheidung der Bauherren für eine Erweiterung am Firmenstandort innerhalb der Altstadt führte auch zur Aufwertung der Umgebung. Die kompakte Zusammenführung von Unternehmensbereichen auf dem vorhandenen Firmengelände ermöglichte effiziente Arbeitsabläufe und flexible Raumnutzung.

Gestaltungsbeirat, Regensburg (S. 106)
Vorbild für baukulturelle Beratungsgremien in Deutschland

Bestehen: seit Mai 1998
Leitung der Geschäftsstelle: 1998–2001: Klaus Heilmeier / Seit 2002: Tanja Flemmig
Koordination: Johanna Eglmeier
Derzeitige Gestaltungsbeiräte: Prof. Dr.-Ing. Paul Kahlfeldt, Berlin / Prof. Uta Stock-Gruber, Buch am Erlbach / Prof. Michael Gaenßler, München / Prof. Ingrid Burgstaller, München / Prof. Víctor López Cotelo, Madrid / Architektin Elke Delugan-Meissl, Wien
Kooperation: Die Geschäftsstelle ist im Planungs- und Baureferat beim Bauordnungsamt angesiedelt und arbeitet mit verschiedenen Ämtern der Stadtverwaltung, v. a. mit dem Stadtplanungsamt und dem Amt für Archiv- und Denkmalpflege, und dem Bayer. Landesamt für Denkmalpflege zusammen. Abstimmung mit allen am Bau Beteiligten bis zur Detailabsprache.
Aufbau: Der Gestaltungsbeirat (GBR) wurde unter Mitwirkung des Regensburger Architekturkreises, der Politik und der Verwaltung zur Förderung der Baukultur gegründet. Vorbild war das Linzer Modell. Es beraten fünf bzw. seit 2011 sechs Experten aus dem Bereich Architektur und Städtebau sowie Landschaftsarchitektur, sowohl Politik als auch Verwaltung in baukulturellen Belangen. Der GBR tagt fünf bis sechs Mal im Jahr. Die Beiräte sind absolut unabhängig, da nicht ortsansässig, haben ein Mandat auf Zeit (max. 4 Jahre) und dürfen in Regensburg während der GBR-Tätigkeit nicht planen und bauen.
Verfahrensweise: Vorhaben werden im Gestaltungsbeirat behandelt, wenn sie aufgrund ihrer Größenordnung und Bedeutung für das Stadtbild prägend in Erscheinung treten. Am Sitzungstag werden alle vor Ort von der Geschäftsstelle vorgestellt. Dabei findet ein kurzer Austausch zwischen Stadt und Beirat statt. In der Sitzung, diskutieren im Wesentlichen Architekten, Bauherren und Beiräte miteinander. Zu jedem Vorhaben wird ein Gutachten durch den Beirat erstellt, das den Bauherren und Planern übermittelt wird. Wird ein Projekt durch den Beirat nicht freigegeben, muss dieses nach einer Überarbeitung verfahrensbegleitend wieder vorgelegt werden. Bei wichtigen Projekten wird der Beirat bis zur Detailplanung beteiligt.
Öffentlichkeit: Spätestens eine Woche vor der Sitzung wird die Tagesordnung durch die Presse und das Internet veröffentlicht. Die Öffentlichkeit ist bei den Sitzungen in der Regel zugelassen. Vertreter der Stadtrats-Fraktionen und die örtliche Presse (regelmäßige Berichterstattung) nehmen als Zuhörer teil.
Der Regensburger Gestaltungsbeirat hat bundesweit Vorbildfunktion erlangt (Vorträge über den Gestaltungsbeirat in 15 Städten, z. B. Bonn, Stuttgart, Düsseldorf, Cottbus, Freiburg, Nürnberg und Beteiligung an Diskussionsforen bei verschiedenen Architektenkammern, beim DBA und bei der Bundesstiftung Baukultur). Die Geschäftsstelle hat 3 Broschüren herausgebracht.
Informationen zum Gestaltungsbeirat unter www.regensburg.de
Kosten: Für die Sitzungen des Gestaltungsbeirates werden pro Jahr 40.000–65.000 EUR an Haushaltsmitteln benötigt.
Umfang der Arbeit: Der Gestaltungsbeirat betreute im Zeitraum Mai 1998 – Mai 2014 in 85 Regelsitzungen und 24 Sonderterminen insgesamt 307 Projekte. Davon sind:
- 164 Projekte fertig gestellt
- 18 Projekte in Bau / 45 Projekte genehmigt, aber noch nicht in Bau
- 74 Projekte (derzeit) nicht weitergeführt, bzw. 20 Projekte mit anderem Planer realisiert
- 186 Projekte wurden als Wiedervorlage behandelt.

Quellen und Literatur

Einführung

- Crutzen, Prof. Dr. Paul J. in Schwägerl, Christian (2012): Menschenzeit, Goldmann-Verlag München.
- Deutscher Bundestag, 14. Wahlperiode, Drucksache 14/8966: Unterrichtung durch die Bundesregierung, Bericht der Bundesregierung – Initiative Architektur und Baukultur, 29. 04. 2002

Baukultur in Deutschland – Die Ausgangslage

- BBSR – Bundesinstitut für Bau-, Stadt- und Raumforschung im Bundesamt für Bauwesen und Raumordnung (BBR) (Hrsg.) (2013): Bericht zur Lage und Perspektive der Bauwirtschaft 2013. Bonn.
- BMF – Bundesministerium der Finanzen (2014): Bundeshaushalt online. Berlin. URL: http://www.bundeshaushalt-info.de/startseite/#/2012/soll/ausgaben/einzelplan.html (Stand 3/2014).
- BMVBS – Bundesministerium für Verkehr, Bau und Stadtentwicklung (Hrsg.) (2012): Strukturdaten zur Produktion und Beschäftigung im Baugewerbe. Berlin.
- BMWi – Bundesministerium für Wirtschaft und Technologie (Hrsg.) (2012): Wirtschaftsfaktor Tourismus Deutschland. Berlin.
- (Die) Bundesregierung (2013): Deutschlands Zukunft gestalten. Koalitionsvertrag zwischen CDU, CSU und SPD. 18. Legislaturperiode. URL: http://www.bundesregierung.de/Content/DE/Statische-Seiten/Breg/koalitionsvertrag-inhaltsverzeichnis.html (Stand 3/2014).
- DAT – Deutsche Automobil Treuhand (Hrsg.) (2013): DAT-Report 2013 – kfz-betrieb. Ostfildern.
- Destatis – Statistisches Bundesamt (2014): Inlandsproduktsberechnung, Bruttoanlageinvestitionen nach Güterarten. Wiesbaden. URL: https://www.destatis.de/DE/ZahlenFakten/Gesamtwirtschaft-Umwelt/VGR/Inlandsprodukt/Tabellen/Bruttoanlageinvest.html (Stand 3/2014). eigene Berechnungen.
- Destatis – Statistisches Bundesamt (2013a): Baugenehmigungen/Baufertigstellungen, Lange Reihen 2012. Wiesbaden.
- Destatis – Statistisches Bundesamt (2013b): Zensus 2011 – Gebäude und Wohnungen, Stand Mai 2013. Wiesbaden.
- Destatis – Statistisches Bundesamt (2013c): Volkswirtschaftliche Gesamtrechnungen – Anlagevermögen nach Sektoren, Arbeitsunterlage. Wiesbaden.
- Statistische Ämter des Bundes und der Länder (2014): Gebäude- und Wohnungsbestand in Deutschland – Erste Ergebnisse der Gebäude- und Wohnungszählung 2011. Hannover.
- Technische Universität Dortmund – Gruehn, Dietwald, und Anne Hoffmann (2010): Bedeutung von Freiräumen und Grünflächen in deutschen Groß- und Mittelstädten für den Wert von Grundstücken und Immobilien. LLP-report 010. Dortmund. URL: http://www.galk.de/projekte/pr_down/LLP_report_010_final_100318.pdf (Stand: 3/2014).

Akteure der Baukultur – Wer trägt Sorge für die gebaute Umwelt?

- BAK – Bundesarchitektenkammer (2013): Bundeskammerstatistik. Berlin.
- BBSR – Bundesinstitut für Bau-, Stadt- und Raumforschung im Bundesamt für Bauwesen und Raumordnung (BBR) (Hrsg.) (2012): Anstieg großer Wohnungstransaktionen in 2012. Bonn.
- BBSR – Bundesinstitut für Bau-, Stadt- und Raumforschung im Bundesamt für Bauwesen und Raumordnung (BBR) (Hrsg.) (2011a): Wohnungs- und Immobilienmärkte in Deutschland 2011. Bonn.
- BBSR – Bundesinstitut für Bau-, Stadt- und Raumforschung im Bundesamt für Bauwesen und Raumordnung (BBR) (2011b): Wohnungsmärkte im Wandel, Zentrale Ergebnisse der Wohnungsmarktprognose 2025. Bonn.
- BBSR – Bundesinstitut für Bau-, Stadt- und Raumforschung im Bundesamt für Bauwesen und Raumordnung (BBR) (Hrsg.) (2011c): Transaktionen großer Wohnungsbestände 2011. Bonn.
- BINGK – Bundesingenieurkammer (2012): Ingenieurstatistik. Berlin.
- BMVBS – Bundesministerium für Verkehr, Bau und Stadtentwicklung (Hrsg.) (2012): Strukturdaten zur Produktion und Beschäftigung im Baugewerbe. Berlin.
- BMVBS – Bundesministerium für Verkehr, Bau und Stadtentwicklung (Hrsg.) (2009): Bürgermitwirkung im Stadtumbau, Berlin.
- Braum, Michael, und Wilhelm Klauser (Hrsg.) (2013): Baukultur Verkehr, Orte – Prozesse – Strategien. Zürich.
- Braum, Michael (Hrsg.) (2011): Baukultur des Öffentlichen. Bauen in der offenen Gesellschaft. Basel.
- Braum, Michael, und Olaf Bartels (Hrsg.) (2010): Wo verkehrt die Baukultur? Fakten, Positionen, Beispiele. Basel.
- Braum, Michael, und Oliver G. Hamm (Hrsg.) (2010): Worauf baut die Bildung? Fakten, Positionen, Beispiele. Basel.
- Bundesingenieurkammer (1998): Musterberufsordnung der Bundesingenieurkammer. O.O.
Bundesstiftung Baukultur (2014): Netzwerk. Potsdam. URL: http://www.bundesstiftung-baukultur.de/netzwerk (Stand: 3/2014).
Bundesstiftung Baukultur (2013): Handbuch der Baukultur 2013–2015. Potsdam.
- Destatis – Statistisches Bundesamt (2013): Baugenehmigungen/Baufertigstellungen, Lange Reihen 2012. Wiesbaden.
- Destatis – Statistisches Bundesamt (2012): Mikrozensus 2011 – Bevölkerung und Erwerbstätigkeit – Beruf, Ausbildung und Arbeitsbedingungen der Erwerbstätigen in Deutschland. Wiesbaden.
- Deutscher Bundestag (2012): Grundgesetz für die Bundesrepublik Deutschland vom 23. Mai 1949 (BGBl. S. 1), zuletzt geändert durch das Gesetz vom 11. Juli 2012 (BGBl. I S. 1478). Berlin.
- Deutscher Bundestag (2009): Unterrichtung durch die Bundesregierung – Bericht über die Wohnungs- und Immobilienwirtschaft in Deutschland, Drucksache 16/13325. Berlin.

- Difu – Deutsches Institut für Urbanistik (2011): Stärken- und Schwächenanalyse für das technische Referendariat mit Vorschlägen zum weiteren Vorgehen und Empfehlungen für eine entsprechende Marken- und Imagebildung, Projektabschlussbericht. Berlin.
- Durth, Werner, und Paul Sigel (2009): Baukultur – Spiegel gesellschaftlichen Wandels. Berlin.
- Ganser, Werner (2010): Stammtisch versus Architektur, Auswirkungen von Skandalen auf Architekturprojekte. Wien.
- Montag Stiftung Urbane Räume gAG, Montag Stiftung Jugend und Gesellschaft, Bund Deutscher Architekten BDA und Verband Bildung und Erziehung (VBE) (Hrsg.) (2013): Leitlinien für leistungsfähige Schulbauten in Deutschland. Bonn/Berlin.
- Rambow, Riklef (2010): Experten-Laien-Kommunikation in der Architektur. Münster.
- SRL – Vereinigung für Stadt-, Regional- und Landesplanung e. V.: Über SRL. Aufgaben und Ziele. Berlin. URL: http://www.srl.de/%C3%BCber-srl/aufgaben-und-ziele.html (Stand: 5/2014).
- Statistische Ämter des Bundes und der Länder (2014): Gebäude- und Wohnungsbestand in Deutschland – Erste Ergebnisse der Gebäude- und Wohnungszählung 2011, Hannover.

Herausforderungen für die Baukultur – Was sind die aktuellen Entwicklungen?

- AGEB – Arbeitsgemeinschaft Energiebilanzen e. V. (2013): Auswertungstabellen zur Energiebilanz für die Bundesrepublik Deutschland 1990 bis 2012. Berlin.
- BBSR – Bundesinstitut für Bau-, Stadt- und Raumforschung im Bundesamt für Bauwesen und Raumordnung (BBR) (2013): Interaktive Karte: Wachsende und schrumpfende Städte und Gemeinden. Bonn. URL: http://www.bbsr.bund.de/BBSR/DE/Raumbeobachtung/InteraktiveAnwendungen/WachsenSchrumpfend/gemeinden_node.html (Stand 3/2014).
- BBSR – Bundesinstitut für Bau-, Stadt- und Raumforschung im Bundesamt für Bauwesen und Raumordnung (BBR) (2012): Mehrgenerationen-Wohnprojekte in der Rechtsform der eingetragenen Genossenschaft. Ergebnisse. Bonn. URL: http://www.bbsr.bund.de/BBSR/DE/FP/ReFo/Wohnungswesen/2011/MehrgenerationenWohnen/01_Start.html?nn=439538&notFirst=true&docId=439332#doc439332bodyText1 (Stand 3/2014).
- BBSR – Bundesinstitut für Bau-, Stadt- und Raumforschung im Bundesamt für Bauwesen und Raumordnung (BBR) (2011): Auf dem Weg, aber noch nicht am Ziel – Trends der Siedlungsflächenentwicklung. BBSR-Berichte KOMPAKT 10/2011. Bonn. URL: http://www.bbsr.bund.de/nn_21272/BBSR/DE/Veroeffentlichungen/BerichteKompakt/2011/BK102011.html (Stand 3/2014).
- bcs – Bundesverband CarSharing e. V. (2014a): Datenblatt CarSharing in Deutschland 2014. Berlin.
- bcs – Bundesverband CarSharing e. V. (2014b): Carsharing-Boom hält an. Berlin. URL: http://www.carsharing.de/presse/pressemitteilungen/carsharing-boom-haelt-an (Stand 3/2014).

- BITKOM – Bundesverband Informationswirtschaft, Telekommunikation und Neue Medien e. V. (Hrsg.) (2011) in Kooperation mit dem Bundesministerium für Umwelt, Naturschutz und Reaktorsicherheit (BMU) und dem Umweltbundesamt (UBA): „Smart Cities" – Grüne ITK zur Zukunftssicherung moderner Städte. Diskussionspapier zur 5. Jahreskonferenz BMU/UBA/BITKOM. URL: http://www.bitkom.org/files/documents/Smart_Cities_Studie_Mai_2011.pdf (Stand 3/2014).
- BMFSFJ – Bundesministerium für Familie, Senioren, Frauen und Jugend (2013): Teilzeitarbeit. Berlin. URL: http://www.bmfsfj.de/BMFSFJ/gleichstellung,did=88110.html (Stand 3/2014).
- BMI – Bundesministerium des Innern (Hrsg.) (2012): Migrationsbericht des Bundesamtes für Migration und Flüchtlinge im Auftrag der Bundesregierung (Migrationsbericht 2012). Berlin.
- BMUB – Bundesministerium für Umwelt, Naturschutz, Bau und Reaktorsicherheit (2014): Pressedienst Nr. 023/14 – Bauen/Wohnen. Berlin.
- BMVBS – Bundesministerium für Verkehr, Bau und Stadtentwicklung (Hrsg.) (2013a): Maßnahmen zum Klimaschutz im historischen Quartier. Kommunale Arbeitshilfe. Berlin. URL: http://www.bbsr.bund.de/cln_032/nn_627458/BBSR/DE/Veroeffentlichungen/BMVBS/Sonderveroeffentlichungen/2013/MassnahmenKlimaschutz.html (Stand 3/2014).
- BMVBS – Bundesministerium für Verkehr, Bau und Stadtentwicklung (Hrsg.) (2013b): Hochwasserschutzfibel. Objektschutz und bauliche Vorsorge. Berlin. URL: http://www.bmvi.de/SharedDocs/DE/Anlage/BauenUndWohnen/hochwasserschutzfibel.pdf?__blob=publicationFile (Stand 3/2014).
- BMVBS – Bundesministerium für Verkehr, Bau und Stadtentwicklung (2010): Mobilität in Deutschland 2008. Ergebnisbericht. Struktur – Aufkommen – Emissionen – Trends. Berlin. URL: http://www.mobilitaet-in-deutschland.de/pdf/MiD2008_Abschlussbericht_I.pdf (Stand: 5/2014).
- brandeins Wirtschaftsmagazin (2014): Die Welt in Zahlen. Ausgabe 03/2014. Hamburg. URL: http://www.brandeins.de/archiv/2014/beobachten/die-welt-in-zahlen.html (Stand 3/2014).
- BSW-Solar – Bundesverband Solarwirtschaft e. V. (2013): Statistische Zahlen der deutschen Solarwärmebranche (Solarthermie). URL: www.solarwirtschaft.de und http://www.solarwirtschaft.de/fileadmin/media/pdf/2013_2_BSW_Solar_Faktenblatt_Solarwaerme.pdf (Stand 3/2014).
- BSW – Bundesverband Solarwirtschaft e. V. und Solarpraxis AG (2010): Solarenergie in Deutschland. Berlin. URL: http://www.renewablesinsight.com/fileadmin/documents/SEID10_low.pdf (Stand 3/2014).
- (Die) Bundesregierung (2013): Deutschlands Zukunft gestalten. Koalitionsvertrag zwischen CDU, CSU und SPD. 18. Legislaturperiode. URL: http://www.bundesregierung.de/Content/DE/Statische-Seiten/Breg/koalitionsvertrag-inhaltsverzeichnis.html (Stand 3/2014).
- (Die) Bundesregierung (2002): Perspektiven für Deutschland. Unsere Strategie für eine nachhaltige Entwicklung. Berlin. URL: http://www.bundesregierung.de/Content/DE/_Anlagen/Nachhaltigkeit-wiederhergestellt/perspektiven-fuer-deutschland-langfassung.pdf?__blob=publicationFile&v=2 (Stand 3/2014).
- Bundeszentrale für politische Bildung (2013): Zuwanderung, Flucht und Asyl: Aktuelle Themen. Die aktuelle Entwicklung der Zuwanderung nach Deutschland. Bonn. URL: http://www.bpb.de/gesellschaft/migration/kurzdossiers/155584/deutschland?p=all (Stand 3/2014).
- Bürgerschaft der Freien und Hansestadt Hamburg (2014): Bericht des Parlamentarischen Untersuchungsausschusses „Elbphilharmonie". Drucksache 20/11500. Hamburg.
- Destatis – Statistisches Bundesamt (2014a): Bevölkerung. Auf einen Blick. Wiesbaden. URL: https://www.destatis.de/DE/ZahlenFakten/GesellschaftStaat/Bevoelkerung/Sterbefaelle/Sterbefaelle.html (Stand 3/2014).
- Destatis – Statistisches Bundesamt (2014b): Bodenfläche nach Nutzungsarten. Wiesbaden. URL: https://www.destatis.de/DE/ZahlenFakten/Wirtschaftsbereiche/LandForstwirtschaftFischerei/Flaechennutzung/Tabellen/Bodenflaeche.html (Stand 3/2014).
- Destatis – Statistisches Bundesamt (2014c): Energie, Rohstoffe, Emissionen – Energieverbrauch der privaten Haushalte für Wohnen (temperaturbereinigt). Wiesbaden. URL: https://www.destatis.de/DE/ZahlenFakten/GesamtwirtschaftUmwelt/Umwelt/UmweltoekonomischeGesamtrechnungen/EnergieRohstoffeEmissionen/Tabellen/EnergieverbrauchHaushalte.htm (Stand 3/2014).
- Destatis – Statistisches Bundesamt (2013a): Pressemitteilung Nr. 431. 19,6 % der Bevölkerung Deutschlands von Armut oder sozialer Ausgrenzung betroffen. Wiesbaden. URL: https://www.destatis.de/DE/PresseService/Presse/Pressemitteilungen/2013/12/PD13_431_634.html (Stand: 5/2014).
- Destatis – Statistisches Bundesamt (2013b): Datenreport 2013. Bonn.
- Destatis – Statistisches Bundesamt (2013c): Land- und Forstwirtschaft, Fischerei. Bodenfläche nach Art der tatsächlichen Nutzung 2012. Wiesbaden. URL: https://www.destatis.de/DE/Publikationen/Thematisch/LandForstwirtschaft/Flaechennutzung/BodenflaechennutzungPDF_2030510.pdf?__blob=publicationFile (Stand 3/2014).
- Destatis – Statistisches Bundesamt (2009): Bevölkerung Deutschlands bis 2060. 12. koordinierte Bevölkerungsvorausberechnung. Wiesbaden. URL: https://www.destatis.de/DE/Publikationen/Thematisch/Bevoelkerung/VorausberechnungBevoelkerung/BevoelkerungDeutschland2060Presse5124204099004.pdf?__blob=publicationFile (Stand 3/2014).
- Deutscher Paritätischer Wohlfahrtsverband Gesamtverband e.V. (2013): Zwischen Wohlstand und Verarmung: Deutschland vor der Zerreißprobe. Bericht zur regionalen Armutsentwicklung in Deutschland 2013. Berlin.
- Difu – Deutsches Institut für Urbanistik gGmbH (2013): Kommunale Straßenbrücken – Zustand und Erneuerungsbedarf. Berlin. (Bearbeitung: Dr. Wulf-Holger Arndt, Dr. Busso Grabow, Univ.-Prof. Dr. Klaus J. Beckmann, Dr. Marion Eberlein) URL: http://www.difu.de/publikationen/2013/kommunale-strassenbruecken-zustand-und-erneuerungsbedarf.html (Stand 3/2014).
- Difu – Deutsches Institut für Urbanistik (2010): Stadtpolitik und das neue Wohnen in der Innenstadt. Berlin. (Bearbeitung: Gregor Jekel, Franciska Frölich v. Bodelschwingh, Hasso Brühl, Claus-Peter Echter). URL: http://www.difu.de/publikationen/2010/stadtpolitik-und-das-neue-wohnen-in-der-innenstadt.html (Stand 3/2014).
- DIW Berlin – Deutsches Institut für Wirtschaftsforschung e. V. (2011): DIW Wochenbericht. Energiewende: Fokus Gebäude. Berlin. URL: https://www.diw.de/documents/publikationen/73/diw_01.c.377834.de/11-34.pdf (Stand 3/2014).
- DIW Berlin – Deutsches Institut für Wirtschaftsforschung e. V. (2010): DIW Wochenbericht. Nr. 19/2010. Berlin. URL: https://www.diw.de/documents/publikationen/73/diw_01.c.356610.de/10-19.pdf (Stand 3/2014).
- DST – Deutscher Städtetag (2012): Gemeindefinanzbericht 2012. Köln.
- Fuhrhop, Daniel (2013): Warum wir das Bauen verbieten sollten, in: PlanerIn, Nr. 5.
- GdW Bundesverband deutscher Wohnungs- und Immobilienunternehmen e. V. (Hrsg.) (2014): Wohntrends 2030. Studie. GdW Branchenbericht 6. Berlin.
- Hochschule Niederrhein (2013): eWeb Research Center: Antworten geben. Krefeld. URL: http://www.hs-niederrhein.de/forschung/eweb-research-center/ (Stand 3/2014).
- HSH Nordbank AG (Hrsg.) (2013): Einzelhandel im Wandel. Hamburg. (Bearbeitung: Hamburgisches Weltwirtschaftsinstitut HWWI). URL: http://www.hwwi.org/fileadmin/hwwi/Publikationen/Partnerpublikationen/HSH/2013_05_23_HSH_HWWI_Einzelhandel.pdf (Stand 3/2014).
- infas Institut für angewandte Sozialwissenschaft GmbH (2012): Intelligent mobil – wie sind wir im Alltag unterwegs? Ergebnisse einer repräsentativen Bevölkerungsbefragung. Bonn. URL: http://www.infas.de/forschungsbereiche/verkehrsforschung/trendanalysen/mobilitaet-von-morgen/ (Stand 3/2014).
- Keller, Berndt, Susanne Schulz und Hartmut Seifert (2012): Entwicklung und Strukturmerkmale der atypisch Beschäftigten in Deutschland bis 2010. WSI-Diskussionspapier Nr. 182. Oktober 2012. In: Böckler impuls 17/2012. Düsseldorf. URL: http://www.boeckler.de/impuls_2012_17_4-5.pdf (Stand 3/2014).
- KfW – KfW Bankengruppe (Hrsg.) (2013): KfW-Kommunalpanel 2012. Frankfurt/Main.
- KfW – KfW Bankengruppe (Hrsg.) (2012): KfW-Kommunalpanel 2011. Frankfurt/Main.
- Kommission „Zukunft der Verkehrsinfrastrukturfinanzierung" (2012): Zukunft der Verkehrsinfrastrukturfinanzierung. Bericht der Kommission. O.O. URL: http://www.vdv.de/bericht-daehre-kommission-dezember-2012.pdfx?forced=true (Stand 3/2014).
- Munich Re – Münchener Rückversicherungs-Gesellschaft (2013): GeoRisikoForschung, NatCatSERVICE, München.
- (Der) Postillon (2013): Lego startet neue Serie „Gescheiterte deutsche Großprojekte". Fürth. URL: http://www.der-postillon.com/2013/02/lego-startet-neue-serie-gescheiterte.html (Stand 3/2014).
- SAB Sächsische AufbauBank (2014): Richtlinie Hochwasserschäden 2013 – Aufbauhilfen für Unternehmen. Dresden. URL: http://www.sab.sachsen.de/de/p_is/detailfp_is_51712.jsp (Stand 3/2014).
- SINUS Markt- und Sozialforschung GmbH und wahrZeichen® Allianz (2013): Special Interest Paket Wohn- und Lebenswelten. Die aktuellen wahrZeichen-Sinus-Milieus®. Heidelberg.
- SINUS Markt- und Sozialforschung GmbH (2011): Informationen zu den Sinus-Milieus® 2011. Heidelberg. URL: http://www.sinus-institut.de/uploads/tx_mpdownloadcenter/Informationen_Sinus-Milieus_042011.pdf (Stand 3/2014).
- Staatsministerium Baden-Württemberg (2013): Land beantragt im Bundesrat Fortführung des Gemeindeverkehrsfinanzierungsgesetzes. Stuttgart. URL: http://www.baden-wuerttemberg.de/de/service/presse/pressemitteilung/pid/baden-wuerttemberg-beantragt-im-bundesrat-fortfuehrung-

- des-gemeindeverkehrsfinanzierungsgesetzes/ (Stand 3/2014).
- Stadt Karlsruhe (2014): SmarterCity Karlsruhe. Karlsruhe. URL: http://www.karlsruhe.de/b2/wifoe/netzwerke/smartercity.de (Stand 3/2014).
- Stadt Köln (2013): SmartCity Cologne: Wir gestalten die Energiewende Köln. Köln. URL: http://www.stadt-koeln.de/1/presseservice/mitteilungen/2013/08698/ (Stand 3/2014).
- Verwaltungsvereinbarung Städtebauförderung 2013 über die Gewährung von Finanzhilfen des Bundes an die Länder nach Artikel 104 b des Grundgesetzes zur Förderung städtebaulicher Maßnahmen. Berlin. URL: http://www.staedtebaufoerderung.info/cln_031/nn_486964/sid_2A933709AC927A4E69B257A4901E2E46/nsc_true/SharedDocs/Publikationen/StBauF/VVStaedtebaufoerderung2013.html (Stand 3/2014).
- Westfälische Wilhelms-Universität Münster (2013): Herzlich Willkommen auf den Internet-Seiten des Netzwerks Multilokalität! Münster. URL: http://www.uni-muenster.de/Geographie/Multilokalitaet/multilokalitaet/home.html (Stand 3/2014).

Die aktuellen Fokusthemen der Bundesstiftung Baukultur – Wohnen und gemischte Quartiere

- Architekturfakultät der Technischen Universität Graz (Hrsg.)(2012): GAM 8: Dense Cities – Architecture for Living Closer Together. Graz Architektur Magazin. Graz.
- BBR – Bundesamt für Bauwesen und Raumordnung (Hrsg.) (2000): Nutzungsmischung im Städtebau. Endbericht. Werkstatt: Praxis Heft 2/2000. Bonn.
- http://www.bbsr.bund.de/BBSR/DE/WohnenImmobilien/Immobilienmarktbeobachtung/ProjekteFachbeitraege/MietenPreise/Wohnnebenkosten/Wohnnebenkosten.html?nn=446450 (Stand: 3/2014).
- BBSR – Bundesinstitut für Bau-, Stadt- und Raumforschung im Bundesamt für Bauwesen und Raumordnung (BBR) (Hrsg.)(2013): Ziel nachhaltiger Stadtquartiersentwicklung. Bonn.
- BBSR – Bundesinstitut für Bau-, Stadt- und Raumforschung im Bundesamt für Bauwesen und Raumordnung (BBR) (2012a): Anstieg großer Wohnungstransaktionen in 2012. Bonn.
- BBSR – Bundesinstitut für Bau-, Stadt- und Raumforschung im Bundesamt für Bauwesen und Raumordnung (BBR) (2012b): Immobilienpreise und Transaktionen am Wohnimmobilienmarkt. Bonn.
- BBSR – Bundesinstitut für Bau-, Stadt- und Raumforschung im Bundesamt für Bauwesen und Raumordnung (BBR) (2012c): Lebensraum Stadtquartier – Leben im Hier und Jetzt. Informationen zur Raumentwicklung. 3/4.2012. Bonn.
- BBSR – Bundesinstitut für Bau-, Stadt- und Raumforschung im Bundesamt für Bauwesen und Raumordnung (BBR) (2011a): Mieten und Preise: Wohnimmobilien. Wohnnebenkosten. Bonn. URL: http://www.bbsr.bund.de/BBSR/DE/WohnenImmobilien/Immobilienmarktbeobachtung/ProjekteFachbeitraege/MietenPreise/Wohnnebenkosten/Wohnnebenkosten.html?nn=396022 (Stand: 5/2014).
- BBSR – Bundesinstitut für Bau-, Stadt- und Raumforschung im Bundesamt für Bauwesen und Raumordnung (BBR) (Hrsg.) (2011b): Neues Wohnen in Genossenschaften. Bonn.
- BDA – Bund Deutscher Architekten (Hrsg.) (2014): Deutsches Architektenblatt, Heft 02/2014. Düsseldorf.
- BDA – Bund Deutscher Architekten (Hrsg.)(2012): 19 Thesen zum Thema „Dichte" von Prof. Dietmar Eberle, Zürich/Lochau, vorgetragen beim BDA Hamburg Architektur Club am 30. Januar 2012. Hamburg.
- BMUB – Bundesministerium für Umwelt, Naturschutz, Bau und Reaktorsicherheit, vertreten durch das Bundesinstitut für Bau-, Stadt- und Raumforschung (BBSR) im Bundesamt für Bauwesen und Raumordnung (BBR) (Hrsg.) (2014): Neues Wohnen – Gemeinschaftliche Wohnformen bei Genossenschaften. Berlin. (Veröffentlichung in Vorbereitung)
- BMVBS – Bundesministerium für Verkehr, Bau und Stadtentwicklung (Hrsg.) (2013): Altersgerecht umbauen – Mehr Lebensqualität durch weniger Barrieren. Berlin.
- BMVBS – Bundesministerium für Verkehr, Bau und Stadtentwicklung (2012a): Urbane Energien. Positionen des Kuratoriums zur Nationalen Stadtentwicklungspolitik 2012. Berlin.
- BMVBS – Bundesministerium für Verkehr, Bau und Stadtentwicklung (2012b): Memorandum „Städtische Energien – Zukunftsaufgaben der Städte". Berlin.
- BMVBS – Bundesministerium für Verkehr, Bau und Stadtentwicklung (Hrsg.) (2012c): 5 Jahre LEIPZIG CHARTA – Integrierte Stadtentwicklung als Erfolgsbedingung einer nachhaltigen Stadt. Integrierte Stadtentwicklung in den 27 Mitgliedstaaten der EU und ihren Beitrittskandidaten. Berlin.
- BMVBS – Bundesministerium für Verkehr, Bau und Stadtentwicklung (2011a): Weißbuch Innenstadt. Starke Zentren für unsere Städte und Gemeinden. Berlin.
- BMVBS – Bundesministerium für Verkehr, Bau und Stadtentwicklung (2011b): Stadtentwicklung und Image – Städtebauliche Großprojekte in Metropolräumen. Berlin.
- BMVBS – Bundesministerium für Verkehr, Bau und Stadtentwicklung (Hrsg.) (2011c): Wohnen im Alter. Berlin.
- Bundesamt für Raumentwicklung (ARE)/Bundesamt für Migration (BFM)/Bundesamt für Wohnungswesen (BWO)/Bundesamt für Sport (BASPO)/Fachstelle für Rassismusbekämpfung (FRB)/Eidgenössische Kommission für Migrationsfragen (EKM) (Hrsg.)(2011): Soziale Mischung und Quartierentwicklung: Anspruch versus Machbarkeit. Bern.
- Destatis – Statistisches Bundesamt (2013): Mikrozensus 2012 – Bevölkerung und Erwerbstätigkeit – Beruf, Ausbildung und Arbeitsbedingungen der Erwerbstätigen in Deutschland. Wiesbaden.
- Destatis – Statistisches Bundesamt (2012): Gebäude und Wohnungen, Bestand an Wohnungen und Wohngebäuden. Wiesbaden.
- Destatis – Statistisches Bundesamt (2009): Mikrozensus 2008 – Bevölkerung und Erwerbstätigkeit – Beruf, Ausbildung und Arbeitsbedingungen der Erwerbstätigen in Deutschland. Wiesbaden.
- Deutsche Bundesbank (2014): Monatsbericht Februar 2014. Frankfurt/Main.
- Deutscher Bundestag (2012): Schriftliche Fragen mit den in der Woche vom 30. Juli 2012 eingegangenen Antworten der Bundesregierung. Drucksache 17/10425 vom 03.08.2012. Berlin.
- Difu – Deutsches Institut für Urbanistik im Auftrag des Bundesministeriums für Umwelt, Naturschutz, Bau und Reaktorsicherheit, vertreten durch das Bundesinstitut für Bau-, Stadt- und Raumforschung (BBSR) im Bundesamt für Bauwesen und Raumordnung (BBR) (Hrsg.) (2014): Grundlagenforschung zur Baugebietstypologie der Baunutzungsverordnung. Endbericht. Berlin.
- Doehler-Behzadi, Marta (2009): Wieviel Gestaltung braucht die Stadt? Wieviel Gestaltung braucht das Quartier? In: Bartholomäus, Heike, Tanja Blankenburg, Katharina Fleischmann, Ilka Schiller und Lutz Wüllner (Hrsg.): Wie viel Gestaltung braucht die Stadt? Cottbus, S. 113–120.
- Dohnke, Jan, Antje Seidel-Schulze und Hartmut Häußermann (2012): Segregation, Konzentration, Polarisierung – Sozialräumliche Entwicklung in deutschen Städten 2007–2009. Difu-Impulse Bd. 4/2012. Berlin.
- EHI – EuroHandelsinstitut (2013): Handelsdaten aktuell 2013. Köln.
- EHI – EuroHandelsinstitut (2005): Handel aktuell. Köln.
- empirica im Auftrag des Bundesverbandes Baugemeinschaften e. V. (Hrsg.)(2011): Auswertung der Städteumfrage 2011 des Bundesverbandes Baugemeinschaften e. V. Berlin.
- Freie und Hansestadt Hamburg (Hrsg.)(2013): Mehr Stadt in der Stadt – Chancen für mehr urbane Wohnqualität in Hamburg. Hamburg.
- Freie und Hansestadt Hamburg – Behörde für Stadtentwicklung und Umwelt (Hrsg.)(2010): Hamburger Leitfaden Lärm in der Bauleitplanung 2010. Hamburg.
- GdW Bundesverband deutscher Wohnungs- und Immobilienunternehmen e. V. (Hrsg.) (2014): Wohntrends 2030. Studie. GdW Branchenbericht 6. Berlin.
- HafenCity Hamburg GmbH/Freie und Hansestadt Hamburg (Hrsg.)(2011): Schallschutz bei teilgeöffneten Fenstern. Übersicht für Architekten, Ingenieure und Investoren. Hamburg.
- Harlander, Tilman, Gerd Kuhn, Wüstenrot Stiftung (Hrsg.)(2012): Soziale Mischung in der Stadt. Case Studies, Wohnungspolitik in Europa, Historische Analyse. Stuttgart/Zürich.
- Holm, Andrej (2012): Gentrification. In: Eckardt, Frank (Hrsg.)(2012): Handbuch Stadtsoziologie. Wiesbaden.
- INSM – Initiative Neue Soziale Marktwirtschaft (2009): Wohlstandsbilanz Deutschland 2009, Lebensqualität, Größer Wohnen. URL: www.wohlstandsbilanz-deutschland.de/groesser-wohnen.html (Stand 3/2014).
- Jekel, Gregor, Franciska Frölich von Bodelschwingh, Hasso Brühl und Claus-Peter Echter (2010): Stadtpolitik und das neue Wohnen in der Innenstadt. Edition Difu – Stadt Forschung Praxis. Bd. 8. Berlin.
- Jost, Frank (2011): Wohnen in der Innenstadt. Modeerscheinung oder nachhaltiger Trend?. In: Wohnbund Information – Urbane Zukünfte, Nr. 02+03/2011, München, S. 12–15.
- Landeshauptstadt München (Hrsg.)(2009): Sozialgerechte Bodennutzung – Der Münchener Weg. München.
- Leipzig Charta zur nachhaltigen europäischen Stadt. Angenommen anlässlich des informellen Ministertreffens zur Stadtentwicklung und zum territorialen Zusammenhalt in Leipzig am 24./25. Mai 2007.
- MBV – Ministeriums für Bauen und Verkehr des Landes Nordrhein-Westfalen (2009): Instrumente und Projektskizzen. Konzeptbausteine Impulse für Neues Wohnen in der Innenstadt. Schlussbericht. Düsseldorf.
- MBWSV – Ministerium für Bauen, Wohnen, Stadtentwicklung und Verkehr des Landes Nordrhein-Westfalen (2014): Bericht zur Stadtentwicklung 2013 – Quartiere im Fokus. Düsseldorf.
- Roskamm, Nikolai (2013): Das Leitbild von der „Urbanen Mischung" – Geschichte, Stand der

Forschung, Ein- und Ausblicke. Studie im Auftrag der Senatsverwaltung für Stadtentwicklung und Umwelt. Berlin.
• Senftleben, Ines (2011): Vom „Konservierten Stadtquartier" zum Quartier mit Zukunft. In: Wohnbund Information – Urbane Zukünfte, Nr. 02+03/2011, München, S. 43–46.
• Spiegel, Erika (2001): Soziale Stabilisierung durch soziale Mischung. In: vhw Forum Wohnen und Stadtentwicklung, Heft 2, April 2001. Berlin.

Die aktuellen Fokusthemen der Bundesstiftung Baukultur – Öffentlicher Raum und Infrastruktur

• bcs – Bundesverband CarSharing e. V. (2014): Carsharing-Boom hält an. Berlin. URL: http://www.carsharing.de/presse/pressemitteilungen/carsharing-boom-haelt-an (Stand: 3/2014).
• Berding, Ulrich, Oliver Kuklinski und Klaus Selle (o.J.): Handlungsfeld öffentliche Räume – Zwischenergebnisse eines Forschungsprojektes. URL: http://www.plankom.net/pdf/pub/handlungsfel_oeffentliche_raeume.pdf (Stand: 3/2014).
• Bundesingenieurkammer und Verband Beratender Ingenieure (VBI) (2014): Der Deutsche Brückenbaupreis 2014. Berlin. URL: http://www.brueckenbaupreis.de/html/2262.htm (Stand 03/2014).
• (Die) Bundesregierung (2014): Stromautobahnen. Herzstück einer neuen Energieinfrastruktur. [Internet]. Berlin. URL: http://www.bundesregierung.de/Content/DE/StatischeSeiten/Breg/Energiekonzept/2-EnergieTransportieren/2012-04-18-stromautobahnen-herzstueck-einer-neuen-energieinfrastruktur.html (Stand: 3/2014).
• DB AG (Hrsg.) (2008): Leitfaden Gestalten von Eisenbahnbrücken. In: DB Netze. Berlin.
• Destatis – Statistisches Bundesamt (2014): Flächennutzung. Bodenfläche nach Nutzungsarten. Wiesbaden. URL: https://www.destatis.de/DE/ZahlenFakten/Wirtschaftsbereiche/LandForstwirtschaftFischerei/Flaechennutzung/Tabellen/Bodenflaeche.html (Stand 03/2014).
• DFV – Deutscher Franchise Verband e. V. (2013): Franchisewirtschaft wächst 2012 deutlicher als in Vorjahren. Berlin. URL: http://franchise.blog.de/2013/04/10/franchisewirtschaft-waechst-2012-deutlicher-vorjahren-15741215/ (Stand: 3/2014).
• Difu – Deutsches Institut für Urbanistik (2013a): Hauptverkehrsstraßen und integrierte Innenstadtentwicklung. Seminar am 9. und 10.12.2013. Berlin. URL: http://www.difu.de/veranstaltungen/2013-12-09/hauptverkehrsstrassen-und-integrierte-innenstadtentwicklung.html (Stand: 3/2014).
• Difu – Deutsches Institut für Urbanistik (2013b): Doppelte Innenentwicklung. Strategien, Konzepte und Kriterien im Spannungsfeld von Städtebau, Freiraumplanung und Naturschutz. In: Difu-Berichte Heft 4/2013. Berlin.
• Difu – Deutsches Institut für Urbanistik (2012a): Altengerechter Umbau der Infrastruktur. Investitionsbedarf der Städte und Gemeinden. Difu-Impulse. Bd. 6/2012. Berlin.
• Europäische Kommission (2013): Vorschlag für eine RICHTLINIE DES EUROPÄISCHEN PARLAMENTS UND DES RATES über den Aufbau der Infrastruktur für alternative Kraftstoffe. Brüssel. URL: http://eur-lex.europa.eu/LexUriServ/LexUriServ.do?uri=COM: 2013: 0018: FIN: DE: PDF (Stand: 3/2014).

• Freie und Hansestadt Hamburg (2013): Mehr Stadt in der Stadt. Gemeinsam zu mehr Freiraumqualität in Hamburg. Hamburg.
• HafenCity Universität Hamburg (HCU) (2012): Pflege von öffentlichen Freiräumen mit/von Privaten. Dokumentation. Werkstattgespräch vom 29.08.2012. Hamburg. URL: http://www.northsearegion.eu/files/repository/20121218150559_Hamburg-Stakeholder-Workshop-in-German%5B1%5D.pdf (Stand: 3/2014).
• Hessisches Ministerium für Wirtschaft, Verkehr und Landesentwicklung (2012): Freiräume entwickeln, Lebensräume schaffen. 9 Strategien, 5 Statements, 1 Ziel. Wiesbaden.
• Heuer Dialog GmbH – Prof. Dr.-Ing. Hartmut H. Topp (2011): Städtische Mobilität ohne Emissionen – eine Vision? Insight Newsletter. Düsseldorf. URL: http://www.heuer-dialog.de/insight-3-2011-Hartmut-Topp-Mobilitaetskonzepte (Stand: 3/2014).
• Husqvarna Group (2013): GLOBAL Green Space Report 2013. Exploring our relationship to forests, parks and gardens around the globe. Stockholm. URL: http://husqvarnagroup.com/en/press/green-space-report (Stand: 3/2014).
• KfW – KfW Bankengruppe (2013): KfW-Kommunalpanel 2012. Frankfurt/Main.
• Landeshauptstadt Hannover: „Hannover schafft Platz". Stadtplatzprogramm Hannover. Ein innovatives Programm für öffentliche Plätze in den Stadtteilen. URL: http://www.hannover.de/Leben-in-der-Region-Hannover/Planen,-Bauen,-Wohnen/Stadtplanung-Stadtentwicklung/Konzepte-Projekte/Stadtplatzprogramm-Hannover (Stand: 3/2014).
• Landeshauptstadt München (2013): Gestaltung Öffentlicher Raum und Stadtbildpflege. Prägende Elemente des öffentlichen Raums. München. URL: http://www.muenchen.de/rathaus/Stadtverwaltung/baureferat/oeffentlicher-raum.html (Stand: 3/2014).
• Landeshauptstadt Saarbrücken (2014): Stadtmitte am Fluss. Saarbrücken URL: http://www.saarbruecken.de/de/rathaus/stadtentwicklung/stadtmitte_am_fluss (Stand: 3/2014).
• Markt1-Verlag in Kooperation mit dem Zeitverlag (2013): Infrastruktur. Ein Zustandsbericht. Essen.
• Mettelsiefen, Kai (2001): Öffentlicher Raum – Platz für die Zukunft (Teil 1/Thesen). Köln. URL: http://www.koelnarchitektur.de/pages/de/home/news_archiv/544.htm (Stand: 3/2014).
• Ministerium für Bauen, Wohnen, Stadtentwicklung und Verkehr des Landes Nordrhein-Westfalen (Hrsg.) (2013): Bläser, Kerstin, Rainer Danielzyk, Runrid Fox-Kämper, Linda Funke, Myriam Rawak und Martin Sondermann: Urbanes Grün in der integrierten Stadtentwicklung. Strategien, Projekte, Instrumente. Düsseldorf.
• Peters, Cornelia (2012): Verdichtung? Ja aber... In: Garten + Landschaft 4/2012. München.
• Redaktion DerEnergieblog.de – Becker Büttner Held (2013): Kommt die Grüne Welle dank Europa doch noch? Berlin. URL: http://www.derenergieblog.de/alle-themen/emissionshandel/kommt-die-grune-welle-dank-europa-doch-noch/ (Stand: 3/2014).
• Regierung von Unterfranken (2012): Hochwasserschutz. Würzburg. URL: http://www.regierung.unterfranken.bayern.de/aufgaben/6/3/00623/index.html (Stand: 3/2014).
• Schindecker, Erika (o.J.): Stadtverträgliche Werbung an Baugerüsten. In: Haus und Grund München informiert. Öffentliches Baurecht. München. URL: http://www.baugenehmigung-muenchen.info/fileadmin/PDFs_Pressespiegel/PDFs_1/werbung_baugeruest.pdf (Stand: 3/2014).
• Selle, Klaus (2008): Öffentliche Räume – Eine Einführung. Begriff, Bedeutung und Wandel der öffentlich nutzbaren Räume in den Städten. Aachen. URL: http://services.arch.rwth-aachen.de/studium/bachelor/c3a-oeffentliche-raeume-eine-einfuehrung.pdf (Stand: 3/2014).
• (Der) Senator für Umwelt, Bau und Verkehr (2014): Shared Space und Begegnungszonen. Bremen. URL: http://www.bauumwelt.bremen.de/detail.php?gsid=bremen213.c.3833.de (Stand: 3/2014).
• Senatsverwaltung für Stadtentwicklung und Umwelt (2012): Strategie Stadtlandschaft Berlin. natürlich urban produktiv. Berlin.
• Stadt Bretten (2010): Richtlinien zur Förderung der Stadtbildpflege. Richtlinien der Stadt Bretten für die Gewährung von Zuschüssen zur Durchführung von stadtbildgestaltenden Maßnahmen, Stadtbildpflegerichtlinien). Bretten. URL: http://www.bretten.de/cms/sites/default/files/stadtbild_richtlinie.pdf (Stand: 3/2014).
• Stadt Minden (2014): Blick in die Zukunft: Illustrationen zeigen Scharn nach Neugestaltung. Minden. URL: http://www.minden.de/internet/page.php?site=17&id=7002427 (Stand: 3/2014).
• Stadt Münster (2014): Bürgerhaushalt Münster. Ergebnisse der Vorjahre. Paten für Grünflächen, Spielplätze, Gehwege! Münster. URL: http://buergerhaushalt.stadt-muenster.de/ergebnisse-der-vorjahre/buergerhaushalt-2011/vorschlaege-2011/listentyp/erweiterte_ansicht/buergerhaushalt/vorschlag/detailansicht/paten-fuer-gruenflaechen-spielplaetze-gehwege.html (Stand: 3/2014).
• Stadt Münster (2008): Denkmal Heute Denkmal Morgen. 30 Jahre Denkmalpflege, Stadtgestaltung und Archäologie. Münster.
• Stadtplanungsamt Frankfurt am Main (2014): Öffentlicher Raum. Frankfurt am Main. URL: http://www.stadtplanungsamt-frankfurt.de/oeffentlicher_raum_4561.html?psid=gognvl (Stand: 3/2014).
• Stadtratsfraktion Bündnis 90/Die Grünen – rosa liste (2008): Platzprogramm gefordert: Rot-grün will den öffentlichen Raum zurückerobern. Pressemitteilung vom 26.09.2008. München. URL: http://gruene-fraktion-muenchen.de/platzprogramm-gefordert-rot-grun-will-den-offentlichen-raum-zuruckerobern/ (Stand: 3/2014).
• Statistisches Amt der Landeshauptstadt München (2011): „MADE IN GERMANY" – 125 Jahre Automobil. Eine nicht nur statistische Rückschau. (Bearbeitung: Adriana Wenzlaff). In: Münchner Statistik. 4. Quartalsheft. Jahrgang 2011. München. URL: http://www.muenchen.de (Stand: 3/2014).
• Stiftung Lebendige Stadt (o.J.): Der öffentliche Raum: tragendes Element der Europäischen Stadt. Statements. Folkert Kiepe Beigeordneter des Deutschen Städtetages, Leiter des Dezernats Stadtentwicklung, Bauen, Wohnen und Verkehr. Hamburg. URL: http://www.lebendige-stadt.de/web/template2neu.asp?sid=184&nid=&cof=184 (Stand: 3/2014).
• Technische Universität Dortmund – Gruehn, Dietwald, und Anne Hoffmann (2010): Bedeutung von Freiräumen und Grünflächen in deutschen Groß- und Mittelstädten für den Wert von Grundstücken und Immobilien. LLP-report 010. Dortmund. URL: http://www.galk.de/projekte/pr_down/LLP_report_010_final_100318.pdf (Stand: 3/2014).
• Technische Universität Dresden, Verkehrs- und Infrastrukturplanung (2011): Zukunft von Mobilität und Verkehr. Auswertungen wissenschaftlicher Grunddaten, Erwartungen und abgeleiteter Perspektiven des Verkehrswesens in Deutschland.

Forschungsbericht FE-Nr.: 96.0957/2010/ im Auftrag des Bundesministers für Verkehr, Bau und Stadtentwicklung (BMVBS). Dresden.
- (die) urbanauten (2010): Privatisierung des öffentlichen Raumes – was ist das? München. URL: http://www.die-urbanauten.de/wordpress/?p=636. (Stand: 3/2014).
- Verlag Georg D.W. Callwey GmbH & Co. KG (Hrsg.) (2012): Urban Quality Award 2011. München. URL: http://www.garten-landschaft.de/fileadmin/user_upload/garten/UQA_2011_deutsch.pdf (Stand: 3/2014).
- Wilberg, Bernd (2012): Mehr Brüsseler Plätze! In: StadtRevue. Das Kölnmagazin. 07-12. Köln.

Die aktuellen Fokusthemen der Bundesstiftung Baukultur – Planungskultur und Prozessqualität

- Architekten- und Stadtplanerkammer Hessen (2013): Temporärer Gestaltungsbeirat, Der Gestaltungsbeirat – Ein Mehrwert für die Stadt und ihre Bewohner. Wiesbaden.
- Architekten- und Stadtplanerkammer Hessen (2011): Architektenwettbewerbe – leicht und effizient – auch bei kleinen Bauaufgaben. Wiesbaden.
- BAK – Bundesarchitektenkammer (2012): Wettbewerbsstatistik 2004–2011. Berlin.
- Bauinfoconsult (2013): 9 Milliarden Fehlerkosten im Jahr – und so geht es auch bis 2015 weiter, Pressemitteilung. Düsseldorf.
- Baumeister, Nicolette (2012): Akteurskonstellation und Planungsprozess. In: Bundesstiftung Baukultur (Hrsg.): Was riskiert die Stadt? Baukultur im Klimawandel. Potsdam: S. 56–59.
- Baumeister (2011): Die Architektenstudie Nr. 2 – Wie Architekten arbeiten. München.
- Bertelsmann Stiftung (2011): Bundesbürger möchten sich politisch beteiligen, vor allem aber mitentscheiden. Gütersloh. URL: http://www.bertelsmann-stiftung.de/bst/de/media/xcms_bst_dms_34119_34120_2.pdf (Stand 3/2014).
- BDA – Bund Deutscher Architekten (2011): Gestaltungsbeiräte – Mehr Kommunikation, mehr Baukultur. Berlin.
- BMVBS – Bundesministerium für Verkehr, Bau und Stadtentwicklung (Hrsg.) (2013a): Aufwendungen bei der Vergabe von Planungsleistungen, Evaluierung der zeitlichen Abläufe und monetären Aufwendungen bei Vergabeverfahren von Planungsleistungen im Hochbau. Berlin.
- BMVBS – Bundesministerium für Verkehr, Bau und Stadtentwicklung (2013b): Kompass Jugendliche und Stadtentwicklung. Berlin.
- BMVBS – Bundesministerium für Verkehr, Bau und Stadtentwicklung (2012): Kommunale Kompetenz Baukultur. Berlin.
- BMVBS – Bundesministerium für Verkehr, Bau und Stadtentwicklung (2011): Leitfaden Eigentümerstandortgemeinschaften. Berlin.
- BMVBS – Bundesministerium für Verkehr, Bau und Stadtentwicklung (2010): Kreativität planen – Positionen zum Wesen unserer gebauten und gelebten Umwelt. Bonn.
- BMVBS – Bundesministerium für Verkehr, Bau und Stadtentwicklung (Hrsg.) (2009): Bürgermitwirkung im Stadtumbau. Berlin.
- Bundesstiftung Baukultur (2014): Netzwerk. Potsdam. URL: http://www.bundesstiftung-baukultur.de/netzwerk (Stand: 3/2014)
- Coles, Larissa (2012): Projektentwickler als Stadtgestalter – Typologisierung von Wertschöpfungsstrategien im Spannungsfeld von Stadtproduktion, Bauqualität und wirtschaftlichem Interesse. Weimar.
- Conradi, Peter (2011): Bürgerbeteiligung an der Stadtplanung. In: Wohnbund Information – Urbane Zukünfte. Nr. 02+03. München. S. 57–59.
- Destatis – Statistisches Bundesamt (2013: Finanzen und Steuern, Personal des öffentlichen Dienstes 2012, Fachserie 14 Reihe 6. Wiesbaden.
- Deutscher Bundestag (2013): Stadtentwicklungsbericht 2012 – Unterrichtung durch die Bundesregierung, Drucksache 17/14450. Berlin.
- Difu – Deutsches Institut für Urbanistik (2013): Auf dem Weg, nicht am Ziel – Aktuelle Formen der Bürgerbeteiligung, Ergebnisse einer Kommunalbefragung. Berlin.
- Difu – Deutsches Institut für Urbanistik (2011): Stärken- und Schwächenanalyse für das technische Referendariat mit Vorschlägen zum weiteren Vorgehen und Empfehlungen für eine entsprechende Marken- und Imagebildung. Berlin.
- Förderverein Bundesstiftung Baukultur e. V. (2014): Gestaltungsbeiräte in Deutschland. Berlin.
- Holm, Andrej, und Dirk Gebhardt (2011): Initiativen für ein Recht auf Stadt. Theorie und Praxis städtischer Aneignung. Hamburg.
- Initiative D21 e. V./TNSInfratest GmbH (2013): D21-Digital-Index. Berlin.
- Planersocietät (2007): Fallstudienbezogene Evaluation von Bebauungsplanprozessen, Abschlussbericht im Auftrag der Stadt Gütersloh. Dortmund.
- Reicher, Christa, Lars Niemann und Angela Uttke (Hrsg.) (2011): Internationale Bauausstellung Emscher Park: Impulse. Essen.
- Reicher, Christa, Silke Edelhoff, Paivi Kataikko und Angela Uttke (Hrsg.) (2006): Kinder_Sichten. Troisdorf.
- Rösener, Britta, und Klaus Selle (2007): Mit Planungskultur zur Baukultur – Zwölf Grundsätze zur Gestaltung kommunikativer Prozesse. In: PlanerIn Nr. 6. Berlin, S. 12–14.
- Selle, Klaus (2013): Über Bürgerbeteiligung hinaus. Stadtentwicklung als Gemeinschaftsaufgabe? Analysen und Konzepte. Detmold.
- Selle, Klaus (2011): Alltagstauglich? Bürgerbeteiligung als „urbane Kommunikation". In: Wohnbund Information – Urbane Zukünfte. Nr. 02+03. München, S. 60–63.
- SRL – Vereinigung für Stadt-, Regional- und Landesplanung (2012): Pixel, Bits & Netzwerke. Planung im digitalen Zeitalter. PlanerIn. Nr. 5. Berlin.
- Statistisches Bundesamt (2013): Finanzen und Steuern, Personal des öffentlichen Dienstes 2012. Fachserie 14 Reihe 6. Wiesbaden.
- Uttke, Angela (2012): Towards the Future Design and Development of Cities with Built Environment Education. Experiences of Scale, Methods, and Outcomes. In: Procedia – Social and Behavioral Sciences 45 (2012), S. 3–13.
- Zirbel, Michael (2007): Evaluation von Bebauungsplanprozessen. In: PlanerIn. Nr. 6. Berlin. S. 31–32.

Bildnachweis

S. 13/14 – Einführung:
Bilder der Werkstätten: Bundesstiftung Baukultur / © Till Budde
S. 31 – Buchheimer Weg, Köln:
Siedlungshöfe: © Christa Lachenmaier
Vogelperspektive: © Jens Willebrand
S. 42 – Klimaschutzkonzept Erneuerbares Wilhelmsburg, Hamburg
Energieberg: IBA Hamburg GmbH / © www.luftbilder.de
Energiebunker: IBA Hamburg GmbH / © Bernadette Grimmenstein
Warmwasserspeicher Energiebunker: IBA Hamburg GmbH / © Martin Kunze
S. 47 – Schottenhöfe, Erfurt
Innenhof: © osterwoldschmidt
Vogelperspektive: © Bauherrin (Frau Busse)
Straßenansicht: © osterwoldschmidt / Steffen Michael Gross, Weimar
S. 57 – Stadtregal, Ulm
Vogelperspektive: © Reinhold Mayer
Stadtregal mit Außenanlagen & Loft-Wohnung: PEG Ulm mbH / © Martin Duceck
S. 64 – Weltquartier, Hamburg
Bürgerbeteiligung: © SUPERURBAN/Stadt Planbar
Luftbild: © IBA Hamburg GmbH / www.luftbilder.de
Straßenansicht: © IBA Hamburg GmbH / Martin Kunze
S. 69 – Oderberger Straße 56, Berlin
Wohnung & Ansicht: © Jan Bitter
Nachtsicht: © Jan Windszus
S. 72 – Wohnen am Innsbrucker Ring, München
Innenhof I & II: © Stefan Müller-Naumann
Straßenansicht: © Peter Franck
S. 78 – Park am Gleisdreieck, Berlin
Lange Bank und Schrägluftaufnahme: Julien Lanoo / © Atelier Loidl
Spielorte: © Lichtschwaermer - Christo Libuda
S. 84 – Reparatur der autogerechten Stadt, Pforzheim
Luftbild Nordblick Bestand: © AEROWEST
Neue Perspektive: © Arge RKW + KK
S. 87 – Hochwasserschutz und Mainufergestaltung, Würzburg
Bauarbeiten: © Klinkott Architekten
Straßenperspektive I & II: © Stephan Baumann
Platzanlage vor dem Umbau: © Stadt Würzburg
S. 95 – Modell Ludwigsburg
Akademiehof & Hartenhecker Höhe: © Stadt Ludwigsburg
Zukunftskonferenz: © Pressebüro et cetera publishing GbR
S. 99 – Erweiterung Nya Nordiska, Dannenberg
Alle Bilder: © Marcus Ebener
S. 106 – Gestaltungsbeirat, Regensburg
Kohlmarkt 1907, 2004, 2005: © Stadt Regensburg

Das in diesem Bericht dargestellte Bildmaterial ist urheberrechtlich geschützt. Die Bundesstiftung Baukultur dankt allen Personen, Institutionen und Partnern, die Bildmaterial für diesen Bericht zur Verfügung gestellt haben.
Für alle Abbildungen wurde nach bestem Wissen recherchiert. Sollte es trotz aller Sorgfalt Abbildungen geben, deren Nachweise nicht korrekt sind, wenden Sie sich bitte an mail@bundesstiftung-baukultur.de

Danksagung

Bei der Erstellung des Baukulturberichts haben wir sehr viel Unterstützung durch verschiedenste Baukultur-Akteure in Deutschland erfahren. Sie alle haben uns in der intensiven Zeit bis zur Drucklegung des nun vorliegenden Berichts mit ihrer Zeit, ihrem wertvollen Input und Anregungen auf vielfältige Weise geholfen. Wir möchten uns deshalb bedanken bei:

unseren Auftragnehmern für die Recherche und Bearbeitung des Baukulturberichts
dem Deutschen Institut für Urbanistik (Difu): Daniela Michalski, Wolf-Christian Strauss, Prof. Dr. Arno Bunzel und Prof. Martin zur Nedden und der Technischen Universität Berlin (TUB) – Institut für Stadt- und Regionalplanung (ISR), Fachgebiet Städtebau und Siedlungswesen: Jan Abt, Andreas Brück und Prof. Dr. Angela Million und Heimann und Schwantes: Hendrik Schwantes, Haig Walta, Michael Heimann

unserem Begleitkreis, der uns inhaltlich und strukturell beratend zur Seite stand und den Erstellungsprozess kontinuierlich reflektierte
Frauke Burgdorff, Vorstand der Montag Stiftung Urbane Räume, Bonn; Prof. Dr. Werner Durth, Professor für Geschichte und Theorie der Architektur an der TU Darmstadt, Architekt und Stadtplaner, Arch., D.I.; Prof. Bettina Götz, Prof. für Entwerfen und Baukonstruktion, UdK Berlin; Peter Götz, Mitglied des Deutschen Bundestages (1990–2013), President of the Advisory Council of the Global Parliamentarians on Habitat, Bürgermeister a.D.; Prof. Dr. Ilse Helbrecht, Prof. für Kultur- und Sozialgeographie, HU Berlin; Dr. Ulrich Köstlin, Chairman, Newron Pharmaceuticals SpA, Mailand, ehem. Mitglied des Vorstandes der Bayer Schering Pharma AG und der Schering AG und Prof. em. Peter Zlonicky, Stadtplaner und Architekt, München

dem Beirat der Stiftung für die Anregungen, wichtige Ergänzungen und die Begleitung im Arbeitsprozess
Prof. Christian Baumgart, Joachim Brenncke, Frank Dupré, Prof. Dr. Werner Durth, Franziska Eichstädt-Bohlig, Barbara Ettinger-Brinckmann, Michael Frielinghaus, Andrea Gebhard, Prof. Dr. Jörg Haspel, Dr. Bernd Hunger, Prof. Dr. Michael Krautzberger, Philip Kurz, Prof. Dr. h.c. Volkwin Marg, Prof. Dr. Steffen Marx, Prof. Dr. (I) Elisabeth Merk, Kathrin Möller, StR. Michael Sachs, Prof. Volker Staab, Prof. Dr.-Ing. Karsten Tichelmann, Prof. Jörn Walter

dem Stiftungsrat der BSBK
Gunther Adler, Dr. Sigrid Bias-Engels, Heidrun Bluhm, Sabine Djahanschah, Michael Groß, Ulrich Hampel, Engelbert Kortmann, Daniela Ludwig, Prof. Dr. Dr. E.h. Werner Sobek, Sigurd Trommer, Volkmar Vogel, Corinna Westermann, Prof. Martin zur Nedden

dem BMUB/BMVI für die strukturelle und inhaltliche Unterstützung im Arbeitsprozess
Dr. Marta Doehler-Behzadi, Dr. Ulrich Hatzfeld, Lutz Jürgens

dem BBSR für inhaltliche Anregungen und Forschungsmaterial
Lars-Christian Uhlig, Anca Carstean, Antonia Milbert und Dr. Olaf Asendorf

den Experten aus den Fokusgruppen für ihren wichtigen Input zur Themensetzung
Prof. Dr. Carlo Becker, Jörg Beste, Dr. Stefanie Bremer, Uwe Carstensen, Dr. Klaus Duntze, Mario Hilgenfeld, Ingo Kanehl, Folke Köbberling, Lutz Leichsenring, Daniel Luchterhandt, Dr. Marcus Menzl, Prof. Dr. Riklef Rambow, Thies Schröder, Prof. Dr. Heidi Sinning, Joachim Stricker, Thorsten Warnecke, Christian Wendling, Robert Wick, Stephan Willinger

allen Kommunen, die an der Kommunalbefragung durch das Difu teilgenommen haben

dem Forsa Institut für die Durchführung der Bevölkerungsbefragung
Gerhard Christiansen, Michael Dorsch und Peter Matuschek

den Vertretern der Verbände und Interessensvertretungen, die die Arbeit am Bericht mit ihren wichtigen Anregungen und Hinweisen bereicherten
Vereinigung für Stadt-, Regional- und Landesplanung e. V., Bundesarchitektenkammer e. V. (BAK), Bund Deutscher Architekten BDA, Bundesgeschäftsstelle, Bund deutscher Innenarchitekten BDIA e. V., GdW Bundesverband deutscher Wohnungs- und Immobilienunternehmen e. V., Deutscher Städtetag, Deutsche Bundesstiftung Umwelt DBU, Akademie der Künste, Bundesvereinigung Straßenbau- und Verkehrsingenieure BSVI, Verband Deutscher Architekten- und Ingenieurvereine DAI e. V., Bundesverband öffentlich bestellter und vereidigter sowie qualifizierter Sachverständiger BVS e. V., Vereinigung Freischaffender Architekten VFA e. V., Bundesverband Freier Immobilien- und Wohnungsunternehmen BfW e. V., Zentralverband der Deutschen Haus-, Wohnungs- und Grundeigentümer e. V. – Haus & Grund Deutschland, Verband privater Bauherren e. V., Deutscher Verband für Wohnungswesen, Städtebau und Raumordnung e. V., Bund deutscher Baumeister, Architekten und Ingenieure BDB e. V., Deutsche Akademie für Städtebau und Landesplanung DASL, Landesinitiative StadtBauKultur NRW

sowie im Besonderen für wertvolle Hinweise und Daten
Dr. Thomas Welter und Heiner Farwick, BDA, Dr. Tillman Prinz, BAK, Prof. Dr. Gert Kähler und dem Team des Fördervereins der Bundesstiftung Baukultur

den Machern der guten Beispiele für die Information, das Bildmaterial und ihr Engagement, im Besonderen
Prof. Christian Baumgart, Christian Bried, Antje Buchholz, Carola Busse, Kai Michael Dietrich, Johanna Eglmeier, Eva Felix, Tobias Großmann, Gert Hager, Stefan Hartung, Uli Hellweg, Markus Kersting Christoph Klinkott, Flavia Mameli, Corinna Moesges, Antje Osterwold, Jürgen Patzak-Poor, René Reckschwardt, Christoph Reuss, Christine Schimpfermann, Matthias Schmidt, Prof. Volker Staab, Prof. Dr.-Ing. Hartmut H. Topp, Katrin Wilke, Petra Wohlhüter, Michael Wolf

last but not least

allen, die auf Seiten der Bundesstiftung Baukultur mitgewirkt haben
Joos van den Dool, Kai Giersberg, Nina Gromoll, Heiko Haberle, Lina Harder, Denise Junker, Lisa Kietzke, Kathrin Kirstein, Lisa Kreft, Peter Martin, Niklas Nitzschke, Kristien Ring, Anne Schmedding, Nicole Schneider, Nina Schwab, Jeannette Sternberger, Anja Zweiger

allen Teilnehmern der Baukulturwerkstätten für ihre Beiträge, Ideen und guten Beispiele

und allen anderen hier nicht namentlich genannten, die uns mit inhaltlichen Hinweisen und Ideen unterstützt haben!